农村集体建设用地流转法律问题研究

马三喜 于志娜 ◎ 著

教育部人文社会科学研究一般项目（项目编号：13YJA820034）

长春出版社

国家一级出版社
全国百佳图书出版单位

**图书在版编目（CIP）数据**

农村集体建设用地流转法律问题研究 / 马三喜，于志娜著. —— 长春：长春出版社，2021.12

ISBN 978-7-5445-6550-9

Ⅰ.①农… Ⅱ.①马…②于… Ⅲ.①农业用地－土地流转－土地管理法－研究－中国 Ⅳ.①D922.324

中国版本图书馆CIP数据核字(2021)第241280号

农村集体建设用地流转法律问题研究

| | | |
|---|---|---|
| 著　者 | 马三喜　于志娜 | |
| 责任编辑 | 张中良 | |
| 封面设计 | 宁荣刚 | |

| | | |
|---|---|---|
| 出版发行 | *長春出版社* | 总编室电话　0431-88563443 |
| | | 发行部电话　0431-88561180 |
| 地　址 | 吉林省长春市长春大街309号 | |
| 邮　编 | 130041 | |
| 网　址 | www.cccbs.net | |
| 制　版 | 长春出版社美术设计制作中心 | |
| 印　刷 | 三河市华东印刷有限公司 | |

| | |
|---|---|
| 开　本 | 710毫米×1000毫米 1/16 |
| 字　数 | 259千字 |
| 印　张 | 17 |
| 版　次 | 2022年6月第1版 |
| 印　次 | 2022年6月第1次印刷 |
| 定　价 | 75.00元 |

# 前　言

　　农村集体建设用地流转管理，关系到土地基本国策的贯彻落实，关系到农民、农业、农村的稳定和繁荣，关系到国民经济和社会的可持续发展。在2019年第三次修正之前，《土地管理法》规定任何单位、个人拟使用集体土地用于非农建设，集体土地需由国家征收，转为国有土地后，再出让给使用人，使得农村集体建设用地无法自由流转。当今社会城镇化不断推进，国内现存的建设用地存在诸多亟待解决的问题，而这些问题在农村集体建设用地流转上尤为明显，土地流转是区域经济发展和富民的重要途径。2013年11月党的十八届三中全会明确提出"坚持走中国特色新型城镇化道路"，把城镇化放在了扩大内需最大动力、调整经济结构重要依托的战略位置，现阶段，改变农村土地产权现状使其流转起来是新城镇化的关键。自然资源部明确提出重点工作之一是有序推进集体经营性建设用地流转试点，加快起草《农村集体建设用地流转管理办法》。

　　实践中，随着城市化进程的加快，对农村集体建设用地需求量与日俱增，供需双方受经济利益的驱使而导致其行为有违国家的征地制度，随着土地价值不断攀升，自发土地流转的数量与规模呈大幅度上升态势，已然成为一个不容忽视的隐性市场。

　　针对法律不完善及现实的实际需求，自1999年开始，我国搞农村集体所有建设用地使用权流转试点，试图寻找一条农村非农建设用地流转管理的创新模式与制度。由于在较长的时间内我国还未形成完备的法律体系，也缺乏必要的法规、制度，导致土地流转仍然是非法流转，整个市场中的交易也十分混乱，有的地方甚至将农用地改为建设用地，既不能很好保护农民的合法权益，也破坏了对土地市场的管理，影响了土地功能的正常发挥。

当农村集体所有的建设用地被大量地开展交易活动时，理论和制度建设却大大滞后，政府的管理活动和国家的规制行为长期陷入被动地位，正是在这样的背景之下，笔者在中国农业大学读研究生期间，利用得天独厚的平台优势和区位优势开始关注并探究相关的理论、现实问题。在导师付丽洁教授、任大鹏教授、于华江教授以及其他老师精心指导下，于2007年1月在《合作经济与科技》公开发表《创新农村集体非农建设用地流转模式》论文后，关于农村集体非农建设用地流转系列研究成果陆续在《社科纵横》《农业科技与信息》《发展》《党的建设》等杂志发表，主题涉及农村集体非农建设用地流转的现状分析、必要性分析、可行性分析、制度建设等。

研究生毕业走上工作岗位后，尽管我们分别在没有法学专业的教学、管理岗位上奋斗，但对农村法治尤其是农村集体非农建设用地流转制度创新的探索从未停止，加之国家流转试点范围不断扩大、流转试点的内容不断拓宽、形成了各具特色的流转管理模式、制度建设也取得了进展，特别是2005年广东出台了《集体建设用地使用权流转管理办法》，这是全国第一个省（自治区、直辖市）级法律性文件，标志着非农建设用地流转制度的创新进入了一个新的阶段。在多年思考和成果积累的基础上，我们在2013年申报了教育部人文社会科学研究一般项目"新城镇化背景下农村集体建设用地流转法律问题研究"并成功立项（项目编号：13YJA820034），这是对我们多年相关研究成果和成绩的认可，也给我们提供了系统研究新时代农村建设用地土地改革和制度创新的机会，这也是《农村集体建设用地流转法律问题研究》一书的由来。

党的十八届三中全会从未来农村土地制度改革的核心任务展开了规划，也为未来我国农村改革提供了方向。2014年，国家又对试点地区提出了相关改革意见，不断推动农村土地制度的完善。2015年，中央一号文件又下发相关政策，提出要对具体问题具体研究，对集体经营性建设用地入市的试点以及宅基地制度改革试点进行分类实施。

2018年，中共中央提出"全面部署实施乡村振兴战略"，要求进一步探索完善农村集体建设用地使用权流转的各项制度，尽快修改《土地管理法》。2019年，我国第三次修订《土地管理法》（2020年1月1日实施），该法首次从国家立法的层面，允许集体经营性建设用地流转（特别是确立了集体建设使用权出让制度），但仍然存在相关制度创新的空间。

本著作以新城镇化为背景，通过选取典型地区，调查研究了我国农村集体建设用地流转法律制度的现状、存在的问题，探讨了创新农村集体建设用地流转法律制度的必要性和可行性，比较分析了流转模式，并对建立和健全流转法律体系、构建流转机制、配套措施改革、征地补偿制度、农村宅基地退出机制等问题进行了论述，力图为我国相关立法和政策制定提供理论依据。本书第二章、第九章、第十章、第十一章、第十二章由黑龙江八一农垦大学马克思主义学院于志娜撰写，其余各章由黑龙江八一农垦大学马三喜撰写，全书由马三喜统稿。

由于本书研究内容涉及的问题较为复杂，无论是实践中还是理论上还都有很多问题值得深入研究和探讨，加之水平有限，难免存在各种缺陷和不足，敬请各位同人和广大读者批评指正。

# 目　录 ▮

# 第一章　导　论

## 一、研究背景

土地资源拥有其他资源所不能替代的价值，是人类社会文明在长期发展过程中必需的生产资料与生活资料，其作用是其他资源不可取代的。当今社会城镇化不断推进，国内现存的建设用地大多都有诸多亟待解决的问题，而这些问题在农村集体建设用地流转上尤为明显，土地流转是区域经济发展和富民的重要途径。在农业不断产业化发展的今天，农村非农建设用地流转的过程中诸多问题不断凸显出来，传统的自发式流转方式与当前的实际发展需求之间存在着矛盾。当前，如何实现新农村非农建设用地流转机制的创新发展，从而更好地衔接国有土地流转与集体土地流转，确保国家、集体、农民以及用地者能够实现和谐发展、各得所需，确保良好的用地、管地秩序，在现有制度的基础上进行平稳的过渡，已然成为当前我国"三农"问题以及整个社会经济发展必须解决的问题。

一方面，根据我国现有法律的规定，农村集体建设用地必须转为国有后才能进入二级市场流转，集体经济组织内部成员拥有其集体土地住房建设、办企业等权利，但是他们不具备出让、转让、出租的权利，同时，如若出现破产、兼并等情形而令土地使用权进行了流转，虽然在法律范围内是被允许的，但是由于其不具备可操作性的规定，因此，通常情况下这种操作无法公开正常实施，因此农村非农建设用地流转是受严格限制甚至禁止的。另一方面，随着城市化进程的加快，对农村集体建设用地需求量与日俱增，供需双方因受经济利益的驱使而导致其行为有违国家的征地制度，农村存在着大量的自发土地流转。近年来，随着土地价值不断攀升，自发土地流转的数量与规模都在大幅度上升，已然成为一个不容忽视的隐性市场。根据相关数据统计可知，珠江三角洲地区利用土地自发流转的形式来获取、使用农村非农建设用地的数量已然超出了目前集体建设用地的一半以上，另外，在粤东、粤西、粤北等多个地区，这一比例也在20%以上。[①]

法律制度的滞后和缺失使正常的市场机制很难在农村非农建设用地中发挥作用，造成了国有建设用地使用权与农村建设用地使用权的不平等，从而将建设用地人为分割为一个二元结构的市场。[②]另外，目前农村非农建设用地的流转市场具有隐形特征，而且是自发形成，没有形成良好的秩序，这就导致了土地的利用十分混乱，对国有土地交易市场、土地利用规划、城市规划等都带来了不利影响，而且由于交易非法，既不利于保护农民利益，也影响了企业发展的长远预期。

针对法律不完善及现实的实际需求，1999年11月24日，芜湖市成为我国第一个农民集体所有建设用地使用权流转试点，从而试图为农村非农建设用地流转寻找一种管理的创新模式与制度。目前，由于我国还未形成成套的法律体系，也缺乏必要的法规、制度，因此，当前的土地流转仍然是非法流转，整个市场中的交易十分混乱，各地政府出于地方利益的考虑，不仅有大量违法行为，而且出现了新的问题，有的地方甚至将农用地改为建设用地，既不能很好保护农民的合法权益，也破坏了对土地市场的管理、影响了土地功能的正常发挥。

党的十八届三中全会从实际问题出发，针对当前国内的城镇化建设全面发展提出了新的战略部署，《中共中央关于全面深化改革若干重大问题

---

① 涂高坤：《勇于探索　积极推进集体建设用地使用权流转》，国土资源部《首届城乡土地管理制度改革滨海新区高层论坛论文集》2008年，第211—225页。
② 顾海英、赵德余：《农村集体非农建设用地流转的法律与产权问题》，《农业经济问题》2003年第10期。

的决定》（以下简称《决定》）中明确指出：要尽快构建一套完善的城镇化发展机制，从中国实际国情出发，走以人为核心的中国特色新型城镇化发展道路，加强产业与城镇之间的结合与互促发展，从而逐步推动城镇化与新农村建设的全面发展。调整城市的空间结构与管理格局，优化城市的空间管理效果，全面提升城市的综合承载能力。促进农村土地承包关系的稳定发展，在不断完善严格的耕地保护制度的基础上，也给予农民对土地更多的权能，比如流转、承包经营权担保、抵押等，并允许农民将承包经营权作为其农业产业化经营的入股模式。鼓励承包经营权在公开的情形之下实现流转，从而推动多种不同的规模经营模式。《决定》针对未来农村土地制度改革的核心任务做了规划，也为未来我国农村改革提供了方向。2014 年，国家又对试点地区提出了相关改革意见，不断推进土地制度的完善。2015 年，中央一号文件《关于加大改革创新力度加快农业现代化建设的若干意见》提出要对具体问题具体研究，对集体经营性建设用地入市的试点以及宅基地制度改革试点进行分类实施。同年，在全国 33 个试点地区进行了暂时调整试验，在试点内允许集体经营性建设用地入市，并提高农民的收益分配比例，同时，对宅基地的流转也提出允许自愿有偿地退出和进行转让，并提出在 2017 年 12 月 31 日前在试点范围内进行试行，经实践检验，如果具有可行性，就修改完善有关法律；如果不宜调整，恢复施行有关法律规定。中共中央、国务院印发《关于建立健全城乡融合发展体制机制和政策体系的意见》，明确提出建立集体经营性建设用地入市制度。按照国家统一部署，在符合国土空间规划、用途管制和依法取得前提下，允许农村集体经营性建设用地入市，允许就地入市或异地调整入市。2019 年 4 月，在中央层面对推进要素市场化改革做出的首个总体部署文件——《关于构建更加完善的要素市场化配置体制机制的意见》中，也对土地要素市场化配置做出了系统安排：明确提出要"建立健全城乡统一的建设用地市场，制定出台农村集体经营性建设用地入市指导意见，建立公平合理的集体经营性建设用地入市增值收益分配制度"。这无疑有助于充分发挥市场在土地资源配置中的决定性作用，让集体土地的配置效率得以提升。

同年，我国第三次修订《土地管理法》（2020年1月1日实施），该法首次从国家立法的层面，允许集体经营性建设用地流转（特别是确立了集体建设使用权出让制度），并删除了不得用于非农建设的规定，使得这项制度创新最终落脚于新《土地管理法》的第63条。《民法典》第361条规定，集体所有的土地作为建设用地的，应当依照土地管理的法律规定办理。新《土地管理法》第63条规定，土地利用总体规划、城乡规划确定为工业、商业等经营性用途，并经依法登记的集体经营性建设用地，土地所有权人可以通过出让、出租等方式交由单位或者个人使用；通过出让等方式取得的集体经营性建设用地使用权可以转让、互换、出资、赠予或者抵押；集体经营性建设用地的出租，集体建设用地使用权的出让及其最高年限、转让、互换、出资、赠予、抵押等，参照同类用途的国有建设用地执行。

## 二、研究意义

从现有的理论成果与实践经验来看，农村集体建设用地的合法流转是未来整个市场经济全面发展的一个总体趋势，也是其实际需求，当前国内无法实现其有序流转的一个重要原因是法律层面的不完善，仅借助于行政压制导致事倍功半。解决这一问题的根本策略在于从农村非农建设用地流转的经济本质规律出发，完善相关的法律制度，从而确保其可以有序流转。因此本项目不但对建立和完善农村集体土地市场、实现对非农建设用地的法制化管理具有理论意义，而且对发展农村经济、保障农民和集体合法权益、促进城乡建设用地市场的统一具有现实意义。

1. 为实现非农建设用地流转提供理论依据

从国内现行的法律法规来看，目前农村集体建设用地的流转市场并未被法律所完全允许。换言之，农村集体建设用地流转目前大多数是处于非法的尴尬境地，其滞后性也严重影响了国家对农村非农建设用地的实际管理工作，与此同时，国内的法律法规之间也存在着一定的冲突、矛盾，导致其得不到有效实施，也降低了法律的权威性。尽管各试点城市均制定了非农建设用地流转的规范，但由于效力层次太低，无法从根本上保证农村非农建设用地的合法流转，实际上也导致了集体与农民的权益受损。所以，加大对农村集体建设用地流转制度的完善力度，可以充实我国的土地法律制度和相关法学理论、丰富我国集体所有权理论的内涵，为促进农村经济体制改革深化，最终实现农村非农建设用地流转的法制化、科学化管理提供理论基础和政策建议。

2. 充分保障农民和集体的合法权益

在我国逐步走向法制化和经济市场化的历史条件下，土地产权的两种不同待遇，在具体的实践过程中也面临着各种冲突与问题。一是目前集体土地产权存在着缺位的现状，无法实现地位平等。二是农民集体经济组织的利益受到侵占，得不到应得利益。现行法律关于不准农村集体土地直接向其他非农建设用地者出让或转让的规定，实质上"剥夺了集体土地所有权者对所有土地的处置权，也使得土地收益权自然而然消失"[1]，农民与集体的土地权益便不能被有效保障。所以，探究农村集体建设用地流转制度，通过完善现有的法律制度，容许在其流转时，其土地仍然属于集体所有制的性质，令农民与集体之间可以长期共同享有土地非农化的级差收益，有效提升农民的实际收益，有效提高农村的整体社会保障能力。

3. 促进农村经济发展

随着国内第二、第三产业发展和城市化进程加快，特别是乡镇企业的发展和小城镇建设，直接导致城乡接合部和农村地区的集体建设用地需求增加，因此通过制度创新，开通农村非农建设用地流转市场，一方面有利于乡镇企业改制，有效提升企业进行改制之后的活力；另一方面，可以更好地盘活农村存量建设用地。令其资产价值更好地体现出来，可以为农村经济的发展注入强大的资金活力，有效提升农村的集体经济组织的整体实力，提升农民的整体收入水平，推动整个农村社会经济的有序发展。

---

[1] 王大操：《迎接集体建设用地入世浪潮》，《国土资源》2003年第4期。

4.有利于建设用地市场的统一

当前国内现行的土地制度是双轨制,这样一来,导致城乡的建设用地市场不能得到有效的流转,如果不对集体建设用地使用权隐形市场加以正面引导和规范,必然会引发许多问题,加剧土地权属混乱状况。建立和健全有关制度,允许、引导和规范集体建设用地流转,既有利于对城乡土地实行有效管理,又能形成"两种产权、一个市场、一套政策"的城乡建设用地统一市场。

# 三、国内外研究现状及述评

## (一)关于农村集体建设用地流转现状研究

对于我国农村集体建设用地的流转,学者们引用以前的《土地管理法》第43条和第63条的规定说明法律限制较多[①]。而由于破产、兼并等多种情形之下导致的土地使用权的流转,虽然在法律层面可以被允许,但是它本身缺乏具体的可操作性的相关规定,因此,目前在实践的过程中并不能真正公开地进行交易。[②] 这些限制带来诸多不利的影响,首先,导致了当前国内农村集体建设用地的实际交易权受到了一定的限制,农村集体建设用地的所有权、产权意义不够清晰,令农村建设用地的流转无法受到市场机制的积极影响;其次,国有建设用地的使用权以及农村建设用地的使用权两者处于不平等的状态,因此,目前的建设用地市场从本质上来看属于

---

① 1998年8月29日修订通过后的《中华人民共和国土地管理法》第43条规定:"任何单位和个人进行建设需要使用土地的,都必须依法申请使用国有土地。但本集体经济组织成员使用本集体经济组织土地办企业或建住房除外。"第63条规定:"集体土地使用权不得出让、转让或出租用于非农业建设。但是,符合土地利用总体规划,并依法取得建设土地的企业,因破产、兼并等情形致使土地使用权依法发生转移的除外。"

② 顾海英、赵德余:《农村集体非农建设用地流转的法律与产权问题》,《农业经济问题》2003年第10期。

二元结构。<sup>①</sup> 随着城市化进程的加快，供需双方都为了追求利益而会尽可能地避开国家征用，所以，最终导致目前国内的农村集体建设用地存在着大量的自发流转形式，而且流转形式多种多样。近几年，随着土地价值不断上升，土地自发流转的数量与规模与日俱增，已然成为一个不容忽视的隐性市场。<sup>②</sup> 还有部分学者从征地制度入手分析了目前存在的问题和自发流转的现实动因。<sup>③</sup>

从内容上来讲，学者们没有对我国农村建设用地流转产生、发展的历程做出描述和概括，不能从历史脉络中找出规律性的东西。从方法上讲，学者们只是对自发流转和隐形市场做了陈述性的描述，没有考虑地区差异，对于不发达的地区和欠发达的地区没有提到，有以点带面的嫌疑，不能很准确地说明问题。另外，学者们在论述过程中，很少有全面系统性的实证材料，显得说服力不够。

## （二）关于农村集体建设用地流转的动因研究

针对现有法律制度的弊病和非农建设用地出现的自发的非法流转的现象，目前专家与学者大多都认为，在未来，对于农村集体建设用地抱着默许的态度，这是市场经济发展的必然趋势。

部分学者认为，集体土地所有者们自身也需要全面提升其土地的资产价值，这是其土地流转的原动力；当前，乡镇企业不断改制，这也为企业用地流转带来了更多的基础，并且可以促进其实现；而针对破产、倒闭的

---

① 李植斌：《农村集体非农建设用地流转研究》，《国土资源科技管理》2003年第3期。

② 商春荣、王冰：《农村集体土地产权制度与土地流转》，《华南农业大学学报》（社会科学版）2004年第2期。

③ 范卿泽、张利：《农村集体非农建设用地流转制度的现存问题及建议》，《土地资源管理》2004年第5期；王大操：《迎接集体建设用地入世浪潮》，《国土资源》2003年第4期；孙东海、汪名昰：《芜湖"地改"》，《决策咨询》2003年第10期；孟晓苏：《以土地信托制度促进农村建设用地合理流转》，《中国改革》2004年第8期；叶永兆：《把农村集体土地还权于民》，http://www.xsagri.gov.cn/lanmu/show.asp?id1=8。

乡镇企业进行盘活处理，无异推动了土地流转进程。[①]部分学者认为集体土地直接进入市场，对于农村经济发展、农村经济转型、地方经济发展等都具有不容忽视的作用。首先，它可以推动地方工业化的全面发展，从而促进农村经济的不断转型。其次，它可以有效提升农民的收益，提高农村社会保障能力。再次，迅速壮大地方经济。最后，有利于建立统一、平等和有序的土地市场。[②]也有学者认为征地补偿水平过低，而用地成本很高，"以地生财"或"默许流转"是当前我国发展现状之下存在的两个主要模式。有学者从制度变迁的层面来研究，指出，加强农村集体建设用地的流转有三个优点：一是它可以提升该制度潜在性收入；二是令其潜在收入实现分割；三是其制度安排的成本也会随之降低。[③]

　　从法律角度讲，有学者认为，对于集体建设用地是否能够流转，国内这方面的法律与法规之间本身便存在着一定的冲突：首先，对于农村非农建设用地的流转是《土地管理法》明令禁止的，但是，从国内的相关规定来看，土地使用权的转让是被法律允许的。[④]从某种意义上说，法律条件之间存在着的矛盾，法律与现实两者之间存在的矛盾等，都是我国农村集体建设用地流转无法有序发展的重要原因，在这方面，管理不到位，政府干预过多等问题普遍存在。另外，也有学者指出，目前国内的法律针对农村集体建设用地的相关条款相对滞后，它从根本上否定了集体建设用地流转市场的普遍合法性；其滞后性也严重影响了对集体建设用地的管理工作，破坏了市场经济要求的公平竞争前提，阻碍了市场发挥对资源配置的优化

---

① 周荣春：《规范集体建设用地流转管理的冷思考》，《国土资源》2003第6期。
② 范卿泽、张利：《农村集体非农建设用地流转制度的现存问题及建议》，《土地资源管理》2004年第5期。
③ 陈利根、卢吉勇：《农村集体非农建设用地为什么会发生流转》，《南京农业大学学报》（社会科学版）2002年第3期。
④ 刘丽、张迎新：《集体建设用地流转中政府定位不明、职能不清的原因分析》，《国土资源情报》2003年第11期。

作用。[1]

不过也有学者担忧，基于国内的实际政治体制发展条件来看，在集体建设用地直接入市的情形之下，农民却不能得到其好处，直接入市的过程中，通常只是为部分乡村干部提供了损害农民土地权益的机会，[2]另外，集体土地的地权初始形态不清晰，从级差收益的分配层面来看，由于目前集体部分占据着较大的比例，农民也没有良好的分红保障，同时增加了国家征地的难度和成本。[3]还有学者持反对态度，他们在研究时指出，当前农村土地产权不明确，这是导致农民急于将土地变现的重要原因。同时可观的预期收入也会牵动农村农用地的转用、流动，危及耕地甚至基本农田的保护，触动我国的基本国策。[4]

可见学者们主要偏重于经济和社会学分析，而很少有学者从法学角度深层次探讨目前制度的不合理性，特别是从农村集体建设用地使用权作为一种独立的财产权利角度分析其流动的必然性。对于农村集体建设用地的流转，学者们几乎没有关注对国家、集体和农民不同的主体的实际影响。另外，对于试点城市流转制度的实施效果和流转中存在的问题研究不足。从研究方法上讲，首先缺乏实证材料做基础，同时没有做比较分析得出在现阶段我国农村集体建设用地市场化的必要性。值得一提的是，对于农村集体建设用地流转在现阶段的可行性目前没有论述。

## （三）关于完善农村集体建设用地流转的对策研究

基于以上的分析，学者们提出，为了制止当前土地市场秩序的混乱和

①黄利宏、叶伦文、晏坤：《农村集体非农建设用地自发流转的原因探讨》，《农村经济与技术》2003年1期。

②许坚：《集体建设用地直接入市应慎重》，《中国国土资源经济》2004年第3期。

③范卿泽、张利：《农村集体非农建设用地流转制度的现存问题及建议》，《土地资源管理》2004年第5期。

④许坚：《集体建设用地直接入市应慎重》，《中国国土资源经济》2004年第3期；谭术魁、彭补拙：《农村集体非农建设用地直接流转的支撑体系研究》，《财经研究》2002年第10期。

地方政府的违法行为，当务之急是在加强法律法规方面下功夫，要对现有的法律条款进行修改，在维护集体土地所有权前提下，重新设计集体建设用地权利体系，允许使用权从所有权中分离出来，赋予其占有、使用、收益、处分等权能，上升为"准所有权"，这些都为集体建设用地使用权的流转带来了更多的可能，确保农村集体建设用地直接入市流转的合法性。另外，重视针对各地的流转条例与办法进行整合与总结，从而尽早地出台在全国范围内具有良好的普适性的非农建设用地使用权流转的管理制度体系。①

对于流转内容和形式，学者们认为要有突破。在内容上，除国家非营利性公益事业用地必须先征为国有外，其他类型的土地都应允许在不改变集体土地所有权性质的前提下进行流转；②在流转途径上，集体土地所有者作为经营主体可直接将土地使用权转让、出租、联营、作价入股和抵押等，无须经过所谓的土地一级市场即出让，但必须通过行政许可制度解决集体建设用地流转市场的准入。③

对于各地形成的各具特色流转模式，学者们主要概括了以下三种典型模式：（1）规划区内外同等对待，实行"保权让利"的管理模式。（2）规划区内外同等对待，实行"转权让利"的管理模式。（3）规划区内和规划区外分别对待的管理模式。④但没有对各模式的利弊从理论到实

①谭术魁、彭补拙：《农村集体非农建设用地直接流转的支撑体系研究》，《财经研究》2002年第10期。

②周建春：《关于农村集体非农建设用地流转的思考》，《国土资源科技管理》2002年第5期。

③孙弘：《论集体建设用地使用权流转制度》，《经济与管理研究》2002年第5期。

④王民忠：《制度创新向纵深推进——聚焦集体建设用地流转试点进展及制度设计》，《中国土地》2002年第11期；周建春：《关于农村集体非农建设用地流转的思考》，《国土资源科技管理》2002年第5期；汪红群、刘明皓、邱道持：《集体非农建设用地流转模式探讨》，《重庆师范学院学报》（自然科学版）2002年第2期；刘明皓、邱道持、汪红群：《集体非农建设用地流转模式的比较与对策》，《贵州师范大学学报》（自然科学版）2002年第3期。

践做出分析，并对其实施效果和存在的问题做出总结。另外，对于各模式没有做出比较研究。同时没有从所有权理论结合我国的国情和现阶段建设新农村的实际情况角度得出确立全国性相应制度的模式。

另外，学者们还提到了要转变政府的角色，重新定位政府在流转管理中的职能，同时加强配套措施的改革，使集体建设用地有序地进入市场，保证土地市场的平稳，保障国家和集体的土地权益。

总的来说，虽然已有的研究为农村集体建设用地流转制度建设奠定了理论和实践基础，但也存在明显的不足：一是国内对集体建设用地流转的研究还远远落后于实践的发展。二是对农村集体建设用地流转的必然结果——退出机制研究是空白。三是还无人探讨新城镇化背景下法律体系的构建和创新。四是比较研究不足。因此，本项目将在统筹城乡发展背景下，通过历史和现实的结合，尝试在充分考虑我国现行法律体系以及法律运行稳定性的基础上，建立和健全以物权法保护为核心的集体建设用地使用权流转的法律制度体系。

（四）国外研究现状述评

由于国内外的土地制度安排的基础不同，国外专家对集体建设用地流转的研究很少，主要是从土地经济学、土地法学以及制度变迁方面来研究土地问题，研究较多的是土地交易，其具体形式有土地的买卖、租赁、抵押等。马克思、恩格斯是较早对土地流转进行系统、深入研究的经济学家。另外，威廉·配第、李嘉图、屠能、亚当·斯密等人提出的地租理论，对土地流转的理论建设方面产生了重大的影响。现代研究土地使用权流转的学者，首先关注研究土地产权问题，认为土地产权的不确定性和外部性将会导致资源退化，土地私有和排他性的产权是制度变迁的结果，但也有人认为集体产权存在着比正式的私有产权更低的制度成本、规模经济、降低风险等等。此外，新制度经济学的交易费用理论、企业和企业契约理论等，对于促进土地流转的理论研究和制度建设，也有一定的借鉴意义。

## 四、主要研究内容

本项目的内容主要包括以下几个方面：

第一章《导论》，本章主要对项目的研究背景、研究意义、国内外研究现状及述评、主要研究内容、研究的技术路线、研究方法、研究内容的创新性等做了分析和交代，为项目其他内容的研究提出了直观的、总体的、系统的梳理和明确的指导。

第二章《农村集体建设用地流转的基础理论分析》，本章主要分析了土地产权理论、马克思的地租理论、西方经济学的地租理论、西方新制度经济理论以及社会主义市场经济理论，通过探讨和梳理力求找寻到用以构建我国农村集体建设用地流转制度的某些重要理论元素。

第三章《农村集体建设用地流转制度的历史演变》，本章主要梳理了新中国成立后我国农村集体建设用地流转制度的历史变迁。通过分析发现，农村集体建设用地流转的演变与经济发展和制度创新紧密相关，概括起来有三个阶段：（1）全面禁止流转阶段（改革开放以前）；（2）无序、自发流转阶段（改革开放至 20 世纪 90 年代中期）；（3）探索、规范流转阶段（20 世纪 90 年代中期以后）。并在总结经验的基础上，探讨了农村集体建设用地流转的发展趋势和改革方向。

第四章《新城镇化背景下农村集体建设用地流转现状分析》，本章界定了项目涉及的基本概念；从两个方面探讨了新城镇化与农村集体建设用地流转的关系，即集体建设用地流转对新城镇化建设的影响、新城镇化对集体建设用地流转的影响；分析了现行农村集体建设用地流转的法律规定及存在的问题；论述新城镇化背景下农村集体建设用地自发流转的现状及存在的问题。

第五章《创新农村集体建设用地流转法律制度的动力机制》，本章从不同的角度探讨了创新农村集体建设用地流转法律制度的必要性。经济方面的动因主要包括：集体建设用地的流转是市场经济发展的客观要求、经济利益是集体建设用地流转的外在动力。社会方面的动因主要有：比较利益是推动集体建设用地流转制度创新的重要力量、集体建设用地流转是提高土地利用效率和保护耕地的必然选择。法律方面的动因主要从物权法和债权法两个维度探讨，提出构建和完善集体土地非农建设使用权制度，并开放其流转，充分允许出让、抵押等，有利于在设定物权的方式基础上达到分散利用的目的，也可以改善土地所有权实现的问题，达到城乡建设用地市场相互统一的局面。

第六章《创新农村集体建设用地流转法律制度的可行性分析》，本章从三个角度探讨了创新农村集体建设用地流转法律制度的可行性。现行法律和政策为创新集体建设用地流转留有空间：《宪法》留有创新空间、《土地管理法》并未完全否定集体建设用地流转、《农业法》也容许集体建设用地使用权流转、中央有关政策为创新集体建设用地流转制度指明了方向；国内外土地流转制度为制度创新提供了有益的经验；各地在试点中进行了成功的探索、取得了很大的成效，也存在很多突出的问题，试点地区的制度建设可为国家立法提供宝贵经验。

第七章《农村集体建设用地流转模式研究》，本章首先梳理了试点地区典型的流转模式，主要有芜湖"保权让利"模式、天津"以宅基地换房"模式、邛崃模式分析、嘉兴"两分两换"模式、重庆"地票"模式、四川都江堰的"联合建房"模式等。其次，将各种管理模式归类概括为三类：（1）规划区内外同等对待，实行"转权让利"的管理模式。（2）规划区内外同等对待，实行"保权让利"的管理模式。（3）规划区内外分别对待的管理模式，并从正反两个方面进行了对比分析。最后，在比较分析的基础上得出一些结论：创新农村集体建设用地流转制度势在必行、农村集体建设用地流转应采取"保权让利"的模式、要逐步构建出科学合理的制度体系，推动土地市场逐渐趋于成熟与完善。

第八章《农村集体建设用地流转法律制度构建》，本章探讨了农村集体建设用地流转法律体系的构建，提出明晰土地产权是集体建设用地流转的前提条件，要尽快建立全国性专门的农村集体建设用地流转的法律制度、修改限制集体建设用地流转的法律条款；对于农村集体建设用地流转的制度设计，从总体思路、基本原则、流转范围、流转条件、流转后的使用期限、流转方式、流转程序、流转收益进行了相对详细的论述；最后探讨了农村集体建设用地流转的配套措施改革中最重要的征地制度、地籍管理制度、建设用地审批制度、土地利用规划制度等。

第九章《征地补偿制度研究》，本章分析了现行征地补偿的相关法律制度、探讨了现行征地补偿法律制度的不足与缺陷、剖析了现行制度存在缺陷的根本原因、提出了完善征地补偿制度的立法建议。

第十章《农村宅基地流转立法及有偿退出机制研究》，本章从法律上界定了宅基地、宅基地使用权、宅基地退出机制等概念，探讨了农村宅基地流转的法律障碍及立法对策，分析了构建农村宅基地有偿退出机制的必要性与可行性，对农村宅基地退出机制的约束机制、激励机制、保障机制、配套机制进行了详细的探讨。

第十一章《农村小产权房流转的法律规制研究》，本章分析了小产权房存在的原因，理论联系实际梳理了小产权房合法流转的法律障碍，探讨了集体建设用地流转与商品住宅开发的政策进退，提出了规制小产权房合法流转的思路。

第十二章《比较研究：黑龙江垦区土地适度规模经营及流转制度》，本章分析了黑龙江垦区在城乡一体化中的作用，对农场土地与农村土地进行了全方位的比较，梳理了黑龙江垦区土地适度规模经营的必要性，对黑龙江垦区土地规模经营做了实证分析，从比较视角探讨了黑龙江垦区土地适度规模经营及流转的法律制度，提出了黑龙江垦区土地适度规模经营及流转的法律保障机制。

## 五、研究的技术路线

本项目的具体技术路线如下：

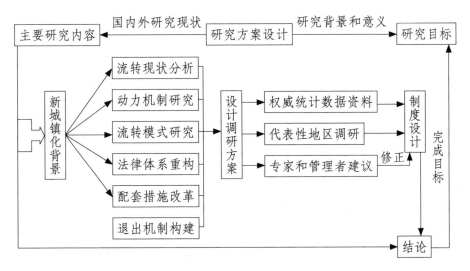

## 六、研究方法

1. 历史唯物主义分析方法

本项目运用马克思历史唯物主义中生产力决定生产关系、经济基础决定上层建筑和阶级分析等方法，分析社会现象和法律现象，以确保讨论问题的社会主义方向。

2. 价值分析方法

本项目在研究农村集体建设用地流转及其制度中，把能否促进正义、自由、秩序、公平、效率等价值及它们之间出现矛盾时如何平衡作为分析判断的正当性标准。

3. 文献研究方法

本项目主要通过此方法，了解和掌握已有的研究成果，为我国农村集体建设用地流转的研究提供重要的资料基础。

### 4. 实证分析方法

通过此方法，真实客观地了解我国农村集体建设用地使用权隐形流转市场的现实情况、各试点城市有关制度建设的成果，结合理论探讨构建全国性流转法律制度的必要性、可行性以及具体的规范思路。

### 5. 比较分析方法

通过比较各地流转制度采用的典型模式，总结不同模式的利与弊，同时通过比较世界不同国家的土地制度，主要为我国立法工作提供实践经验。

### 6. 历史分析方法

通过考察土地流转的变迁，来分析农村集体建设用地的现状和发展前景。

# 七、研究内容的创新性

本项目立足学术前沿，以新城镇化为背景，通过选取典型地区，调查研究了我国农村集体建设用地流转法律制度的现状、存在的问题，探讨了创新农村集体建设用地流转法律制度的必要性和可行性，比较分析了流转模式，并对建立和健全流转法律体系、构建流转机制、配套措施改革、征地补偿制度、农村宅基地退出机制等问题进行了深入的研究。同国内同学科的研究相比，该项目的创新性有以下几个方面：（1）研究视角上的创新，该项目立足新城镇化大背景，选择法律规制的视角；（2）研究方法上的创新，该项目在实证分析时，引入了参与式的方法；（3）研究内容上的创新，主要包括创新农村集体建设用地流转法律制度的可行性分析、以效率和公平相统一为目标进行制度创新的总体思路、"保权让利"的模式的确立、建立和健全以物权法保护为核心的法律制度体系、宅基地退出机制的设计等。

# 第二章　农村集体建设用地流转的基础理论分析

## 一、土地产权理论与农村集体建设用地流转

### （一）土地产权的功能

从本质上来看，土地产权并非某一种权利，它属于一组、一束权利，具体是指以土地为财产客体所涉及的多种不同的权利的总和，其中有使用权、收益权、占有权等。土地占有权具体是指当事人对土地拥有实际的控制权。土地使用权具体是指当事人依据土地的特征，选择合适的使用模式、利用模式。土地收益权具体是指当事人对于土地的收益享有权利，而这一项权利也是界定土地产权的最根本的目的。土地处分权具体是指当事人依法对其土地进行买卖、抵押、馈赠等多种处理的权利。设置了多种土地产权之后，各个土地产权之间需要有其界限，从而确保其权利的行使。如若其界限不明确，那么，不仅隐藏着产权纠纷隐患，同时，土地的利益也不能良好地得以实现，土地资源的全面保护与资源优化配置也将面临一定的困境。所以，土地产权的界定、保护、行使等，都是以完善的法律、制度等为基础。作为一个主体，当他拥有了自己的土地产权之后，一方面，他可以在其土地上进行耕作，同时也可以获取该土地的收益。这样一来，主体的行为便有了利益激励，它可以更好地激发出主体对于耕地的使用积极性与保护主动性。实际上，土地产权安排、产权结构等都会对土地资源配置的实际现状等产生影响，土地产权制度令土地资源配置的内、外调节机

制进行了结合。相比之下，对土地产权进行明确的界定，从本质上来看便是对土地资源的优化配置，它可以有效地降低土地资源的浪费，从而全面提升其实际效益。这是因为，只有土地产权主体才会基于其实际利益出发，从成本收益的层面去关注土地资源配置效率。当土地产权在各个地区、各个部门、各个主体中都有相应的分布，便可以对这些土地资源在各个主体间的配置进行清晰的界定。无论是何种稳定土地产权格局、土地产权结构，它们都是从根本上促成某个土地资源配置现状，其中包括了对其土地资源使用的实际情况的分布的改变。换而言之，土地产权一旦发生变化，那么，其土地资源的使用配置格局也势必发生改变。所以，构建一套完善、清晰的土地产权制度，其最根本的目的是更好地引导人们依据土地产权权能的设置来确定自己所要选择的决策行为，从而确保其预期能够得到满足，同时，借助于主体的决策，确保土地资源配置的社会目标也能够随之更好地实现，保证土地财产投入能够获取最大产出。

（二）农村土地产权的运作方式

分析农村土地所有权与农村土地产权的整个变迁过程不难发现，在国家法律出现之后，土地所有权才随之出现，在其出现的最初时期，土地所有权与其他权能趋于一体化，以奴隶社会为例，奴隶主拥有土地的所有权，而奴隶的劳动所形成的土地收益，也是归奴隶主所有。在此情形之下，土地所有权的权能分离便不复存在。随着社会经济的发展，土地所有权中的其他权能才慢慢地得以呈现，并逐步分离出来，从而形成了独立的权利。在商品经济的不断发展之下，土地产权制度也应运而生。首先，土地所有权内部的其他权能开始不断地独立出来，收益权、使用权等都不再受其所有者的控制。其次，所有权中存在的其他权能的独立行使主体，也开始进行运作，从而形成了新的所有权即法人所有权。而随着法人所有权的出现，促使土地的市场运作功能不断被强化。

农村土地产权的核心功能在于，从本质上来看，它属于行为规则的一种，因此，它也就决定了人们在占有农村土地的过程中，存在着"竞争——

合作"的模式，同时，它会对人们的行为产生影响，并最终影响到农村的土地资源优化配置以及其产出结构、收益分配等。所以，我们可以说，农村土地产权是农村土地所有权的运作模式。

### （三）土地产权与土地流转

土地产权明晰是农村土地流转的基本前提，没有明确的产权和产权主体的界定，必将导致农村土地流转的混乱和低效。但是，当前农村土地流转主体是谁、应该是谁、主体是否属于平等的民事主体等，这些问题都还没有得到明确。如果要明确土地是具有商品属性的物品，那么，土地产权必须是完备的，这是由于，商品的交换从本质上来看便是产权的交换。一旦某种交换在市场上存在之后，便同时出现了两种权利的交换。产权的一个核心功能在于对人们进行引导，从而确保人们可以实现其外部性的内在化激励，形成外部性的一个核心根源便在于其产权没有明确的界定。从本质上来看，产权的起源也与其外部性之间存在着内在的必然关联。有效的产权能够避免过多的外部问题，而产权的形成实际上也是由外部性内在化的过程。对一个社会的有效率进行衡量，需要考虑其产权是否可以良好地由低效人群转移向高效人群。在长期发展过程中，人们对于产权的归属问题十分重视，但是，从根本上来看，产权的归属问题其实并非一件重要的事情，重要的是生产资源得到充分的利用，因此，产权的使用才是核心问题所在。产权转让的实质是效率的提升，在初始产权的界定过程中，有可能其效率较低，但是在流转与交易的过程中，产权会朝着高效的方向发展。假如我们构建一套完善的产权制度，从而令产权可以自主地流向高效群体，在此情形之下，整个社会的土地产出效率便会随之得到大幅度的提升，而这一问题的核心便是明确农民对土地所形成的产权关系。农村土地集体所有的产权制度，从根本上来看并未对农民的权益进行保护。所以，必须从农村土地产权出发，明确其界限，保证农民可以享有完整的土地承包经营权，从而推动土地产权的市场化流转良性发展，并进一步推动土地资源的优化配置。

## 二、马克思的地租理论与农村集体建设用地流转

当前国内所运用的土地制度为社会主义公有制，这种制度有其自身的特殊性，它的特殊性决定了它的地租和地价与土地私有制之间存在着差异。农村土地流转时，农村的土地资源得到了一次重新的优化配置，与此同时，农村的土地地租也进行了重新的分配。从当前的农村土地流转制度出发，构建一套合理的、科学的、具有较强操作性的农村土地地租分配结构，从而有效地推动农村土地的良性流转，确保各个权利主体的权益都能够得到有效的保护，必须对当前社会背景农村土地地租来源以及其构成展开全面的分析。但是在具体的实践过程中，地租要如何进行清晰界定，如何区分土地所有者与土地使用者的土地资产收益，存在着较大的难度。

依据马克思地租分类构成理论可知，从经济运行的基本规律层面出发，通常情况下会认为绝对地租其所有权应归国家、集体拥有，从而将之投入社会主义经济建设中去，但是同时面临着另一个问题，即：目前我国农村土地的绝对地租到底存在与否？假如存在，那么，其所体现出来的形态是怎样的？当前国内还未对此形成统一的意见。从专家与学者的观点来看，大多数专家与学者认为国内不存在绝对地租；级差地租 I 应该划归于非劳动收益，它应归于国家、集体的收益；一部分专家与学者指出，集体所有权主体目前并不清晰，因此，为了确保农户农村土地的收益，一级差收益的分配者应包含农户，即：国家、集体、农户三者进行合理的分配；级差地租 II 应归经营者所有，将之投入至扩大再生产之中。在此情形之下又面临着另一个问题：在农村实行家庭联产承包责任制之前，对于土地所进行的集体性的投入所形成的地租，应归谁？

为了确保农村土地流转的有序进行，不仅要从理论层面上针对当前地租的类别、构成、来源等，以及对农村土地价格进行明确，从而形成一套合理的土地价值体系，同时还要从实际出发，结合不同的农村土地特征来对其土地进行估价，从而形成一套科学的估价方法。另外，在当前国内的

土地承包经营权现状之下，针对农户而言，农村土地是一项非常强的社会保障性价值。从这一层面上来看，农村土地地租不能仅仅是简单地概括为现实中的农村土地租金。需要注意的是，由于当前国内农户通常都是借助其集体成员的身份来拥有承包经营权，所以，当前国内的土地地租价格普遍较低，甚至还存在着无偿取得经营权的现象。但是，如果要承包土地，其承包费用却通常较高，而承包费却不等同于租金，承包费还要用于各种经营管理费用等。我们且不讨论承包费用是否合理，从根本上来看，农村土地承包费用应当作为土地经营的管理成本，而并非当作其超额利润，如若我们依据其租金来给土地定价显然不合理，所以，我们面临着将农村土地经营收益从其地租中进行剥离的难题。特别是在国家进行农业税费改革后，土地承包费已经不复存在，使这一问题变得更加复杂。

总而言之，农村土地地租分配制度是国家利用它来对土地进行调节、推动土地经营集约化发展、带动整个社会经济全面发展的重要杠杆。在社会主义土地公有制的现状之下，国内的农村土地流转制度是针对其所形成的超额收益展开再次分配，在分配时会带来各个利益集体之间形成的利益争夺，为了确保农村土地流转的有序化、健康化，国家必须从法律与制度层面构建一套科学合理的地租分配结构，从而确保各个利益主体能够得到均衡的利益。

## 三、西方经济学的地租理论与农村集体建设用地流转

依据西方经济学地租理论的实质分析，有权获取地租的必定是土地所有者。当前国内的农村土地所有权归农民集体所有，所以从理论上讲，地租应当由各级拥有土地所有权的集体组织获得。但从实际上看，在农民承包土地后，地租已经归经营者所有，所以，农民获取地租从本质上来看属于代理行为。土地承包关系长期稳定的情形之下，农民也可以长期地拥有这笔租金，土地资源特征不明显的问题得到有效缓解。同时，这也为农村

土地的流转提供了一个良好契机。然而，土地流转制度的建立是需要制度保障的。根据地租理论及地租的实际运作机制，为保障农村土地流转的有序性、安全性，必须构建一套科学合理的土地使用权租金制度。我国的农村家庭联产承包责任制对土地权利进行了规定，指出农民拥有其使用权，而在后续的改革中，是应该在确保其使用期长期拥有的基础之上，从法律层面承认农民出让其土地的使用权，允许其获取地租。

另外，构建一套完善的土地股权制度。需要从两个层面着手建立：首先，构建一套合理的产权评估制度，针对农村土地进行产权评估；其次，构建土地股权交易制度。这一制度的构建具有重要的意义，它可以令农民转换其收益的形式，不再仅凭借劳动获取收益，而是可以将土地转变为带有资本特征的生产要素。与此同时，形成城乡土地统一市场，从而保证土地的流动科学合理，推动我国土地资源的优化配置。基于二元土地制度的现状，我国土地市场也具有了二元结构的特征，所以，有必要构建一套一体化的土地市场，农村集体土地在转变为国家土地的过程中，必须从当前的市场交易规则出发，对农村土地所有权予以充分的尊重。

最后，我国的农村土地流转要以以下四个原则为基础：（1）推动农村与土地的结合。追溯我国土地制度的变迁规律可知，在长期的发展过程中，土地与农民之间的结合紧密度，与农民的生产积极性两者之间成正比关系，同时，在农民的生产积极性高的情形下，其收入能够得到更好的保障。（2）稳定承包形式、鼓励合理流动。如上文所述，我国社会主义制度决定了稳定农村家庭联产承包责任制便等同于整个社会的稳定，所以，农地的流转也要看地区发展是否成熟。（3）自愿互利与国家指导相结合。参与土地流转的双方必须是以自愿互利的形式进行。国家对于土地流转需要展开一定的政策指导，同时依据实际需求不断完善其法律与制度。（4）多元流转方式，推动规模经营。从本质上来看，土地流转是为了追求更高的效益，规模经营的优势显而易见，因此，规模经营也要作为一个重要的发展方向。

# 四、西方新制度经济理论与农村集体建设用地流转

## （一）新制度经济学关于制度变迁的一般理论

农村土地制度是推动整个农村经济全面发展的一项重要的基本经济制度，该制度的改革会对农业乃至整个社会经济制度的发展带来重要的影响。国内市场经济不断成熟的情形之下，规模化农业、集约化农业已经成为未来的主要发展趋势，提升农产品的市场竞争力要求与当前国内的家庭联产承包责任制之间产生了矛盾：农户的土地属于分散化、零碎化的状态，家庭农业整体规模较小，先进的农业生产技术无法充分利用；土地缺乏必要的流动，从而导致其资源没有得到有效的配置；农村的第二、三产业不断发展，加之近几年我国城镇化不断推进，在此情形之下，很多农户不愿意放弃土地，但是又无心经营农业，这导致了土地存在着严重的弃耕现象（尽管这种现象在国家免除农业税和发放农业补贴后有所缓解）等。所以，改革我国的土地承包制度，逐步推进土地集体所有权、农民土地承包权与土地使用权权限的整合，推动土地使用权流转是未来发展的必经之路。农村土地使用权流转将会是我国农村土地制度面临的重要改革，它是以西方新制度经济学为分析框架，其全面发展拥有完善的理论基础。

新制度经济学家们普遍认为"制度非常重要"。依据该理论的相关观点来看，制度是整个社会中所有人都必须遵守的行为规则，它是人类针对具有不确定性事态时的重要手段。"成本—收益"框架也可以用来对制度性服务展开分析，制度的供给与需求、制度的变迁都可以从中找到发展的契机。与制度安排与制度之间具有十分密切的关联，制度安排具体是指对特定的行为模型与关系所实施的一套管束规则，它有正式的制度安排，也有非正式的制度安排。从新制度经济学的领域来看，制度变迁就是"制度的创立、变更及随着时间变化而被打破的方式"。[1]制度变迁具体是指其

---

[1] 诺斯：《经济史中的结构与变迁》，上海三联书店1999年版，第225页。

内在动力与外部竞争两者共力之下令制度存在不均衡的问题。制度外的变化推动其外部利润产生之后，它本身又不能依据当前的制度安排进行"内在化"演变，在此情形之下，新的制度安排便成为人们解决问题的关键所在。而要获取制度性服务需要支付相应的费用，在技术不变的情形之下，交易费用也成为社会竞争性制度安排的关键所在，所以，假如两个不同的制度安排能够提供同样的服务，人们通常会选择费用较低的一个。在社会经济发展之下，制度变迁是一个必然的趋势，在对制度变迁进行分析的过程中，首先要对导致制度不均衡的根本原因展开探索。制度变迁通常有两个不同的类型：一是诱致性制度变迁，它具体是指有个体或者是一个群体响应制度不均衡所带来的获利机会的过程中形成的自发性的制度变迁；二是强制性制度变迁，它具体是指政府为主导，借助于强制性命令、法律的形式推行的制度变迁。从实践运用层面来看，两者之间并非独立存在，而是相辅相成的。

（二）土地流转的制度变迁路径分析

1. 土地流转制度的形成是一种诱致性制度变迁

诱致性制度具体是指有个体或者是一个群体响应制度不均衡所带来的获利机会的过程中形成的自发性的制度变迁。它形成的一个契机是原有的制度安排不能获取的获利机会，当外在的获利机会、外在利润将会在新制度里出现之后，初始制度无法让人们获取这些利润、利益，人们便开始去追求新的制度。所以，诱致性制度的变迁从本质上来看是外在利润内在化的发展过程。在中国上下五千年的历史发展过程中，农民的作用不容忽视。在我国古代，农民是推翻腐朽落后的旧王朝，成为我国古代社会文明不断进步的主要动力；在建立新中国的过程中，农民的作用至关重要；20世纪七八十年代，安徽凤阳小岗村的农民尝试运用承包制，这也是我国农村土地制度改革的起始点。在长期的历史发展过程中，农民在其中的作用不容忽视。进入当代社会，科技进步，经济发展，无偿、无流动等特征的土地使用制度与当前的实际发展现状、社会发展需求已经存在着矛盾，亟待一套科学合理的新制度的出台。身为有限理性人的农民窥见制度外的潜在外部利润，并且他们愿意为获取这一利润付出努力。

2. 土地流转制度的变迁体现了需求引致型向供给主导型转变的过程

制度变迁的需求引致型模式假定，当个体追求利益最大化的过程中，他便会努力地尝试在当前的制度条件之下，寻找可以确定预期对自己最为有利的制度安排。如果个体行为人已经看到了制度外的额外利润，那么，在这群行为人中，制度变迁需求便应运而生。对于这种制度变迁的支持、赞同的力量决定着这一制度是否会全面落实。假如支持与赞同、推动的力量占据了一定的优势，那么，新的制度便会代替原有的制度与权利界定。供给主导型制度变迁具体是指国家在宪法以及行为伦理的基础之上出台新的制度安排，从而形成制度变迁。形成这一制度的一个主要条件是社会各既得利益集团的实际权力结构与实际的力量之间的对比。从我国的实际土地流转制度演变与发展现状来看，它属于典型的需求引致型向供给主导型转变的模式。早在流转制度出现萌芽的过程中，家庭联产承包责任制之外所存在的潜在外部利润以及外部获利机会，令农民开始自发地进行土地的私下流转，农民也在这些流转中获取了相应的收益。然而，这样的土地流转制度缺乏规范性，流转双方无论是权、责、利都没有明确的界定，加之流转之后土地的使用等都没有进行规定，导致失地农民的各项保障等问题不能得到有效的解决。所以，此类需求引致型制度变迁势必无法成为主流，而应以供给主导型制度变迁为主，政府确定制度的供给模式与规划，促进土地流转制度的不断成熟发展。

## 五、社会主义市场经济理论与农村集体建设用地流转

### （一）农村土地市场化改革的必要性

改革开放以来，特别是邓小平社会主义市场经济理论提出之后，我国农村建设事业沿着市场化道路不断推向前进，总体上取得了较大成效，但在农村土地市场化运作方面却存在很多问题，急需解决。这些问题主要表现在，在工业化与城市化的不断推进之下，城市建设用地日益增多，外商

投资开发用地需求不断加大，乡镇企业用地与日俱增，这些都令我国的总体耕地面积不断下降，失地农民数量持续性上升。各种供需矛盾日益凸显。当前我国运用的土地管理制度经过了多次的修改，但是从根本上来看，它们仍然是以农村支援城市、农业支持工业为主，其制度缺陷亟待完善、修复。在当今的社会发展形势之下，生产要素市场化发展，农村土地从本质上来看属于一种核心性质的生产要素，但是它却并未得到市场化的改革，导致农民利益得不到有效的保障。针对土地价格双轨制的利益诱惑，个别地方政府利用土地管理制度的不足，对于目前的耕地资源进行过度利用；对于失地农民，政府的补偿少之又少，导致失地农民不仅失去了土地，同时又失去了生活保障。从根本上来看，导致这种现象的主要原因是城乡土地价格双轨制、土地资源的行政配置、农村土地非市场化流转等。同样，这种情形之下，城乡的差距将会进一步被拉大，农民的贫困便无法得到缓解，甚至会加重。针对于此，党和国家已经意识到这一问题的严重性，对于"三农"问题，明确指出，要加强农村多种制度的进一步改革。所以，改革土地管理制度，优化土地资源配置，推动我国农村土地市场化改革，是当前我国全面发展的一个重要内容。

（二）农村土地市场化改革的重大意义

1.对社会公平、正义、和谐发展具有重要的推动意义。从本质上来看，农村土地市场化改革是指要明确农村土地产权，构建一套科学合理的农村土地流转市场机制，从而保证农村土地资源的良性流转，优化农村土地资源配置，提高农村土地资源的整体效益。农民靠土地生活，土地便是农民的根本利益所在，同时，土地也是农村稳定发展的主要因素。推进农村土地市场化改革是让农民拥有土地权益，从而构建合理的、公平的城乡社会利益分配模式。明确农民拥有合法的土地产权，在工业化、城市化、现代化的不断发展过程中，也让农民分享发展的成果与喜悦。这是整个社会公平、稳定发展的实际需求，同时也是城乡利益矛盾缓解的有效途径，是城乡一体化发展、社会稳定发展、和谐社会建设的内在需求。

2. 有利于农业资本原始积累，有利于农民脱贫致富。首先，从改革和消除所有歧视农民利益的旧体制入手，清理和废止限制农业和农村发展的各种规章制度，在此前提之下，加强对农村、农业的支持力度，从财政、政策等多个层面给予农村、农业优惠与帮助，全面落实"工业反哺农业，城市支持农村"的政策方针。借助于农村土地市场化改革的契机，让农民拥有土地产权，保障农民的权益，对于推动现代农业的发展、快速提升土地资源的效益、改善农民的生活质量等多个方面都具有重要的意义。

3. 有利于土地合理流转、土地适度规模经营，从而全面提升土地效益。近年来，我国倡导"发展农村经济"，如何真正实现这一目标？现代化农业的建设是核心路径。但是，从我国的实际发展现状来看，现代化农业的全面推进面临着重重阻碍，首要的便是经营规模小，而现代化农业发展必须是以规模经营为主。当前我国土地经营是以家庭经营为主，小规模的经营阻碍了农业规模化发展、现代化农业发展。农村土地市场改革可以为农民提供一个有序的土地流转环境，从而更好地实现土地资源的优化配置，推动规模经营的发展，逐步实现农业产业化，有效提升农业生产效率，改善农民的经济水平与生活水平。与此同时，配给地市场化改革可以令农地产权更加明晰，从而激发农民对土地经营的积极性，有效提升土地的利用率。

4. 有利于保护耕地。众所周知，我国的耕地资源十分缺乏，目前的可耕地存量不断下降。近年来不断推进城市化发展与工业化发展，而地方政府也不断"经营土地"来获取巨额差价利益，导致原本就贫乏的土地资源被大量浪费。农村土地产权改革让农民拥有土地产权，可以有效改善这一现状。

（三）加快农村土地市场化改革的基本途径

1. 明确农村土地产权。要想全面推动我国农村土地市场化改革，首先要做的是明确当前我国的农村土地产权。长期以来，我国的农村土地产权不明确，这是导致耕地流失的一个重要的原因。权属不清的物品是最易被强势力掠夺的物品，这也是我国农村土地长期被侵占的一个重要的原因。

依据产权经济学的相关理论来看，要保护财产，必须构建一个排他性产权制度，明确产权主体。所以，要想全面落实我国农地市场化改革，必须明确农村土地产权，这是一大前提。

2. 建立完善的农村土地流转市场。从广义层面来看，农村土地流转方式具体有两种，一是土地承包经营权的流动，二是土地转用。前者通常不会存在土地产权的变化，土地的使用性质也不会发生改变。后者会改变土地的使用性质，同时，也有可能会存在着产权的变化。后者会涉及巨额土地流转增值收益，这些收益的分配问题成为一个棘手的问题，假如让农民直接与用地者进行双方的交易，土地流转会面临着利益不均衡的困境。因此，需要逐步地构建一套完善合理的农地流转市场，转变观念，借助市场的力量来进行土地资源的优化配置，从而为城市扩张、农业规模化发展等提供更多的用地支持。政府要加强对土地的规划、市场的监管等，从而确保农地流转市场的有序发展。

3. 合理分配收益，保障农民权益。如果不改变农地的使用性质，那么，地租收益十分明确，即归农户。但是，如果是使用性质发生改变，那么，其流转之后的收益分配问题，便成为重中之重，要做好国家、集体、农民三者不同的权利主体之间的收益分配，从而实现收益均衡，保障农民权益。现实中把村集体经济组织和失地农民排除在土地流转增值收益之外的做法受到了广泛质疑和批评。我国农民的主要问题便是土地问题，要建立并严格执行耕地保护制度，使农民的权益得到有效的保障，土地被政府征用之后，其收益也要投入至农村建设中去。这是正确处理土地流转收益分配问题的基本理路。

# 第三章　农村集体建设用地流转制度的历史演变

## 一、我国土地制度的历史演变及土地流转的发展变迁

### （一）从原始社会到秦统一时期的土地制度及土地流转

从人类的最初社会形态——原始社会到秦统一时期，土地从共有共耕制逐渐向私有化演变，土地流转也有了最初的萌芽。这里主要分成三个阶段进行论述，即原始社会，夏、商、西周和春秋战国。

1.原始社会

人类首先经历的社会形态是原始社会。在原始社会早期，人类以原始人群形式生存着。由于当时各种果实、野兽等天然财富取之不尽，用之不竭，人们以流动生活为主，不论私人还是群体几乎不存在对土地的占有欲望。土地问题，包括土地所有制、土地所有权、土地经营方式等问题的发生，最初是同原始农业的发明联系在一起的。世界文化史表明，最早的原始农业产生于新石器时代，距今有一万年之遥。考古发掘证明，我国是世界上农业发生最早的国家之一。

新石器时代最主要的特征，就是农作物的栽培。这时原始人类以磨制石器为工具，开始从原先的采集和渔猎的经济进入到生产经济时代。古文献中"神农氏乃始教民播种五谷"，就是先民社会进入农耕生活的反映。从这时起，人类始与土地发生较为密切的关系。此时先民社会正处于"民

知其母而不知其父"的母系氏族公社阶段。这一阶段人类生活的群体是氏族。当时的氏族内部是按性别、年龄、辈分、体力等生理条件为标准来划分等级和服从与被服从关系的，氏族间的交往也很简单。在氏族群体上还没有出现一个强有力的权力实体，他们之间的往来以长期生活中形成的习惯为共同的行为规范，诸如伦理规范、宗教规范、道德规范等等，以此来调整氏族内部和外部关系。新石器时代晚期，母系氏族公社进入后期阶段，共有共耕制此时开始向共有分耕制过渡。

从5000多年前起，我国黄河和长江流域的一些部落，先后进入了父系家族公社时代。随着生产力的逐步提高，交换和私有财产的发展，以及奴隶的出现，早期民主性父系家族公社又逐渐过渡为父权型家族公社。"这种家庭的主要特征，一是把非自由人包括在家庭以内，一是父权"。[①] 此时已进入原始社会晚期，土地虽然仍属氏族共同占有，但父系家族公社已是生产和生活的基本单位，氏族需要定期在各家族公社之间重新分配土地、居处和耕地四周的草场、河流、森林仍为各家族公社所共同使用。从氏族角度来看，这是一种氏族共有分耕制，然而从家族公社来看，这仍是共有共耕制。

部落联盟的形成与发展到国家的出现。随着部落范围内的经济联系的加强，部落与部落之间的接触也相应增加，随着人口的增长和生产的发展，不同部落之间不断发生土地占有关系上的矛盾，因相互侵占活动造成的冲突事件也不断发生。由此，这促成了部落群体对土地排他性占有观念的产生。于是，部落之间形成了各自的势力范围，在各自范围内土地的所有权归部落公有。随着农业和畜牧业的发展，为保证本部落对耕地和牧场的需要，部落群体占有土地的观念进一步强化，土地成为部落的主要财产。人们一起劳动，互相协作，共同享用劳动成果。因此，在实行生产资料公有制的原始氏族公社时期，土地属于居住或占有该地区的氏族或部落组织的全体成员共同所有。但是，随着生产力的进步，社会经济的不断发展，农

---

① 《马克思恩格斯全集》第21卷，人民出版社1965年版，第54页。

业内部的分工逐渐细化，特别是农业生产技术的进步，划小生产单位成为社会的要求，土地出现了分级经营和多级公有的现象。

土地作为社会财产中最基本的，也是最重要的不动产，随着社会、政治、经济形态的发展而发展。由氏族或部落组织公有过渡到家族组织直至个体家庭私有，土地出现了公有私营及所有权与占有权和使用权相分离的现象。

总之，在原始社会，土地的使用权和所有权尚未分离，土地权利在主体之间的转移主要是因原始社会部落之间的战争而促成的。原来家族以上的氏族变为宗族，而氏族以上的部落则形成姓族，我国古代社会由家族制度发展到宗族制度，土地法律制度表现为宗族国家所有制。这个时期，各个家族或个体家庭对土地一般只有占有、使用和收益的权利，而无随意处分的权利。这种宗族土地所有制和以耕地为主的土地流转构成了我国原始社会土地制度和土地流转的主要特点。

2. 夏、商、西周

夏、商、周在时间序列上是先后相续的三个古代王朝；若从空间范围看，又是生活在黄河中下游不同地域的三个部族。大致而言，夏人活动中心在豫西、晋南，源于河南龙山文化；商人活动中心在冀南、鲁西，源于河北龙山文化；周人活动中心在关中渭水流域，源于陕西龙山文化。[①]学者张光直强调，既要看到夏、商、周三代之间的纵向关系，同时也不能忽略夏、商、周三个部族横向并列的事实。[②]

进入阶级社会后，土地并没有立即变为私有财产。在相当长的时间内，耕地仍归各种共同体所有。直至商、周时期，我们从卜辞、金文中还能看到父权制家族公社活动的踪影。据史料记载，商人家族公社的实体形态，很可能是邑。20世纪60年代初考古发掘的山东平阴县朱家桥晚商遗址，在230平方米的范围内，发现了21所房屋遗址。这种居民小村落，应该就是当时的一个邑。《左传·定公四年》有分鲁公以"殷民六族"，分卫

---

① 田继周：《夏族的形成及更名汉族》，《民族研究》1990年第4期。
② 张光直：《中国青铜时代》，三联书店1983年版，第46—56页。

康叔以"殷民七族"的记载,可见直到商末周初大部分族众组织依然保存完好。所以,武王克殷后,周人采取的是保存并利用家族公社作为政权组织的方针。周公提出:让殷民"各安其宅,各田其田"(《尚书大传》卷二)。这表明,商人依然保留着家族公社这种组织形式,不过,早已烙上阶级社会的印痕。这种组织形式至此已是次生形态的家族公社了。周人同样经历过家族公社阶段。由此看来,这种家族公社由夏、商一直存留到西周,绵延不绝千余年之久。在家族公社的晚期,耕作单位逐步缩小为个体小家庭。以一夫一妻为核心的个体小家庭产生于父系氏族公社晚期。此时,土地仍由家族公社共同所有,且定期分给小家庭耕作,因此,仍然处在共有分耕制阶段。

这一时期是井田制。有人认为"井田制"起源于原始社会末期。井田制的原始形态,其实就是中国上古的农村公社,它应当和世界上其他各民族一样,出现于原始社会的最后阶段,也就是向阶级社会过渡的时期。井田制依孟子之说始于周代,这是孟子根据周礼的记载而确定的。其实,在古文献记载的传说中,井田制的产生可以追溯到黄帝。唐代杜佑《通典·食货典》说:"昔黄帝始经土设井,以塞争端,立步制亩、以防不足,使八家为井,井开四道,而分八宅。"清代钱塘的《三代田制解》亦说:"井田始于黄帝,洪水之后,禹修而复之。"[1]类似的记载其他书中也有。这些记载说明,在中国原始社会末期的黄帝时代,井田制和土地流转萌芽现象就已经产生。但是否肯定是黄帝时期,亦很难说。我们知道,历史上炎黄之世农业与游牧并行。而游牧业为主的时期是居无定所,显然不可能行井田制。夏禹平水土,统一中国,农业始得普及。这时北方黄河流域从以游牧为主转为以农为主,兼营牧业,凿井灌溉乃是自然之理。至于南方,炎黄之世人民始逐水草而居,显然无凿井而耕的必要。根据古籍,南方文明始于荆湘,荆湘是长江流域,水资源充沛,似无凿井而耕的习惯。因此,农业上推行井田制,八家共营一井,造成彼此通力合作习惯,成为制度,

---

①转引自李雪江:《浅谈井田制》,《华夏地理》2014年第6期。

加以推行系指北方。

根据史料，一些学者认为，周时井田制下的"公田"，已被王室、公室和各级贵族占为己有，通过"助法"征调"众人""庶人"实施耕作，收获物全部归其所有。显而易见，这种公田只是保留着原始共同体集体共有的躯壳，早已名不副实了。"公田"是与"私田"相比较而存在的。井田制下的"私田"是井田小农的"份地"，他们只有使用权和收益权，每隔若干年要重分一次。因此这种"私田"同样名不副实。古历书《夏小正》载："古有公田焉者，古者先服公田，然后服其田也。"《诗经·小雅·大田》："雨我公田，邀及我私。"就是对井田制下耕地划成公田与份地这两大类的明确表述。公田有两种基本形态，一种是处在村社共同体之外的，由周王室和诸侯国直接经营的"公田"，除了同样是由村社成员集体"助耕"这一点外，此类公田与公社共同体（特别是国中的宗族公社）并不发生什么关系。另一种是各级贵族封主的采邑和禄田，这种封邑中既有收获物归封主所有的"公田"，还有被称为"私田"的农夫份地，这种邑才是农村公社的实体形态。王室、公室和各级贵族控制的人口，就是村社共同体成员，他们靠"份地"生活。村社共同体成员的称谓和身份，有一个演变的过程。在商代，他们被称为"众"或"众人"，是农业劳动的主要承担者。周王朝建立后，疆域扩张，夏人、殷人沦为被征服者，于是有了"国人"与"野人"的区别。国人和野人都是农业劳动者，所谓："务四支（肢）之力，修耕农之业，以待令者，庶人也。"（《管子·君臣上》）因此在周代又统称为"庶人"。

再从当时的公田、私田的区分上可以看出，公田不能互易耕种，私田则可以互易互耕。这是为促进农业生产而设，这已具有土地流转制的雏形，但其总名仍为井田制。其他民族历史发展的具体过程和我国大体一致，如原始日耳曼民族的农业组织的份地制。其他有英、法、挪威、瑞典、南德意志及丹麦半岛等，尚有一种非份地制的田地分成制等，在此期间也多产生了土地租赁关系，即土地流转关系。恩格斯说："我们在所有的文明民族的历史初期所看到的……是土地公有的氏族公社和农村公社。从印度到爱尔兰，大面积的地产经营，最初正是由这种氏族公社和农村公社来进行的。同时，耕地或者以公社为单位共同耕种，或者分成小块，由公社在一定时期内分配给各个家庭去耕种"①。

值得注意的是，在土地从公有制向私有制流转、转化的过程中，参与流转的主要是耕地；非耕地则一般很少发生这种转化，起码在名义上是为国家或者全社会及其社会组织、社会成员所公有。恩格斯在《家庭、私有制和国家的起源》中阐述土地私有化进程时，就主要是针对耕地的变化而言的："耕地依然是部落的财产，最初交给氏族使用，后来由氏族交给家庭公社使用，最后便交给个人使用；他们对耕地或许有一定的占有权，但是更多的权利是没有的。"②"耕地的占有起初是暂时的，后来便永久地分配给各个家庭使用，它向完全的私有财产过渡，是逐渐完成的"。③恩格斯在《反杜林论》一文中总结道："一切文明民族都是从土地公有制开始的。在已经经历了一定的原始阶段的一切民族那里，这种公有制在农业的发展进程中变成生产的桎梏。它被废除，被否定，经过了或短或长的中间阶段之后转变为私有制。"④

这个时期，土地的耕种以井田制形式的集体共耕为主。土地所有权主体的变迁是中国历史上较大规模的变迁，也是中国历史上土地所有权大规模的流转。它是由原始公有制向以各级宗主为代表的贵族土地所有制的流转，但这时期的各级权利主体对于土地都不具有买卖、转让等处分权。受封的人对土地只有享有权而无私有权，可以继承但不能买卖，即所谓"封略之内，何非君土；食土之毛，谁非君臣"（《左传·昭公七年》）。王室所有和诸侯、大夫、士享有的土地，大多数仍为农村公社（在不同地区、不同时期分别被称为邑、里、社或书社等）占有。这些大小不同的农村公

---

① 《马克思恩格斯全集》第20卷，人民出版社1965年版，第226页。
② 《马克思恩格斯全集》第21卷，人民出版社1965年版，第184页。
③ 《马克思恩格斯全集》第21卷，人民出版社1965年版，第187页。
④ 《马克思恩格斯选集》第3卷，人民出版社1972年版，第178页。

社是各级贵族借以统治和剥削劳动者的基层组织，其规模与最初形态的井田制相类似，也分为公田和私田。劳动者要获得私田必须助耕公田，有时还要向领主纳贡。诸侯、大夫、士等各级贵族也要根据分封面积和土地丰瘠程度向上级进贡。这种役使和贡赋便是最初形态的"地租"，是土地使用权的价值表现，不论这种"地租"是单缴还是与其他赋税合为一体。这时期有了初步的土地流转关系，土地流转以土地分封和井田制度为主。

3. 春秋战国时期

春秋时期，社会生产力得到了巨大发展，铁器、牛耕、施肥、培土、人工灌溉等农业生产力水平的提高，生产关系与经济基础发生了很大变化，畜牧业和手工业从农业中分离出来，以集体共耕制与劳役剥削制为特征的井田制迅速瓦解，出现了向个体小农的土地所有制和实物地租制转变的趋势。为地主土地所有制的发展创造了条件。特别是商品经济对农村公社的渗入，加速了农村公社成员的分化。有一些劳动力强的家庭在份地之外又开垦出一些新地，这些新开出的土地属于劳动者私有，无租税负担，可以买卖，即土地可以流转。与此同时，劳动者怠工和逃跑的事件也不断发生，助耕公田的剥削方式难以维持，于是各国先后进行了租税制度和田制的改革。

到了春秋战国时期，随着周朝的衰落，各诸侯国家为争雄称霸而竞相变法，土地私有制逐渐确立，并开始了土地买卖和兼并，实际上土地所有权已开始进一步细化和下移。最初开始改革的是齐国，实行"相地而衰征"的租税政策，这种租税制度是以井田归各家私有和承认新开耕地的合法私有为前提的。

土地由定期轮换变为长期占有，井田小农与土地的联系渐趋牢固。公元前594年，鲁国改变税制，实行"初税亩"。《公羊传》释为"履亩而税"，即农夫份地也要交纳田税。公元前450年李悝为魏文侯作尽地力之教，"治田勤谨则亩益三升，不勤则损亦如之"。秦国于公元前408年，执行了名为"初租禾"的改革，实行"履践案行，择其善亩谷最好者税取之"的做法。公元前359年，秦孝公起用商鞅进行变法，"废井田""开阡陌""制辕田"，这对井田制起到了明显的破坏作用。同时，各诸侯国纷纷改制，井田小农的份地不再定期重新分配了。此时的村社共同体仍要承担兵役征发、赋税征收、人口控制等等职能，然而由于不再重新划分小农份地，国家丧失了赖以控制小农的基本手段，因而日益感到力不从心，井田制于是走上消亡瓦解之途。井田制的瓦解过程，从春秋中期到战国中叶（约前7世纪中叶至前4世纪中叶）延续约300年之久。至战国中叶，井田制终于被国家授田制所取代。其主要原因是大国争霸的严峻形势，各国统治者不得不考虑如何将农夫重新固着在土地上，进而吸引别国的农夫到本国来进行农业生产等问题。战国授田制正是在这种情形下成了各诸侯国的历史选择。在上述改革的背景下，新兴地主阶级逐渐形成，地主土地所有制逐步发展起来了。军功赏田作为各国政治改革和富国强兵的一项重要措施，极大地促进了地主阶级的形成，各国出现了许多因军功而获得土地的大土地占有者。此外，土地的买卖和集中也促进了新兴地主阶级的形成。截至战国以前的我国土地所有制形态，可以统称为共同体所有制形态。从新石器时代最原始的氏族公社到商周时期的家族公社，再到东周已经渗有地缘关系但仍以血缘关系为主的国人宗族公社，以及以地缘关系为主但不排斥血缘关系的农村公社，构成了我国古代共同体所有制的演进系列。

春秋战国时期，随着地主阶级的形成和新的经济关系的建立和发展，"分成制"地租开始实施。与地主所有制相适应，土地的经营形式，也出现了以租佃经营为主的多种经营方式并存的局面，在土地流转过程中，土地资源得到了进一步的优化和配置。

### （二）从秦统一到清王朝时期的土地制度及土地流转

公元前216年，秦始皇推行"使黔首自实田"政策，标志着土地私有制在全国范围内正式确立，直到20世纪50年代农业合作化完成后土地私有制退出历史舞台，在这2000余年间，我国的土地所有制关系大致可以看作由各种名目的国家土地所有制（从园圃苑池到屯田、营田），由各种不同身份所体现的大土地所有制（从贵族、军功、豪强、门阀、缙绅到平民地主）和以个体自耕农为主体的各种小土地所有制（从黔首、良家子、占田户、均田户、主户到封建后期的自耕农）这三种主要成分所组成的一种三级结构。在这个结构中，土地所有权在小农、官府和私家地主间不断流动，因此这又是一个动态结构。

在不同的历史时期，上述三种成分此消彼长。一般情况是王朝前期小农数量较多，到中后期土地兼并日趋激烈，大土地所有制不断膨胀，最后引发农民起义。经过数十年战乱和人户减耗后，小土地所有制重新复苏，然后再重复上述过程。从长时段看，土地所有制演进的总趋势是国家土地所有制逐步萎缩，大土地所有制日趋膨胀，自耕农的小土地所有制在汉唐时期是国家赋役的主要承担者，但到宋以后大致维持在总户数的 1/2 到 1/3 的水平线上。在此过程中，土地所有权逐步深化，土地私有制渐趋成熟。土地所有制在总体结构上的重大变动和地主身份地位的嬗变，是我们借以划分古代社会发展阶段的主要依据；而大土地所有制的盛衰消长则是影响这个三级结构的主要因素。在此部分，我们主要阐述从秦到清这一时段。

1. 秦汉魏晋南朝时期

秦汉四百年间正处在三级结构确立的初期，我国古代土地所有制的主要特征及其变动趋势均已显现。当时民间私有土地称为"民田"，《云梦秦简·法律答问》有"部佐匿者（诸）民田"的记载。西汉初年相国萧何"贱强买民田宅数千万"（《史记·萧相国世家》），这里的民田就是百姓的私有土地。西汉时期的土地买卖已是寻常之事，连汉武帝想扩大上林苑以供游畋，也是买田于民间（《汉书·东方朔传》）。与"民田"相对称的"公田"就是国有土地。狭义的国有土地指官有农业用地，广义的国有土地包括可垦而未垦的耕地、抛荒的"草田"、皇室的苑囿苑池以及具有经济利用价值的山林沼泽在内，泛指民田以外所有归国家掌握的土地资源。秦汉时期国家土地所有制在大土地所有制和小土地所有制之间发挥着某种调节器的作用。调节的目的是遏制大土地所有制的过分膨胀，既有利于削弱地方势力，加强中央集权；又可以起到稳定小农经济、维护国家赋役基础的作用。秦汉时期土地所有权在国家、地主与小农间呈双向流动趋势，三种不同性质的土地所有权可以互相转化。

三国、两晋和南朝时期，屯田制、占田制相继出现和南方大土地所有制迅猛发展。在这个历史阶段内，北方自汉末以降长期陷于战乱之中，自耕农阶层的小土地所有制受到极大打击，小农依附程度不断加深；战乱之后，人户减少，耕地荒芜，可供国家支配的荒闲田土骤然增多。隶属性极强的曹魏屯田制就是在这种背景下出现的。屯田制瓦解后，为了把屯田区域和小农农村推齐拉平，遂有西晋占田制的出现。在占田制的短暂实施过程中稍稍复苏的小土地所有制，则在"八王之乱"（291—306）后再次惨遭蹂躏。地主豪强纷纷筑坞自保，黄河流域坞堡林立。北方的"坞""堡"，南方的"山民"就是此时地主经济的主要表现形态，封建隶属关系呈强化趋势。这个时期南方相对安定一些，为避战乱，大批北方士民持续南迁，江南地区开始改变地旷人稀的局面，开发加速，在此过程中大土地所有制得到迅猛发展。

秦汉魏晋南朝时期，土地私有制正式形成并得到了空前发展，分成制地租逐渐发展起来，土地租赁关系得到了进一步的发展。广大佃农租耕国有土地和私人土地，他们除了要承受土地所有者一定的地租剥削外，还对国家和地主有着程度不同的人身依附关系。这个时期也是地主阶级大土地所有制迅速孕育和恶性膨胀时期，除了国家公田以外，大量土地所有权或通过买卖或通过巧取豪夺从个体农民手中流向大地主。虽然各朝各代都采取了不同措施加以限制，但是这种势头未得到根本遏制，如西汉的限民名田、假田与限田制，王莽新政的王田制，都对土地买卖、交换与转让加以限制，但都未能从根本上发挥作用，土地的逆向流转也无法从根本上得到彻底解决，因为这是土地私有制的必然发展趋势。到了东晋南朝时期南方长江流域，国有土地进一步私有化及大土地所有制得到了进一步的发展。

这个时期是我国土地私有制的确立与发展时期，国家土地所有制的势力范围越来越小，并越来越难以维系，土地兼并仍日趋严重。土地私有与土地国有总是此消彼长，这是我国这一时期土地流转的特点。

2. 北朝、隋、唐时期

豪强地主利用宗族、乡里关系筑坞聚居的情况一直延续到北魏前期。386年，拓跋珪进入中原以后，即将这些筑坞自保、聚族而居的豪强地主任命为"宗主"，让他们担负起地方行政长官的职责"督护百姓"。这在鲜卑族初入中原，尚未站稳脚跟之际，不失为一种明智之举。然而在"宗主督护"制下，宗主荫庇户口之做法因取得国家认可而愈发猖獗，大土地所有制肆无忌惮地与国家争夺劳动力。这种状况既使国家赋役没有着落，又使北魏政府对地方的控辖受到威胁。必须找到一种办法，使地主的"苞荫之户"转入国家手中。自小农诞生以来，他们梦寐以求的基本愿望，就是拥有一块自己的土地。而当时黄河流域荒土弥望，国家缺的不是土地而是劳动力。因此，若能做出有利于农民占田的安排，就有可能争取到更多的小农登上国家户籍。391年，拓跋珪"既定中山，分徙吏民及徒何种人工伎巧十万余家，以充京都，各给耕牛，计口授田"（《魏书·食货志》）。这是有关拓跋族计口授田制度的最早记载。

从国家角度来看，实施均田制的目的是通过遏制大土地所有制的过分膨胀，来扩大小农农村的生存空间，也就是扩大国家赖以生存的赋役基础。因此均田制实际上是国家与地方豪强争夺劳动力的工具。为此，均田制的推行必须以中央政府的权威作为后盾。北魏及其以后的隋唐政权，均开始了大规模的土地立法，开创了以均田制为代表的土地法律制度。依据唐朝杜佑的说法，均田制度是齐依魏制，隋遵北齐，唐则"因元魏、北齐制度而损益之"（《通典·田制下》）。均田制主要是按家庭人口分配给个体农民一定的土地和宅基地。均田制的实施是在国家掌握大量无主荒地的情况下，使一部分无地或少地农民依法分到一些无主土地，暂时缓解地主大肆兼并土地和农民的破产流亡之间的矛盾。因此，从这种意义上说，均田制是在基本不触动原来土地私有权的基础上，通过无主荒地分配完成部分国有土地向私人占有、使用乃至所有权转化过渡的一种土地流转制度。

地权转移方式：官荒田授受和"对共给授"。在各朝实行均田制的初期，因初承大乱之后，荒土资源较多，向无地农户的授田还是执行过的，只是打了折扣而已。而在无地农民从狭乡迁往宽乡的场合下，他们必然会从官府分到一块荒闲土地，否则他们决不肯背井离乡，就道远行。所谓"对共给授"，主要见于唐代。按照均田令规定，在每年十一月和十二月，县令把应退田人户和应受田人户召集起来，当面实施田土产权的户间转移。《唐律》卷一三《户婚》载："诸里正，依令授人田，课农桑。"《疏议》说："应收授之田，每年起十月一日，里正预校勘造簿，县令总策应退、应受之人，对共给授。"

需要强调的是，从北魏到隋唐，均田制并不是唯一的土地所有制形式。在均田制之外，不仅存在小农的"自田""籍外田"和"买田"，而且大土地所有制亦安然无恙。均田制在较长时期内得以维持，需要两个基本条件：一是国家对于人口的严密控制；二是地权流转速率的相对迟缓。因为不仅田业授受要以确凿详尽的户籍资料为依据，更重要的是租庸调这种以人丁税为本的赋役形态，要求国家能够牢固地控制全国人丁，这是稳定税收和征发力役的基本前提。实际上，秦汉以来的历史经验证明，对于小农经济的主要威胁来自土地兼并。土地所有权在逐步深化，大土地所有制在不断膨胀。在土地私有化潮流的持续侵蚀之下，国家法权步步退让，均田小农倍受挤迫。到了中唐以后，均田制已经名存实亡了。大土地所有制凭借自身的经济力量，数次颠覆均田制的统治地位，迫使每个朝代不得不重建田制框架。至中唐杨炎两税法出台，均田制一蹶不振，地权转移的正常渠道畅通无阻（"不禁买易"），私家地主扩占田亩已无限制（"不抑兼并"），大土地所有制终于取得了自身的合法存在。

3. 宋、辽、金、元、明、清时期

晚唐以来，大土地所有制经过千余年的持续膨胀之后，终于在数量上超过其他各种土地所有制之和，而在比重上独占鳌头；小土地所有制逐步挣脱中古田制框架的种种束缚而日趋独立，其经济权威明显增长；而急剧衰落中的国家官田在数量上已微不足道。

两宋土地产权制度的发展，大致分为三个阶段。北宋初年，主要颁布鼓励生产的垦田法，确认垦荒者对所耕种土地的所有权，但加速了田产的私有化及土地的兼并集中。而北宋中期针对大土地所有制的弊端，先后制定了方田法和限田法，但均遇到抵抗而失败。例如，以王安石为代表的土地变革派的变法遭到了以司马光为代表的顽固派的强烈反对而失败。地主阶级大土地所有制完全处于失控状态，到了南宋，这一状态继续恶化。总之，宋朝的法律制度明确保护官私土地所有权，对土地的买卖、典卖、租佃契约关系做了详细的规定。

辽、金、元三代政权分别是由我国北方契丹、女真、蒙古三个游牧民族建立的。他们在建立政权的过程中，对于土地，尤其是对于农业耕地的开发利用日渐重视，均有国有"官地""荒地"和民间"私田"三类之分。官私田一般以屯田或军队屯田为主，或以出租形式经营，按规定向耕种者征收一定比例的地租。这个时期，土地所有权与使用权进一步分离。明、清两代均鼓励屯田和垦荒，对官私土地产权予以严格的法律保护，但是由于土地制度本身的缺陷，特别是圈地等运动的兴起，加剧了土地私有化和土地兼并的进程，土地产权又发生了一次较大规模的变迁。到明朝万历年间，民田在耕地中占有的比例接近90%。清朝后期，特别是鸦片战争以后，清政府在内忧外患的双重压力下，发起洋务运动，对法制进行了重大改革，颁布了《大清现行刑律》和《大清民律草案·物权》，法律在承认和保护财产私有制与私有权的前提下，规定了保护各项土地权利的内容，以排除他人的不法侵害；明确规定土地所有权的范围"及于地上地下"；明确规定承租地主土地的佃农，不得请求免除或减少地租，从而承认并保护了地主阶级的地租剥削权及土地收益权。这个时期，定额地租逐渐发展成为地租的最主要形式。从经济的发展进程来看，实物定额地租制是由实物分成租制发展而来的，再通过实物定额租折纳现金，发展为货币地租。货币地租也应当属于定额地租。

总之，封建社会的土地制度，在我国历史上经历时间最长，发展也比较成熟，是对中国社会和经济有深刻影响的土地制度。这个时期的土地所有制和以土地租佃制为主的土地流转制度从春秋战国之时起，至清代鸦片战争前夕为止，经历了萌芽、确立、成熟和衰落等阶段。作为土地制度的特定形式，它在历史上曾起到了促进生产力发展和繁荣封建文明的作用，但同时也孕育和激化了地主阶级与农民阶级之间的矛盾和斗争，成为农民起义的直接诱因。这个时期，除了国家"官田"以外，以地主土地私有制为主，地主对土地享有充分的所有、占有、使用、收益和处分的权利。地主对土地的大肆兼并，造成农民因失去土地而生活困苦流离失所，是社会动乱乃至农民起义的基本原因之一。而地主阶级对土地的大肆兼并与历代封建王朝试图反兼并，构成除了战争以外的土地流转的特点。

在中国漫长的王朝时代里，地租形态是非常复杂的，马克思所讲的三种地租都存在。这个时期，土地所有权和使用权有了一定程度的分离，贫雇农可以租佃地主的土地，佃农以实物地租、赋税或劳役等不同形式交纳地租。不过在劳役地租、货币地租和实物地租中，实物地租占主要地位，货币地租次之。劳役地租是最简单、最原始的地租形态，它包括助耕农奴主和地主的"自营地"，服兵役、徭役和各种临时性的差役等。实物地租又称产品地租，是封建社会地租的统治形态，它的广泛存在是与封建社会自然经济的统治地位相适应的。实物地租可分为分成地租和定额地租两种，二者具有不同的适用范围。货币地租在中国出现得也比较早，但由于在中国封建社会中自然经济占统治地位，商品经济的基础一直很薄弱，故这种地租形态出现后发展很缓慢。三种地租形态的变化及不同时期各自的地位受社会经济条件的影响很大，可以说这种演化基本上反映了我国社会经济发展的趋势以及土地的使用和流转状况。同时，国家为缓解社会矛盾，也将部分土地无偿分配、出卖、租佃给农民，这也是封建社会土地流转的特点之一。

## （三）从清末到新中国成立前的土地制度及土地流转

从鸦片战争开始，中国开始进入半殖民地半封建时期。从此时一直到中华人民共和国成立，土地制度因动荡的局势而变化纷多，我们这里拟从以下两个时段进行阐述。第一时段主要以太平天国运动时期的土地制度及土地流转为主进行阐述，第二时段主要论述国民党时段的土地制度及土地流转。关于新中国成立前中国共产党领导的各解放区的土地制度，为阐述方便放入新中国成立以后土地制度一起论述，这样论述有可能在时段上有些差异，但在逻辑上还是符合的。

1. 鸦片战争、太平天国时期

鸦片战争以后，中国进入半封建半殖民地社会。这一时期封建的土地关系仍占据统治地位，但同时也出现了一些新的特点，在土地流转关系上的一个变化就是"租借地"和"洋地主""洋矿主"的出现。1840年以后，各殖民列强曾在中国各地大量侵占农民的土地，然后再转租给中国农民，以榨取高额地租，残酷剥削和榨取广大农民。这个时期土地兼并的规模越来越大，土地更加集中。

太平天国农民运动是以"均贫富"为奋斗目标的轰轰烈烈的农民起义运动。太平天国农民革命的目标是推翻清王朝的腐朽统治，抗击帝国主义列强的侵华势力，建立一个农民阶级当家做主的平等平均的理想社会。因此，太平天国农民政权的土地制度的根本宗旨是实现"耕者有其田"，废除地主阶级的土地所有制，《天朝田亩制度》系统地规定了太平天国土地法律制度的具体内容："凡天下田，天下人同耕，此处不足，则迁彼处，彼处不足，则迁此处……务使……有田同耕，有饭同食，有衣同穿，有钱同使，无处不均匀，无人不饱暖也。"在此原则的指导下，将各种耕地划分若干等级，并根据土质的好坏和产量的高低，规定了不同等级的土地进行折算的具体标准。它规定，凡年满十六岁的成年男女，一律享有同样的土地分配权利，十五岁以下的未成年人，则按成年人标准的一半进行分配。虽然受当时主客观条件的历史局限，上述法律并未能真正得到实施，但是在一定程度上推动了土地产权向个体农民的流转。这个时期的土地流转是将从封建王朝中掠夺的土地分给农民，使农民对土地享有所有权、占有权、使用权、收益权和分配权。

2. 民国时期

从1912年孙中山领导建立中华民国临时政府，到1949年南京国民政府迁至台湾，国民党政权统治37年，先后经历了三个不同政府：中华民国临时政府、北洋政府、南京国民政府。

由于受政权的性质所决定，对官僚资产阶级和民族资产阶级的利益和前途表现出较多的关注，从中华民国临时政府，到北洋政府，再到南京国民政府都对侵犯私有土地的行为从法律上做出了严格的规定。国民临时政府宪法在规定"人民保有财产"之"自由权"的前提下，以根本法的形式，宣布了私有财产的不可侵犯性，从而保护了以地主阶级为主的土地所有权。民国三年，北洋政府判例上字第 63 号规定，不动产所有人得完全处分其不动产。到 1928 年（民国十七年），南京国民政府制定了《土地征收法》和《土地法原则》，接着又先后制定了《土地法》《土地使用法》《地价税法》和《土地登记法》等几项法律草案，然后秉承《土地法原则》，将上列五种法律草案加以综合编制成《土地法》，其目的在于使地尽其用，人民有平均享有使用土地的权利，并防止私人垄断土地，谋不当之利。该《土地法》于 1930 年制定，到 1935 年 4 月 5 日公布施行。准备从实行部分的土地公有制、保障佃权、减轻佃农地租负担、开垦荒地、扶持自耕农等政策着手，解决土地占有方面的矛盾，但当时由于受国内外各种因素的影响，上述政策从未得到实质性实施，仅停留在文字上。到了 1947 年，《中华民国宪法》虽然打出"国民经济应以民生主义为基本原则，实施平均地权"的旗号，虽然规定"中华民国领土内之土地属于国民全体。人民依法取得之土地所有权，应受法律之保障与限制。私有土地应照价纳税，政府并得照价收买。附着于土地矿藏及经济上可供公众利用之自然力属于国家所有，不因人民取得土地所有权而影响"。"国家对于土地之分配与整理应以扶植自耕农民及自行使用土地的人为原则，并规定其适当经营之面积"。但是实际上该法律仍以维护原来的地主土地所有权为宗旨，从而助长了土地大规模兼并，导致出现了无数农民破产、流离失所的局面。

民国时期，我国处于半殖民地半封建社会，官僚资本主义生产关系得到了空前发展。除了实物地租外，资本主义的土地制度在一定程度上得到了发展。作为资本主义土地所有权在经济上的实现形式——货币地租，它所反映的经济关系已与封建地租根本不同。资本主义地租不再是占有直接生产者的全部剩余生产物，而是仅占有其中的超额利润部分，平均利润部分由产业资本家占有。因此，这个时期，我国部分土地租赁关系已经演化成为土地所有者和产业资本家共同剥削工人和农民的经济关系，尤其在大中城市更为突出。土地所有者与产业资本家在共同形成有产阶级剥削工人和农民的同时，他们之间也往往围绕租期长短、地租高低等问题进行着尖锐的斗争。从总体上看，土地所有者都力争缩短租期，提高租金，以坐收租赁土地集约经营的好处；而土地的使用者则想着延长租期，降低租金，独得土地集约经营带来的收益。这样，在土地私有制度下，土地的所有者与使用者之间围绕土地租赁关系便产生了不可调和的冲突。这种矛盾在该制度下不可能得到根本性解决，它不仅成为影响该时期土地流转的重要因素，也构成了该时期土地流转的重要特征。

### （四）中国共产党及新中国成立后的土地制度及土地流转

1. 国家土地所有权的确立

中国共产党自革命开始，始终把土地问题作为一项重要任务。1923 年 6 月中国共产党第三次全国代表大会通过的《关于农民问题决议案》指出："结合小农佃户及雇农以反抗牵制中国的帝国主义者，打倒军阀及贪官污吏，反抗地痞劣绅，以保护农民之利益，而促进国民革命运动之必要。"1927 年 8 月 1 日南昌起义后，8 月 7 日中共中央在武汉召开紧急会议，提出：没收大、中地主土地，分与佃农及无地农民。1927 年 11 月中共中央召开临时政治局扩大会议，又决定将"没收一切地主土地"改为"没收一切土地归苏维埃国家劳动平民所公有"。于是"土地革命"包含了"没收土地"及"土地国有"的经济内容。"八七"会议之后，党把工作重心转入农村，建立农村革命根据地，把土地革命、武装斗争和根据地建设三者紧密结合起来，并进行土地制度改革的实践。在此基础上依据当时情况制定了革命根据地的各种土地法。如《井冈山土地法》《兴国土地法》《中华苏维埃共和国土地法》《晋冀鲁豫边区土地使用暂行条例》《陕甘宁边区土地租佃条例》《陕甘宁边区地权条例》《晋察冀边区荒山、荒地、荒滩垦殖暂行办法》《中国土地法大纲》。这些土地法都对土地流转做了相应的规定。

1949 年中华人民共和国成立后，旧中国的国有土地如政府机关用地、军营和军事设施用地、国家投资企业用地、国家所有的公用设施用地等，由新中国国家政权继承接收。与此同时，于 1950 年 6 月制定《中华人民共和国土地改革法》并颁布施行，对旧中国官僚、买办阶级拥有的土地，一律由新政权没收。到 1952 年底，全国范围内的农村土地改革基本完成。在农村土地改革中及其以后社会主义建设中，将一部分农村土地划归国家所有，将一些合作化以前属于农民个人所有和合作化以后属于农民集体所有的农村土地有偿征用，即国家支付一定的补偿费，被征用的土地归国家所有。

总之，通过不同方式，我国国家土地所有制取得了较大程度的发展，在城市中占据了绝对统治地位，土地产权（所有权）也发生了较大规模的流转。1982 年我国宪法对土地所有权的规定是："矿藏、水流、森林、山岭、草原、荒地、滩涂等自然资源部属于国家所有，即全民所有，由法律规定属于集体所有的森林和山岭、草原、荒地和滩涂除外。""城市的土地属于国家所有""农村和城市郊区的土地，除由法律规定属于国家所有之外，属于农民集体所有""国家为了公共利益的需要，可以依照法律的规定对土地实行征用"。

2. 集体土地所有权和家庭联产承包责任制的确立

新中国成立后，1950 年 6 月，中共七届三中全会召开，会议通过了关于在全国范围内开展土地改革的决议，随后又通过了《中华人民共和国土地改革法》等一系列文件和法律。从 1950 年冬开始，在全国广大地区分期分批地开展了土地改革运动。到 1952 年底，除了一部分少数民族地区外，全国大陆的土地改革基本完成。新中国成立前，各解放区已有 1 亿多农民完成土地改革外，又有 3 亿多无地、少地的农民先后无偿获得了 0.47 亿公顷土地和其他生产资料，免除了过去每年向地主缴纳大约 350 亿公斤粮食的苛重的地租。土改后，贫农、中农占有的耕地面积占全部耕地面积的 90% 以上，原来的地主和富农占有的耕地面积只占 8% 左右。因此，随着土地改革运动的基本完成，农村土地除依法属于国家所有的以外，均属农民私人所有，以个体土地所有制（自耕农制度）代替了封建土地所有制。这个时期的土地流转是新中国成立后第一次大规模的土地权利流转。由于土地制度的变革，调动了广大农民空前的生产热情，极大地促进了农村生产力的发展。

自 1953 年土地合作化运动展开，历经互助组、初级农业合作社会、高级农业合作社三个阶段，将农村土地的农民所有家庭经营逐渐转变为集体所有集体经营，实现了向集体所有制的转变。到 1958 年随着《中共中央关于在农村建立人民公社问题的决议》的下达，全国迅速形成了人民公社化运动的热潮。仅两三个月的时间，刚刚建立起来的高级农业合作社就进入了更高阶段——人民公社。10 月底，全国 74 万多个农业生产合作社合并改组成 2.6 万多个人民公社，参加公社的农户有 1.2 亿户，占全国总农户的 99% 以上，全国农村基本上实现了人民公社化。土地及其他生产资料全部实行公社集体所有，收入分配也进入"产品按需分配"的阶段。由于这种形式的生产关系严重脱离了当时的生产力发展水平，结果对农业生产造成了很大破坏。1960 年 11 月 3 日中央提出了"三级所有，队为基础"的政策，由此形成了土地归公社、大队和生产队三级所有，土地的经营使用权归生产队所有，在生产队的管理下农民统一使用，收入分配形式采取按劳分配，以农民积累的工分多少进行分配。至此，农村土地集体所有制关系相对稳定下来。这个时期的土地流转是新中国成立后土地产权第二次大规模的流转，在土地制度上确定了我国现行的土地所有制的基本框架。集体所有、集体经营的农村土地制度模式，是一种超前的制度安排，虽然确实可以避免两极分化，可以发展农田水利基本建设，可以依靠集体的力量抵御灾荒等，在初期对农业生产产生了一定的促进作用，但是由于超越了当时的生产力发展状况，对其发展很快便产生了阻碍。另外，这个时期土地制度过度统一，土地管理权高度集中，土地流转是高度计划经济体制下的流转，无法以效率原则来优化配置土地资源。因此，在一定程度上，阻碍了生产力的发展。因为过分的集中经营、集中劳动和统一分配的制度必然影响农民生产经营的自主权和利益，出现平均主义、"大锅饭"的弊病，从而极大地影响了劳动者的生产积极性，阻碍了生产力发展。另外，还规定生产队所有的一切土地包括社员的自留山、自留地以及宅基地在内都归生产队所有，禁止出租和买卖，使农村土地以固化的形式存在。

1978年党的十一届三中全会以后，以安徽省凤阳小岗村农民自发搞起的"大包干"为源起的新时期农村土地制度改革拉开了序幕。在集体所有制不变的基础上，土地经营形式经历了作业量承包经营、包产到户、联产计酬责任制、包干到户经营责任制的一系列发展变化之后，最终突破了人民公社内部的生产经营形式，形成了统分结合的农村家庭联产承包责任制。1983年1月，按照《中共中央关于印发〈当前农村经济政策的若干问题〉的通知》，全国农村开始普遍推行包干到户。年底即有98%左右的基本核算单位实行包干到户，家庭承包经营土地面积占耕地总面积的97%左右，实现了土地所有权与使用权的分离。这种土地所有权和经营使用权适度分离条件下的土地集体所有、农民家庭承包经营的新型农村土地制度，既给予农民一定的土地使用权和经营权，又对他们的经营收益分配关系进行了调整，"交足国家的，留够集体的，剩下的都是自己的"，由此调动了他们的生产积极性，提高了他们的劳动效率，为农业生产注入了生机和活力。1984年中共中央在《关于1984年农村工作的通知》中明确提出了土地承包期一般应在15年以上的主张，解决了初期承包期过短、土地调整频繁导致的农民缺乏稳定感以及农地投入短期性行为等问题。使得农村土地集体所有、家庭承包经营的政策方向进一步明确，承包关系和这一制度模式也基本稳定下来。

随着家庭联产承包责任制的确立，新的土地流转方式应运而生。土地流转的实质是让农民不仅拥有土地使用权而且拥有在承包期内的转让权。它进一步促进了农村生产要素的合理流动和农业资源的优化配置。对此，党的十六大报告中明确提出："有条件的地方可按照依法、自愿、有偿的原则进行土地承包经营权流转，逐步发展规模经营。"2002年8月通过的《中华人民共和国农村土地承包法》，对农民承包土地的调整做出了进一步的规范，对集体经济组织随意处置农民的土地予以严格限制，从而为农民土地财产权利提供了最基本的法律依据。作为土地流转推行得比较早的江苏省在我国地方政府中首次出台了《江苏省农村土地承包经营权流转办法》并于 2004 年 2 月 1 日起实施。这些都标志着我国农村土地承包经营权流转步入法制化、规范化管理轨道。

我国的集体土地所有权由原来的集体所有、集体共同使用的体制转变为集体所有、农户承包经营的体制。集体土地所有权与使用权、经营权和收益权得到了分离，土地流转开始活跃起来。但是，目前的家庭联产承包责任制是在中国社会发生重大转折时期的特殊历史条件下形成的，它的产生既缺乏理论的准备和科学的制度设计，也不是自上而下有组织有计划地实施的，而是在改革的洪流中，主要依靠农民群众的自发力量推动建立的，这就注定了制度本身的不完善性，以及后续补充、修改、完善工作的长期性。家庭经营承包尽管有效地解决了劳动和报酬的脱节问题，实现了责、权、利的统一，但终究还不是完整的农地制度，特别是随着生产力的发展和经济体制改革的进一步深化，这种制度的缺陷就明显地表现出来。诸如实施现行农地制度难以克服的诸如土地变动频繁、人地关系不稳；农户土地规模小，地块细碎；土地纠纷多等问题。特别是我国已经加入世界贸易组织（WTO），现行制度与市场经济和社会化大生产趋势很不相适应。反映到土地流转领域，由于农户的土地权利过小过少，土地产权不明晰，土地使用者不能够依照法定程序自主地有偿转让、出租、抵押土地，因而大大阻碍了土地流转市场的发育和完善，同时也造成了土地隐性市场和投机活动的猖獗，影响了土地资源在市场经济条件下的合理配置和优化。

纵观中国各个历史时期土地制度的发展过程，自原始公社土地公有制瓦解以来，夏、商、西周确立宗族土地所有制，耕地与非耕地均属宗主为代表的宗族所有。春秋战国时期，宗族土地所有制崩溃，为封建君主集权国家土地所有制所取代。耕地按授田制由国有转变为私有，土地私有权开始确立。秦汉至清末的两千多年间，土地始终是国有——私有——国有反复变化着，先后经历了三轮大的循环，土地所有权主体在国家和私人之间反复转化。每一次土地过分兼并引起的社会动乱,都影响了社会的发展。而每一次由国有向私有的分配,平均地权,则促使国家经济很快得到恢复和发展。通过买卖、兼并、转移土地产权以及利用租佃制度经营土地也成为中国古代土地经济和法律关系的重要内容。至于非耕地,则一般属于国有,基本上不加入产权转移的流动领域。中国进入近代社会以来,特别是国民党政府各个时期的土地立法始终以保护封建土地所有权,并维护地主阶级地租剥削制度为宗旨,因而,土地更加集中,土地问题仍然是中国社会的主要问题。历史证明,凡是平均地权、所有权与使用权相分离,有利于土地合理流转的土地制度,就会促进经济和社会的发展。反之,凡是土地过度兼并、剥夺农民权益、不利于土地合理流转的土地制度,则阻碍经济和社会的进步,甚至导致社会动乱。

中华人民共和国成立后,在中国共产党的领导下,我国为建立适合中国国情的土地制度进行了不懈的探索和努力。从新中国成立之初土地改革运动激发的农民的热情空前高涨,到社会主义改造、"大跃进""人民公社""三级所有、队为基础"土地制度的基本确立,直至建立了比较适合我国国情的农村家庭联产承包责任制,几十年的实践清楚地证明了:凡是建立了尊重和保护农民的权益、产权明晰、配套措施完善、土地可以合理流转的土地制度,就会促进农业的发展,反之则不然。

3. 城市土地使用制度的改革进程

我们主要是侧重研究农村土地制度及土地流转,但考察一下城市土地使用制度对我们研究农村土地制度是有重大意义的。

我国传统的城市土地使用制度,是整个传统经济体制的一个组成部分。改革开放以前,中国是一个政企不分、经济管理体制高度集中的国家,经济生活完全处于政府的管理和控制之下。在这种体制下,政府几乎集中了一切经济活动的决策权,在对企业进行直接控制的基础上,以指令性计划组织生产。为保证计划的实现,实行实物控制,对各种经济资源通过计划调拨进行统一配置。土地作为一种重要的生产要素,在计划调拨体制之中居于重要地位。传统经济体制的逐步改革和深化,必然会促进土地使用制度的改革和深化。当然，在经济体制改革逐步启动之后，土地使用制度的改革和深化也会推动其他方面的改革和深化，甚至对整个经济体制改革发挥关键性的作用。

我国城市土地使用制度改革从 20 世纪 80 年代初酝酿，经历了从少数城市局部试点到多数城市全面试点和逐步推开的历史进程，取得了若干阶段性的改革成果。城市土地使用制度改革大体上分为如下几个阶段：

（1）征收土地使用费（税）

深圳经济特区于 1982 年开始，对城市不同等级的土地向土地使用者收取不同标准的土地使用费。收费标准为每平方米 1—4 元 / 年，年收费额约 1000 万元。1984 年辽宁省抚顺市进行了全面开征土地使用费的试点工作，把土地分为四个等级，收费标准定为每平方米 0.2—0.6 元 / 年，年收费额约 1000 万元。1984 年，广州市对部分土地（经济技术开发区、新建项目、涉外项目）开征土地使用费，把城市土地分为七级，收费标准定为每平方米 0.5—4 元 / 年，年收费额约为 2000 万元。当时征收土地使用费的出发点是为了解决城市基础设施建设资金长期严重短缺的问题，虽然改革步伐较小对旧的土地使用制度触动不大，但这却是我国城市土地使用制度改革的重要开端，有着十分重大的意义。

（2）开展土地使用权有偿出让和转让试点

1987 年 7 月 7 日，国务院原特区办公室向国务院提出《关于选若干点试行土地使用权有偿转让的建议》的报告，明确提出选择上海、天津、广州、深圳四座城市作为土地有偿出让的试点城市。1987 年 11 月 19 日，原国家土地管理局又向国务院报送了《关于增列厦门、福州市为城市土地使用权有偿转让试点单位的报告》。国务院批准了上述报告。

1987 年 9 月 9 日，深圳市率先试行土地使用权有偿出让，揭开了我国城市国有土地使用制度重大改革的序幕，标志着城市国有土地使用制度改革从理论探索阶段走向实践探索阶段。其特点是，冲破了土地供应单纯采用行政划拨的旧的土地使用制度的束缚，引进了市场机制，让用地者通过竞争并支付实足的地价款方可获得土地使用权。用地者通过这种方式获得的土地使用权可以依照合同的约定进行转让，这就为建立地产市场进行市场经济条件下的土地流转奠定了重要基础。

（3）制定地方性土地使用权有偿出让转让法规和规章

为了使土地使用权有偿出让转让活动规范化和法制化，自 1987 年 11 月起，一些地方先后制定和颁布了有关土地使用权有偿出让和转让的地方性法规和规章。

1987 年 11 月 29 日，上海市人民政府发布了《上海市土地使用权有偿转让办法》，1987 年 12 月 29 日，广东省人大常委会通过了《深圳特区土地管理条例》。该条例规定，国家保护用地单位和个人的土地使用、收益的权利，用地单位和个人有保护、管理和合理利用土地的义务；任何单位和个人需要使用土地，应向市政府申请，有偿取得规定期限的土地使用权，领取国有土地使用证；用地单位和个人对所使用的国有土地只有使用权，不得擅自改变土地的用途。1988 年 2 月 13 日，海南省制定了《海南土地管理办法》。根据该办法，海南实行土地有偿使用制度，土地使用权可以有权出让、转让和抵押。允许内地和港澳台公司、企业和个人参加土地开发、经营和承包等。除此之外，1988 年 3 月 9 日广州市人民政府发布了《广州经济技术开发区土地使用权有偿出让和转让办法》。1988 年 6 月 14 日福建省厦门市发布了《厦门市国有土地使用权有偿出让、转让办法》；同年，天津市也制定了《天津经济技术开发区土地使用权有偿出让转让管理规定》。

（4）修改《中华人民共和国宪法》和《中华人民共和国土地管理法》，制定有关行政法规

1988 年 4 月 11 日，出席第七届全国人大第一次会议的代表们在讨论宪法修正草案时认为："将土地的使用权修改规定为可以依照法律的规定转让，符合我国国情。"12 日通过了宪法修正案，删去了《宪法》原第十条第四款中不得出租土地的规定，改为："土地的使用权可以依照法律的规定转让"。这就为土地使用制度改革的全面推开和深入进行提供了宪法保障。1988 年 12 月 29 日，第七届全国人大常委会第五次会议对《中华人民共和国土地管理法》（以下简称《土地管理法》）也做了修改，规定："国

有土地和集体所有的土地使用权可以依法转让。""国家依法实行国有土地有偿使用制度"。从此，我国土地使用制度改革有了明确的法律依据。1990 年 5 月 19 日，国务院发布了《城镇国有土地使用权出让和转让暂行条例》（亦称"55 号令"）以及《外商投资开发经营成片土地暂行管理办法》，促进和推动了我国城市国有土地使用权的出让、转让工作。

（5）全面开放土地市场，国家加强宏观调控

在《宪法》和《土地管理法》做出重要修改，国务院发布《中华人民共和国城镇国有土地使用权出让和转让暂行条例》之后，1990 年沿海地区先后有 28 个市、19 个县开展试点工作，深圳、珠海、汕头和海南四个特区已全面实行土地使用权出让的制度。随着形势的发展，一些内地省、市也在积极准备这方面的尝试。

1990—1998 年，城镇国有土地使用制度改革已由沿海扩及内地，由"增量"土地扩大到原来的"存量"土地。1990—1991 年，杭州、重庆、抚顺、乐山等城市进行试点，探索将原来的"存量"土地即行政划拨土地进入市场的改革，这次改革的重点放在如何让这部分土地根据市场需要合理地流转起来，规范这部分土地市场，进而从总体上保证土地市场健康发展。1992 年，这项工作在我国全面展开，土地行政主管部门将其作为当年的工作重点来抓。1992 年 3 月 13 日，原国家土地管理局发布《划拨土地使用权管理暂行办法》，专门规范划拨土地使用权的流转行为。1992 年、1993 年，伴随着我国经济的全面"过热"，出现了"房地产热"和"开发区热"，土地供大于求，土地炒卖投机盛行。随着国民经济宏观调控措施的落实，这些过量供应的土地被闲置。1994 年 7 月 5 日，第八届全国人民代表大会常务委员会第八次会议通过了《中华人民共和国城市房地产管理法》，该法适应国家加强宏观调控的需要，对房地产开发用地的供应、土地使用权的出让和转让等问题做了必要的规范。1997 年，党中央、国务院要求把土地清理和耕地保护工作作为土地管理工作的一项重要任务，要求各级党委、政府高度重视，认真抓紧抓好。1998 年 8 月 29 日，第九届全国人民代表大会常务委员会第四次会议再次修订《土地管理法》，以保护

耕地为主要目标，建立了以强化土地利用总体规划为核心的土地用途管制制度，将征地审批权上收至由国务院和省级人民政府行使，建立了耕地占补平衡制度，强化了土地执法的监督检查制度和法律责任制度。1998年12月27日，国务院又修订发布了《中华人民共和国土地管理法实施条例》和《基本农田保护条例》。以上土地法律法规的修订、完善和落实，对节约和合理利用土地、规范我国的地产市场，促进我国经济的快速健康发展，发挥了重要作用。

## 二、农村集体建设用地流转制度的历史变迁

我国自从建立了农村土地集体所有制之后，经过了长期、多个阶段的演变，农村集体建设用地流转制度也发生了多次改革。市场经济模式下，外部性的潜在收入出现，新生的潜在收入流分割促使流转制度创新，农村集体建设用地流转便出现了，它也是农村社会经济发展的一个客观趋势与实际需求。[①] 但是，从当前国内的现行法律制度来看，对于集体建设用地流转还有着严格的限制，这就会造成集体建设用地具有过高的成本，而农民集体与政府、政府与用地者之间存在着一定的"非自愿"合作问题，[②]农民利益未得到充分的保护，改革势在必行。农村集体建设用地流转的演变与经济发展和制度创新紧密相关，概括起来有三个阶段。

### （一）全面禁止流转阶段（改革开放以前）

新中国成立之后，我国实施了土地改革运动，开始实行农民土地所有制。1950年，我国《土地改革法》中明确规定："土地改革完成后，由人民政府发给土地所有证，并承认一切土地所有者自由经营、买卖及出租其土地的权利。"但是，社会主义改造令农民土地所有制发生根本性变化，

①陈利根、卢吉勇：《农村集体非农建设用地为什么会发生流转》，《南京农业大学学报》（社会科学版）2002年第3期。
②陈利根、丁火平、梁亚荣：《集体建设用地流转制度的法经济学分析》，《经济体制改革》2006年第4期。

农村土地集体所有制开始成为我国土地制度的核心。1956 年，《高级农业生产合作社示范章程》中明确规定："入社的农民必须把私有的土地和耕畜、大型农具等主要生产资料转为合作社集体所有。"不过"社员原有的坟地和房屋地基不必入社"。1962 年，《农村人民公社工作条例修正草案》明确地对农村土地集体所有制给予了肯定，同时规定："生产队范围内的土地，都归生产队所有。生产队所有的土地，包括社员的自留地、自留山、宅基地等，一律不准出租和买卖。"自此，全国范围内的集体土地所有制不断形成，农民不再拥有土地的所有权，同时也不再拥有土地的流转权。这一制度一直持续至 1978 年底。

在这一特殊的历史发展时期里，我国的资源配置主要依据是国家的行政命令、指令性计划，而土地的管理也是以行政配置、无偿使用形式为主。在计划经济体制之下，土地不能进行出租、买卖，它本身便不具备商品的属性，因此，便不再拥有农村土地市场。从根本上来看，在农业合作化的时候，农村土地的买卖、典当现象便趋于消失状态；农业生产合作社在进行土地的互换过程中，其本质上是由政府所组织、自发地进行。尤其是高级农业生产合作社不断建立之后，土地开始转为合作社集体所有，从而进行集体的统一经营，人们也是按劳取酬，土地报酬不再存在。在实行政社合一、推行统购统销制度之后，农民与农民集体便已经不再拥有对土地生产的收益分配权，同时也不再拥有剩余索取权。在此情形之下，农村的集体土地是由其社队分别管理，但是从本质上来看，农村土地从根本上属于集体所有，买卖、出租等都是被禁止的。因此，农村建设用地权利归集体之后，其流转的权利也随之而消弭。

与此相适应，这一时期的农民宅基地、社队公益用地（如办公用地、学校用地等）以及社队企业用地等集体建设用地的自由流转受到全面禁止，集体建设用地的流转局限于所有权人之间且完全依靠行政权力进行划拨和平调。[①] 划拨与平调模式之下的集体建设用地流转从本质上来看它不愿意

---

① 黄小虎：《新时期中国土地管理研究（下）》，当代中国出版社2006年版，第188页。

承认土地所具备的商品属性，因此，它不能实现土地权利平等交换，在此模式之下，农民与农民集体也不能保障其收益。社员想要新建房屋，也必须是由生产队进行规划、指定；生产队如果要办企业，只要对其队内的土地进行调整便可以进行；公社、大队如果要办企业，只需要给予少量的补偿费用，在企业建成开始盈利之后，将其利润中的一部分支付社队生产等，便可以拥有生产队的土地。全面禁止集体建设用地流转与当前的实际市场经济发展需求不相符，在此时的市场经济体制下，生产要素需要进行必要的流动，而资源的配置也要被不断优化，因此，此时的土地制度亟待改革。[①]在此情形之下，法律层面并没有对宅基地的买卖以及出租进行明确的禁止，但是，1955年《关于农村土地转移及契税工作的通知》中有明确的规定："对农村土地的买卖在法律上虽不禁止，但在实际工作中应防止农民不必要的出卖和出典土地。"由此来看，农民在买卖、典当其宅基地的过程中，存在着诸多的限制，已经不再拥有完整的处分权利。

## （二）无序、自发流转阶段（改革开放至20世纪90年代中期）

自1978年起，我国开始在农村地区实施家庭联产承包责任制，自此农村土地使用制度的改革正式启动。然而，该制度的改革依旧保留了集体所有制，而土地的流转却被明令禁止，与之相关的法律有《宪法》和《土地管理法》。直到1984年，其在集体土地使用权的流转中才逐渐进入市场机制。次年，国务院以及中共中央针对农村经济推出了十项活跃政策，其中明确规定：农村合作经济组织根据规划来建设成店房或服务设施，可以自主选择是经营还是出租。由此可见，我国集体建设用地的流转得到了政策上的支持。1988年4月，《宪法修正案》有了一定的改动，其中"任何组织或个人不可以侵占、买卖、对外出租或以其他方式对土地进行非法转让"后面加了一条规定，即土地使用权可根据法规进行转让；之后，《土

①陈利根：《构建制度必由之路——关于集体建设用地流转问题的探讨》，刘允洲主编《制度创新之路——农村集体建设用地流转管理实践与理论》，人民日报出版社2001年版，第310—320页。

地管理法》也做出了相应的更改，新增了"国有土地及集体所有土地的使用权可依照法律规定进行转让。其详细的转让方式则由国务院进行规定"。至此，土地的流转终于获得了法律上的认可，这也是我国农村集体建设用地的发展历程，从禁止流转到允许特定范围内的流转充分地说明了我国制度及政策的不断完善。1990 年，我国正式推行《城镇国有土地使用权出让和转让暂行条例》，国有土地市场开始登上历史舞台，但其使用权的流转方式并未有相应的规定，而与之相关的禁令却始终存在。

相比于以往，我国农村经济在这一时期的发展明显大有起色，乡镇企业与农民自建房的用地出现了大幅度的增加，切实地拉动了建设用地的内需，使得原本被全面禁止不得流转的集体建设用地开始发生改变。与此同时，因为社会经济的迅速发展，土地逐渐显现出其作为资产的属性，土地的价值也为更多的人所关注和重视。因而，在市场经济体制不断完善、社会信息技术日新月异的过程中，土地的预期收入也出现了极大的转变，大量的集体建设用地开始自发地流转，其中有乡镇企业的建设用地，也有村民的宅基地等。且流转规模之大已无法准确统计，但就当时推出的各种规定来分析，可知集体建设用地的流转十分常见，无论是数量还是规模都有明显的扩大，且流转的形式丰富，主要有以下几种：一是转让；二是入股；三是联营；四是出租；五是抵押，这些构成了一个庞大的隐形流转市场。尤其是城乡接合部和那些经济发展速度较快、地理位置优越的小城镇，这些都是集体建设用地进行流转的首选地点，比较典型的有珠江三角洲和长江三角洲等地区。不容置疑的是，该时期的集体建设用地流转依旧是流转土地的使用权，并非流转土地的所有权，究其根本而言，是因为基于我国土地基本制度下的集体建设用地还不能从程序上完成所有权的转移，国家征收除外。然而，鉴于我国并未从法律层面上允许集体建设用地进行自由流转，这就使得市场上的土地流转缺乏有效的指导与约束，整体十分混乱，进而造成土地利用率低下，大面积的土地资源被浪费。就总体而言，该时期的农村集体建设用地虽然流转无序，但其存量建设用地的发展却在一定程度上促进了经济的增长，并对农村耕地产生了一定的保护作用，因而，农村集体建设用地的流转就如同一把双刃剑，有利也有弊。[①]

## （三）探索、规范流转阶段（20 世纪 90 年代中期以后）

自 20 世纪 90 年代中期以来，政府部门开始意识到集体建设用地的自发无序流转问题需要予以整顿，于是在 1996 年，在原国家土地管理局的大力支持下，苏州市正式推出了该市农村集体存量建设用地的使用权流转管理办法，以此来开展规范化的流转管理。而后，试点的大量涌现深化了管理工作的进程。2004 年 10 月，国务院公布了深化土地管理改革的决定，即"在满足规划标准的基础上，农村、集镇及其中的农民集体所有的建设用地使用权可根据明文规定进行流转"，这显然为集体建设用地的流转管理规范化奠定了扎实的理论基础。次年同一时期，我国开始贯彻实行《广东省集体建设用地使用权管理办法》，这是我国第一部针对集体建设用地流转而出台的地方性法规，其中详细指出了集体建设用地的使用权不仅可以自行出让、出租，还能转让、转租或进行抵押，因而也被人们视为"我国有史以来第四次土地流转的重大改革"。[②] 全国各省（直辖市、自治区）相继创新并发展了集体建设用地的流转制度，这就充分地证明了土地的流转已然实现从自发无序到合法规范的过渡，但其尚未获得完全的法律认可。于 1998 年修订并得以通过的《土地管理法》，其中第 43 条、第 60 条以及第 63 条依旧明确禁止了集体建设用地的流转。2007 年 10 月 1 日，我国施行的《物权法》中提到，"归集体所有的土地在作为建设用地的时候应该按照土地管理法等条例来进行办理"，该法律并未打破以往的规定。但根据市场经济体制的土地流转要求，无论是单位还是个人用来生产经营的土地，都应该经过市场的合理配置，再进行流转。[③] 这就导致我国现阶段

①龙开胜、陈利根：《耕地资源数量与经济发展和城乡收入关系的计量分析》，《资源科学》2007 年第 4 期。

②马世领、邹锡兰：《广东农地新政：新中国第四次土地流转改革》，《中国经济周刊》2005 年第 33 期。

③李元：《集约利用土地不断提高城市土地运营水平》，《中国土地》2003 年第 12 期。

实行的法律与土地流转的实际需求形成了鲜明的对比，且法律空间狭小与日益扩大的流转需求之间产生了强烈的矛盾。显而易见的是，该时期的土地流转管理机制主要是为国家工业化的集体建设用地服务，其不仅无法顺应时代发展的趋势，也不能满足政府职能转变的基本要求，使得政府的管制成本提高，价值取向明显扭曲。基于此，在集体建设用地流转尚未获得实质性的法律突破时，农村集体建设用地的流转在今后的很长一段时间里都会以探索性、规范化的管理模式进行。

有数据显示，我国农村集体建设用地在这一时期的流转规模较大，比如在2000年6月底，深圳宝安区对已经建设完毕的工业用地中进行了统计，其中有85%是集体所有的建设用地；而东莞市石碣镇面积为10平方公里的建成区中有66%的集体建设用地；另外，苏州也有50%的集体建设用地已经进入市场开始流转，流转的土地面积不止10万亩。①结合浙江湖州市的统计数据来看，在1997—2002年，该市的集体建设用地流转共有334宗，涉及面积多达5562亩，流转收益大概为5858万元。②同时，在扩大集体建设用地的流转规模期间，因不同省市及地区的经济发展水平、政府偏好以及市场机制的差异，导致土地在流转过程中所形成的背景、采取的做法、适用的条件以及现阶段需要面对的问题均有着各自的特点，比如"南海模式""苏州模式"以及"芜湖模式"。这些模式的发展在很大程度上维护了农民的土地权益，但因各地实行的政策、法规与国家之间存在一定的矛盾冲突，很难保障农村集体建设用地所有者及使用者的合法权利，农村集体建设用地市场急待规范运行。③综上可知，该时期的农村集体建设用地在流转上较之上一时期并没有显著的差异，流转的依旧是建设用地的

①刘允洲主编：《制度创新之路——农村集体建设用地流转管理实践与理论》，人民日报出版社2001年版，第188页。

②张鹏：《农村集体建设用地流转机制与绩效研究——以浙江省湖州市为例》，浙江大学硕士学位论文，2007年。

③高圣平、刘守英：《集体建设用地进入市场：现实与法律困境》，《管理世界》2007年第3期。

使用权，且流转的方式还是以转让、出租、抵押、入股为主；若论及两个时期的差异，那就是这一时期的政府管理力度有所增强，且制度的建设也获得了明显的强化，实际上，农村集体建设用地的流转已不再只受利益驱动，而是逐渐融入了制度创新，实现了二者的结合与转变。

### （四）农村集体建设用地流转的发展趋势和改革方向

在我国农村土地制度长期、缓慢的历史变迁过程中，集体建设用地流转经历了从自发流转向地区试点的转变，探索性、规范性管理的步伐也不断加快。当前，我国社会主义市场经济体制不断完善，建设社会主义新农村进程不断推进，城乡统筹发展、科学发展观的理念深入人心，这些社会发展的新趋势、新成果必然对农村土地制度建设提出新要求。事实上，新农村建设的开展已经推动了农地使用制度改革的进一步深化，也必将推动集体建设用地流转制度的创新与发展。但由于农村集体建设用地流转在法律上并不得到认可，城乡土地市场仍然处于分割状态，农村土地要素得不到高效配置，集体建设用地利用效率较低，农民土地权益受到损害，无法适应新时期社会发展的需要。因此，我国农村集体建设用地流转制度需要在统筹城乡发展、科学发展、土地节约集约利用以及保护农民土地权益的基本原则下进行深入而系统的改革。

1. 允许农村集体建设用地在特定的范围内自由流转

根据 1986 年颁布的《土地管理法》第 43 条规定，"任何单位或个人需要使用建设用地时，都应该严格按照法律程序来进行申请……"；其中第 63 条又规定了"农民集体所有的土地使用权不可以出让、转让或对外出租，或用在农业以外的产业建设上……"。显然，这些规定并没有为集体建设用地的流转创造有利条件。所以项目组提议以消除法律限制的方式来帮助农村集体建设用地在一定的范围内进行流转。与此同时，国家也应该在最短的时间内出台《农村集体建设用地流转管理办法》，以此来约束并规范土地的流转、交易以及管理，这对实现有序流转有着极为重大的现实意义。农村的集体经营性建设用地制度创设也是最近几年改革试点的成果，其成熟的改革成果已经被吸收进新修订的《土地管理法》，也被吸收进《民法典》。近几年的改革思路围绕着在符合规划和用途管制的条件下，享有和国有土地同等权利。中央强调的建立城乡统一的建设用地市场，指的就是农村集体经营性建设用地。所谓建立城乡统一的建设用地市场，就是在符合规划和用途管制的前提下，允许农村集体经营性建设用地出让、租赁、入股，实行与国有土地同等入市，同权同价。

2. 赋予农民集体和农民充分的土地财产权

就立法与相关规定而言，集体所有土地的归属还是十分明确的，但关键是该级集体经济组织所指的是谁，因为农村集体经济组织这一概念较为空泛。在我们看来，无论是集体所有还是国家所有的土地，均应享有平等的地位，在流转过程中，应将其附属的产权赋予集体与农民，让他们成为真正意义上的土地产权主体，进而成为市场流转的主要参与者。农村集体经济组织的代表，既可以是由村民及其相应小组共同组建的股份合作公司，也可以是乡（镇）工商总公司和合作社，具体情况需要具体分析。除此之外，身为土地流转的最高管理者，国家政府通常是以间接的方式参与流转，无法彻底取代集体的主体地位，因而，不能直接干预集体建设用地的流转。

3. 保障农民在收益分配中的主体地位

至于土地流转所获得的收益，则应坚持维护农民利益进行合理的分配，该收益本质上应归所有村民共有，因此怎样支配这些收益应该由村民召开大会来进行投票表决，一般来说，收益的用处分为以下几种：一是促进集体公益事业的发展；二是完善农村的基础设施建设；三是推动农村经济增长；四是改善无地农民的生产与生活；五是保障农民的基础生活保障。而农民获益的方式有三种：一是按股分红；二是一次性补偿；三是直接流转收益，且农民所获收益应该高于集体所保留的收益。若收益属于乡（镇）及村民小组所有，则根据农民集体分配方式予以执行。与此同时，政府部门不应从中拦截流转利润，流转收益仅能在组织内部或土地原使用者之间进行分配。然而，集体建设用地的流转行为具有增值的特性，其在某种意义上也得益于国家的资金投入与管理，所以国家也可以税收的形式来获取其中部分收益，以完善社会的基础设施，土地所有者可自由支配的收益需要扣除其应交的税费及租金。[①]

4. 确保集体建设用地流转的健康有序进行

首先，利用土地用途的管理机制对在市场流转的建设用地进行管控，严格限制其流转的土地面积及规模，以免造成农耕用地的大幅度减少。其次，加大对集体建设用地流转行为的监督力度，一旦查到有违法乱纪的行为，必须予以严格处罚。再次，完善村民自治制度，创建村务公示透明机制，鼓励农民踊跃参与集体建设用地的流转表决，进而发挥民众的监督权，密切监督集体经济组织的经管行为。最后，以创建一体化的城乡土地市场的方式来全面提升集体建设用地的流转配置。唯有经过科学的规划与严格的管制，才可以从根本上保证建设用地的流转合法有序。

---

① 周建春：《小城镇土地制度与政策研究》：中国社会科学出版社2007年版，第245页。

# 第四章　新城镇化背景下农村集体建设用地流转现状分析

## 一、基本概念的界定

### （一）集体建设用地

对于"集体建设用地"的概念，我国目前有关法律和法规未有明确的解释，仅明确界定了"建设用地"的范畴，"集体建设用地"最初只是研究人员提出的总结性词语。但在 1986 年，我国的《土地管理法》将该词的含义分为以下两种：一种是国家建设用地；另一种则是乡（镇）村建设用地，但并未加以详细的解释。1998 年《土地管理法》中的这两章的内容得以合并，成为新法的第五章"建设用地"，没有区分国家建设用地和乡（镇）村建设用地，但却首次阐述了"建设用地"一词。其中第四条的第二款明确规定：建设用地指的是用来建设建筑物的土地，比如城乡住宅、公共设施、工矿、交通水利设施、军事设施等多种用地。据查，《土地登记规则》第十条第三款指出："农村集体土地建设用地的使用权需要由使用该土地的单位和法人代表或个人提交登记申请"，首次引用了"农村集体土地建设用地使用权"一词。《物权法》没有"集体经营性建设用地使用权"这个法律概念，直到新《土地管理法》第 63 条对相关问题规定中，才在法律条款中使用了"集体经营性建设用地使用权"。

根据有关土地管理的法律、法规和政策，集体建设用地指的是乡（镇）村集体以及农村个人筹集资金进行投资，以此来建设各种非农业项目的土地。比如乡（镇）村的公益事业、公共设施、居民住宅等。

综上所述，此处所界定的集体建设用地是归集体所有的合法的非农业建设用地。[①]通常情况下，它是农村土地，而非城市土地。[②]

### （二）集体建设用地流转

集体建设用地流转分为以下两种：广义上的集体建设用地流转既包括土地所有权流转、使用权流转，又包括土地功能的流转，通常是指土地的用途发生了改变。而农村集体土地所有权的流转指的是因国家出面征用土地，使得原本属于农民集体所有的土地所有权转移到了国家；土地使用权的流转则是指农民集体或个体农户以出让、出租、入股等方式将其土地使用权转移至他人；土地用途流转意味着农村集体农用地变成了集体非农用地，土地的使用方式与以往不同。而狭义上的集体建设用地流转即归农村集体所有的土地权利从一个主体转移到了另一个主体，比如土地的所有权与使用权流转。因为通常只有在国家征地或集体经济出现调整的时候，才会发生转移土地所有权的情况，因此集体建设用地的流转一般是指其使用权的转移。本项目所使用的概念也是限制在这个范畴之内。从法律层面上来说，此处所提及的土地使用权属于"准物权"。换言之，就是占有、使用、获益及处分的权利束。

参考有关学者对土地权利流转提出的理论，比如孙佑海就将其分为"初次流转"与"再次流转"，这样的分类理论同样适用于集体建设用地的流转。

所谓集体建设用地使用权的初次流转，是以土地所有权及其使用权能够互相分离为基础，农村集体经济组织将其拥有的非农建设用地使用权从所有权中脱离出来，以有偿或无偿的方式转移至其他单位或个人。而再次

---

① 《土地管理法》根据土地用途，将土地分为农用地、建设用地和未利用地。学者们在论述的时候也这样表述。

② 目前在大中城市郊区和小城市地域内存在一定数量的农民集体所有土地的现象。

流转则指的是已然获得集体建设用地使用权的单位及个人，在法律规定的使用期限或双方在合同中约定的使用到期之前，通过某些形式将其使用权再次转移出去。

### （三）土地征收与土地征用

土地征收在不同的国家有着不同的叫法，比如美国人称其为"最高土地权"的行使，英国人称其为"强制收购"或"强行获取"，日本人称之为"土地征收"或"土地收买"，德法两国以及中国台湾地区均将其称为"土地征收"，中国香港地区则称为"官地收回"。[①]虽然世界各国各地区对土地征收的称谓存在一定的差异，但其含义基本一致，本质上都是指国家或各地政府为实现各自的发展目标而强制获取集体所有的土地，并为之提供适当的经济补偿。使之具有公共目的性、强制性、权属移转性和补偿性等共同特征。

2004 年 3 月，我国在第四次宪法修正案中将《宪法》第十条第三款内容改为"为满足社会公众的利益需求，国家可依法征收或征用土地，并予以适当的经济补偿"，修改后的条款与之前的差别在于多了经济补偿这一项，这也是我国第一次将"土地的征收及征用"纳入有关法律条款之中，相应的《土地管理法》也将原"土地征用"改为"土地征收与征用"两种提法，将原相关条款中的"土地征用"均改为"土地征收"。

二者之间的共同点在于均将公共利益视为基础前提，利用国家法治的强制力以及合法的征收程序，对农民的土地进行征用，并根据法律规定对其进行补偿，但二者之间的不同也是显而易见的。2007 年新出台的《物权法》，主要从四个方面对二者进行严格的区分。

首先，适用的前提条件。《物权法》明确指出，征用的土地一定是出于紧急需求的考量，比如救灾、抢险等。换言之，就是征用土地通常发生在紧急情况下（包括公共事务、军事、民事的重大紧急需求等）迫不得已

---

[①]姜玉梅：《土地征收补偿法律制度研究》，西南财经大学硕士学位论文，2007年。

才被采用，而土地的征收却并没有将紧急状态作为基础条件，即便没有紧急事件发生，若国家出于满足社会发展需求，同样是可以征收土地。

其次，适用的对象。根据《物权法》的详细规定可知，土地征收的对象主要是"归集体所有的土地、单位或个人的房屋以及其它的不动产"，即征收主要适用于不动产；征用适用于"单位、个人的动产和不动产"，征用适用的对象则既包括不动产，也包括动产，所以征用适用对象的范围要大于征收。

再次，是否移转所有权。这是二者的本质区别。征收是强制永久地移转所有权，征用则仅为获得使用权，并没有转移土地的所有权，若标的物未损毁或消失，则应在使用完之后返还；但若是进行了征收，那么就不需要返还。所以征收需要国家采取具体措施进行特别的干预，且相关程序通常也比土地的征用更为严格。

最后，土地的补偿。物权法指出，任何形式的土地征收都要依据法律规定进行相应的补偿，这是考虑到征收是转移所有权，会给被征收人带来极大的经济损失，所以在补偿其被征收的土地时，所给出的补偿价格也高于市场价格。征用可采取较为灵活的补偿方式，由双方进行协商。而财产征用结束后，首要任务就是将最初征用的财产交还至被征用人，一般不移转所有权，因而主要是对物本身的损害给予补偿，不包括相关的利益。

综上，土地征收指的是国家出于公共利益的需求，按照法律规定的各种流程以强制力获取他人的土地所有权，且为其提供合理的补偿，属于一种行政行为。[1]而土地的征用则是国家为了满足公共利益，以合理补偿为前提条件，依法强制征用他人土地财产，在公共利益达成之时，将土地还给所有者。[2]

---

①林善浪：《中国农村土地制度与效率研究》，经济科学出版社1999年版，第285页。

②杨一介：《中国农地权基本问题》，中国海关出版社2003年版，第90页。

## （四）征地补偿

土地征收补偿制度最早源于罗马时代。近代的权威论述，最早是由荷兰的法学家格劳秀斯提出，在他看来，土地征收的基础在于领主对其臣民有最高统治权，依此原则，为"公共用途"，领主就可以用强制力来获得私人土地，但在此期间，国家必须对土地被征收的人进行补偿。[1]本文所论及的征地补偿包括土地征收补偿和土地征用补偿。由于各国和地区的经济、文化和法律制度背景的差异，不同国家和地区的土地征收补偿概念也各有不同。如法国，土地征收的补偿一般是为了实现审核对公共利益，行政主体采取合法的强制措施来获取土地的所有权，进而为其提供事先约定好的合理补偿。[2]日本将这种补偿解释为因合法公权力的行使而使得国民遭受土地资产的损失，从全体社会成员共同承担的层面上来对其进行适当的财产补偿"；"因国家的合法活动对国民造成损失所给予的补偿，详细地说是因国家行使公权力而有意对国民造成土地财产上的损失给予的补救"。[3]在我国，结合2018年修订的《宪法》、2007年推行的《物权法》以及《民法典》可知，征地补偿制度的出现是为了满足社会公众的利益需求，国家按照法定的章程来行使其权限，把原本归农民集体所有的土地转变成为国家所有，且按照一定的市场价格比例对被征地的所有权人、使用权人及其他利益相关者进行安置与补偿，这不仅是我国征地的基础，也是其应尽的法律义务，更是被征地农民应当享有的救济。征收补偿和征用补偿之间既存在一定的关联，也有相应的差异，二者在补偿之前均以国家强制力来获得权利人的权利，而他们之间的不同之处在于以下两点：一是适用的情况不同。前者的出发点都是满足公共利益的需要，将集体所有变成国家所有；而后者是为了应对各种紧急情况，进而暂时借用权利人的财产使用权。二是补偿的标准不同。前者是根据标的物的价值来予以合理补偿，

---

[1]陈新民：《德国公法学基础理论》（下），山东人民出版社2001年版，第420页。

[2]王名扬：《法国行政法》，中国政法大学出版社1998年版，第365页。

[3]杨建顺：《日本行政法通论》，中国法制出版社1998年版，第590页。

后者则主要是对被征用人遭受的损失进行补偿，而唯有标的物出现损毁或消失的情况下，才会获得合理的补偿。

## 二、新城镇化与农村集体建设用地流转的关系

### （一）新城镇化的内涵

新型城镇化是在"城镇化"概念的基础上进一步展开的，至今尚无统一和明确的定义。相比于传统的城镇化概念，无论是在人口的密集度、非农产业的扩张、城镇空间的扩大还是城镇居民的观念转化，二者都未有明显的不同，但在实现城镇化期间，其内在含义、具体内容以及方式方法均有一定的差异。中共中央、国务院印发的《国家新型城镇化规划（2014—2020年）》所界定的新型城镇化，即"以人为本、四化同步、优化布局、生态文明、文化传承"，打造出富有中国特色的新型城镇化"。据此，本研究所指的新城镇化是以民生、可持续发展为根本要义，以实现绿色、健康、集约、转型、平等为主要目标，以生态文明、集约高效以及制度的改革创新为核心，努力实现城乡区域发展一体化，实现产业的升级，转向低碳化发展。其内涵具体包括：（1）从国内城镇化应对未来不确定需求的角度看，新型城镇化必须将提高人民生活水平置于首要位置，坚持以人为本，拉动内需，驱动发展本地经济；（2）从反思中国城镇化过程中错误做法的角度看，新型城镇化一定要以可持续发展为根本目标，坚持走结构优化、绿色低碳、集约高效的发展道路；（3）结合城镇化的国际经验教训来分析，新型城镇化务必要在短时间内提高城镇化发展质量，而不是盲目追求城镇化的发展速度，以此来实现从城市维度转向城乡维度；（4）从当届政府执政的角度看，积极稳妥推进城镇化等都根本性地指向两项重要内容：一是促进经济持续健康发展；二是保障和改善民生。[①]

---

① 单卓然，黄亚平：《"新型城镇化"概念内涵、目标内容、规划策略及认知误区解析》，《城市规划学刊》2013年第2期。

## （二）集体建设用地流转对新城镇化建设的影响

集体建设用地的流转与新城镇化的建设之间是彼此促进、互为因果的关系。集体建设用地的流转为城镇化建设提供空间支撑、人力资源条件，推动城镇产业调整；反过来，城镇化也扩大了集体建设用地流转需求，为集体建设用地流转提供经济技术条件，促进土地资源合理配置。

### 1. 加快人口城镇化

合理的补偿机制将大大提高农民的流转意愿，这就迫使农民向更发达地区转移，获取更丰厚的报酬，基础设施的完善为农民转移提供了条件，最终土地和劳动力相分离，越来越多的人口流向城镇。因国有建设用地的价格比集体建设用地价格高出许多，地方政府在进行新城镇化规划时，更偏向于利用集体建设用地。[①]这样不仅能降低城镇建设的成本，改善城镇就业条件、提高福利水平，也满足了农民提供进入城镇的资金，在一定程度上缩小了农民和城市居民的差距，有利于社会公平。

### 2. 推动产业、就业城镇化

集体建设用地流转，能为新城镇化建设提供必备的空间支撑，相应地，为降低成本，企业将根据市场规律在地域上进行靠拢，最终形成市中心是住宅区和商业用地、城郊是工业用地、外围是农业用地。这样的用地模式使各类产业的价值得到最大程度的发挥，获取最大利润。同时，合理规划流转后的土地也更有利于产业的集聚，加快产业向专业化方向发展。还有集体建设用地流转可以为第三产业发展提供空间支撑，也使劳动力向第三产业转移，土地利用结构和劳动力就业结构的这种变化，共同推动着城镇第三产业发展，加快城镇化建设步伐。

---

① 张平：《城镇化与土地流转互动：机制、问题与调控研究》，《社会科学战线》2014年第6期。

## （三）新城镇化对集体建设用地流转的影响

### 1. 新城镇化扩大了集体建设用地流转需求

城镇化建设使得城镇产业发展、人口增加，对于工业用地和居住用地需求也大大增加，国家对农业用地又有着较为严格的限制，这就在客观上为集体建设用地流转提供了条件。当城镇化达到一定规模时，国家征收来的土地不能满足需要，急需额外的土地来源，集体建设用地成为首选[①]。这也要求集体建设用地流转政策和法律有所突破，推动制度变迁，使集体建设用地流转渠道更为畅通。

### 2. 新城镇化为集体建设用地流转提供经济技术条件

一方面新城镇化带来的经济发展，使市场经济更加活跃，价格体制更加完善，为集体建设用地流转创造了良好的环境，另一方面社会保障体系的完善使得农民对于集体建设用地流转意愿更加强烈。同时，城镇化建设使资金等生产要素加速向农村地区流动，如此一来，就必然会有不少农民将原本闲置的土地用来开展副业或者创业，集体建设用地的流转方式也因此变得更为多样化。

### 3. 新城镇化促进集体建设用地的合理配置

未来的城乡统一规划，必将使集体建设用地得到更高效的利用。促进土地要素在城乡之间的流动，新型城镇化强调不占用耕地，农村置换出来的土地进行城镇化建设，让农村日益缩减的建设用地与城镇不断增加的建设用地进行关联，以此来加快农村集体建设用地的高效流转，从而推动其经济发展。

# 三、现行农村集体建设用地流转法律制度分析

## （一）总体规定

迄今为止，我国还没有出台并实行任何有关集体建设用地的流转法令，

---

① 曾晖：《农业用地流转与城镇化均衡发展研究》，《理论探讨》2014年第3期。

与之相关的规定大多较为零散，通常出现在各种政策性文件中。

1.《中华人民共和国宪法》

1988 年，我国《宪法修正案》中的第二条明确指出"土地使用权可根据法律规定进行流通与转让"。这也是我国最早的流转集体建设用地的法律根据。与此同时，《宪法》的第十条规定："土地的使用权能够依法进行转让"，因而，可将其理解为，土地的使用权能够基于一定的法律规定下进行流通与转让，其中也涉及集体土地的使用权，所以这在很大程度上为农村集体建设用地的流转打下了扎实的制度基础。

2.《中华人民共和国土地管理法》

2004 年，我国针对土地的流转问题出台了《土地管理法》，其中的第 43 条规定："所有需要使用土地的单位或个人都一定要根据法律流程来申请，只有申请通过后，才可以使用国有土地。"然而，建设乡镇企业或农民自住宅需要经过法律批准才可使用归集体所有的非农业建设用地，但不包括乡（镇）村公共设施与公益事业的建设。第 63 条规定："农民集体所有的土地使用权不可以随意出让、转让或出租，但达到土地整体规划且获得法律许可的企业，因为破产或兼并等特殊情形导致其土地使用权出现转移的不包括在内。"有规定指出，流转只限于建设乡镇企业、农民自住宅、乡村公共设施以及公益事业等几个方面，除此之外，还必须经过法律流程获得审批。由此不难发现，法律在很大层面上约束了土地流转的规模及用途，而且除了一些特殊的情况以外，集体所有的非农业建设用地基本无法进行出让、转让或出租。但实际上，该规定也从侧面证明了在法律规定的特殊情况下，比如企业破产、兼并等，集体所有的土地使用权可进行流转。第二次修订的《土地管理法》第六十条规定："农村集体经济组织使用乡（镇）土地利用总体规划确定的建设用地兴办企业或者与其他单位、个人以土地使用权入股、联营等形式共同举办企业的，应当持有关批准文件，向县级以土地方人民政府土地行政主管部门提出申请，按照省、自治区、直辖市规定的批准权限，由县级以上地方人民政府批准；其中，涉及占用农用地的,依照本法第四十四条的规定办理审批手续。"<sup>①</sup> 于 2020 年 1 月 1 日正式实施的新《土地管理法》主要围绕"集体经营性建设用地入市""宅基地制度改革"与"征地制度"等三方面进行了制度创新。在农村集体建设用地流转制度创新上,新法进行了如下回应:(1)衔接国有建设用地与集体建设用地,将集体建设用地使用权的流转范围限定为符合土地利用总体规划的"经营性"集体用地;(2)删除了旧《土地管理法》第 43 条和第 63 条,取消了农村集体土地流转时"不得用于非农建设"的限制,同时增加新的一条作为新的第 63 条,明确集体经营性建设用地可以租赁、出让、入股、转让、互换、赠予或抵押等方式流转给单位或个人;(3)明确了集体建设用地在流转时,需经本村集体经济组织成员 2/3 以上同意,体现了充分尊重农民意愿的基本原则。此外,在宅基地改革制度方面,新法允许进城落户的村民在自愿获得一定补偿的情况下退出宅基地,鼓励盘活、利用闲置住宅和宅基地,为下一步可能放开宅基地的流转留了一道出口。

3.《中华人民共和国担保法》

与《土地管理法》相比较而言,《担保法》对农村集体建设用地的规定基本一样,其第 36 条规定,可以以"以房带地"的抵押方式流转土地。

结合上文三种法律的规定及描述可知,我国农村集体建设用地的流转方式虽多,但合乎法律规定却相对较少,从整体上来说,尽管现阶段的法律规定指出,可在特殊情况下利用特定的方式下进行流转,但对流转的约束还是多于支持的。

## (二)存在的问题

1. 法律规范与法学理论之间存在冲突

根据《民法典》关于物权篇的相关理论,与其他权力相比,所有权的

---

①王卫国、王广华:《中国土地权利的法制建设》,中国政法大学出版社2002年版,第135页。

意义最为重大，所有权人可随意占有并使用自己的合法权益。结合《宪法》可知，我国集体土地的所有权属于农民集体，这就在一定程度上表明：农民集体根据自己的意愿，借助合法的方式与手段，可自行流通并转让自己的土地使用权。但现实情况是该项权利的行使有所欠缺，本质上是不完整的。现行《土地管理法》的相关条文规定有与《宪法》相矛盾的地方，主要在于其对流转集体建设用地的态度是反对，进而造成农民集体无法完全享有其对土地的所有权，极大地弱化了该主体的土地处分权。更有甚者，要求征收并转移土地所有权之后才可使其进入市场流转，这种产权制度的不健全使得许多农民不能自行处置自己的土地，充分反映了二者的不平等地位，这从理论上来说，是与所有权的平等性背道而驰的。

2. 法律规范之间出现冲突

通常情况下，法律规范之所以出现冲突，主要在于城乡土地的二元制影响，其表现一般如下所示：

（1）同一部法律中的条文存在相互矛盾之处。例如《宪法》第10条明确规定，一旦农村土地变成城市土地，那么该土地的所有权就转移至了国家，而不再是集体所有。然而《宪法》又做了另一条规定，即征收土地一定是为了公众利益。这两条规定就存在征地范围与其条件的矛盾。再比如《土地管理法》总则中指出，土地使用权可以根据法律规定进行流转，但其分则却又将此界定为被迫流转的情况，这一方面会加大流转的阻力，另一方面，还会严重损害法律的严谨性与权威性。

（2）同一级别的法律规定之间存在冲突。例如《民法典》对土地制度的规定则更为详细，涉及的建设用地使用权却只是就城市地区而言，农村集体建设用地的流转却要根据《土地管理法》的规定进行处理。关于宅基地使用权的规定也仅是赋予宅基地使用权人占有、使用的权利，而没有收益权。正是因为《民法典》排除了农村集体建设用地的适用，导致集体建设用地使用权缺乏其应有的法律地位，进而影响农村集体对属于其共同所有的建设用地的自由处分及收益权。尽管该法对管理土地的相关规定论述得较为详尽，但其重点还是放在了如何加强对土地的管理力度，有关土地征收的规定及其用途的管制实则是对集体建设用地流转的一种阻碍，行政色彩较为强烈，这就导致三部法律之间出现了矛盾。

（3）法律与规章制度之间的冲突。各试点为有效满足各地的土地流转需求，在开展相应工作的过程中通常会结合实际现状来确立不同的方案，推行与之相符的政府规章。相比之下，我国在这方面的法律规定稍显粗糙、分散，且对集体建设用地的流转态度一直都较为严苛，因而，采用地方性的法律规定和政府规章其实更能有效地满足当地的发展需求。然而，不容忽视的是，地方性法规与规章所处的位阶相对较低，内容可能会与上位法发生冲突，导致执法期间出现无法可依的窘境。例如《广东省集体建设用地使用权流转管理办法》就明确指出，可用抵押的方式来完成流转，但这显然与《民法典》担保法部分的规定截然相反。

## 四、新城镇化背景下农村集体建设用地流转的现状

### （一）流转现象普遍存在，已成为社会经济生活重要的组成部分

尽管现行法律严格限制甚至禁止流转，但在全球经济高速发展的时代背景下，不管是经济已然发达的地区，还是经济欠发达地区，供需双方都会为了利益而有意避开国家的征地制度，进而采用出让、置换、转让、联营、入股、出租以及抵押等多种方式来进行土地的流转，且已经形成了一个规模庞大的潜在市场。

以全国第一个试点城市芜湖为例，1997 年至 1999 年，共发生集体建设用地非法转让 1234 宗，面积 1528 亩。而从 1999 年搞试点到 2002 年6 月底，集体建设用地流转 3025 亩，增长速度猛进。调查显示，截止到1999 年年底，上海市有超过两万个乡（镇）村企业在实行制度改革与重组的时候进行了集体建设用地的流转；苏州市超过一半的集体建设用地进入市场流转，其中土地面积远远超过 67 平方公里；而深圳宝安区的工业

用地面积总计为 37.5 平方公里，有 85.5％的土地是集体土地。[①]据张家港市的深入调查与统计可知，该市的集体建设用地面积总共为 43038 亩，自1997—2000 年，其流转的集体建设用地面积多达 15446 亩。其中属于一次流转的有 613 宗，流转收益总计为 1.47476 亿元：而采取年租制流转的为951 宗，总租金为 6244.6 元。[②]实际上，这些现象在珠江三角洲这样经济较为发达的地区十分常见，该地区以流转的方式使用了超过一半的农村集体建设用地；而在粤东、粤西以及粤北等地区，该比例同样超过了 20％。[③]集体建设用地不但大面积存在，且在各地的经济发展中起到了极为关键的作用。安徽芜湖在经历三年的试点之后，2002 年，第一批开展试点的 5 个镇的财政收入为 1.0483 亿元，相比于 1999 年比（未开展试点前），同比增长了 70.62％，比全市平均增长率高 23.39％。[④]

（二）流转形式多样，以租赁为主

如今，我国各省市及地区的集体建设用地流转形式日益丰富，其中主要有以下四种：一是出让；二是转让；三是出租；四是入股，这些流转形式中既有合法的，也有不合法的。

合法的形式具体如下：（1）集体经济的组织成员利用其所有的土地创办企业。结合新的《中华人民共和国土地管理法》的第四十三条规定可知，这是符合法律规定的，但其最大的缺陷在于所使用的土地太过零散，且不符合我国当下的发展总方针，比如积极促进小城镇、乡镇企业的发展，所以所占比例较少。（2）土地使用权的抵押。换言之，就是按照《担保法》第 36 条第 3 款规定，利用乡（镇）村企业的厂房来作为抵押物的，这些

①刘允洲主编：《制度创新之路》，人民日报出版社2001年版，第188页。

②叶红玲等：《创新的制度创新的市场——对苏州市集体建设用地流转的调查》，《中国土地》2001年第11期。

③涂高坤：《勇于探索　积极推进集体建设用地使用权流转》，《国土资源部首届城乡土地管理制度改革滨海新区高层论坛论文集》，2008年，第211—225页。

④该数据来自国土资源部《关于农民集体建设用地使用权流转试点情况的报告》。

建筑物所占用的土地使用权也一并抵押。该情况通常出现在经济较发达的东南沿海地区。比如福建省的古田县在 2000 年总共发生 1000 多宗集体建设用地的抵押，预估总价值为 1.8 亿元。[①]（3）以土地的使用权作为入股的价格。详细来说，就是将土地的使用权作为一种货币资本，再和其他的单位或个人合作。[②]（4）先征用后出让，根据法律流程来入市流转。即由政府部门征收集体所有建设用地，使之为国家所有，再有偿转让给单位或个人进行使用。（5）因乡镇企业破产或兼并而导致其土地使用权被迫转移，这一般需要符合以下两个条件：一是应当符合土地利用总体规划，但凡企业在破产之前的土地使用情况与总体规划不符，那么在其破产之后，仅能拆除地上的建筑物，根据土地的使用规划方案来明确其用途；二是应以合法的手段获取建设用地的使用权，且与厂房等建筑物一起转移的。

非法的形式分为以下几种：（1）出让土地的使用权。即农村集体经济组织或自治机构凭借其土地所有者的身份把土地的使用权出让给他人，且由土地的使用者定期向农村集体经济组织缴纳出让金。该做法并未获得法律意义上的认可，因而不具备法律效力。其主要是效仿城镇国有土地的使用权出让来进行的。（2）租赁土地的使用权。即所有者以出租方的身份将土地的使用权交付给承租人，而承租人则要向出租人支付相应的地租。具体交易方式有直接出租土地、随房租地等。出租是集体建设用地最主要的交易形式。比如河南省洛阳市关林镇，其市场占地的总面积 500 亩，有 400 亩是采用租赁的方式获得的土地使用权；另外还有安阳市铁西区，

---

①周建春：《关于农村集体非农建设用地流转的思考》，《国土资源科技管理》2002年第5期。

②法律依据是新《土地管理法》第60条规定："农村集体经济组织使用乡（镇）土地利用总体规划确定的建设用地兴办企业或者与其他单位、个人以土地使用权入股、联营等形式共同举办企业的，应当持有关批准文件，向县级以上地方人民政府、土地行政主管部门提出申请，按照省、自治区、直辖市规定的批准权限，由县级以上地方人民政府批准；其中，涉及占用农用地的，依照本法第44条的规定办理审批手续。"

将近百分之八九十的村民以出租自家房屋的形式来出租土地的使用权。[①]

（3）转让土地的使用权。即将所获得的土地使用权，以对外出售、互相交换或赠送等多种方式来进行再次转移。其中涉及的形式有以下两种：一是纯土地交易，该类型的交易数量较少，但获利很高。二是随房买卖。

（4）非法转租。因其本身属于非法承租的土地，所以转租同样违反了法律规定。这在现实生活中较为常见，尤其是城乡接合部。（5）违背土地利用的整体规划方案，在未获得审批的情况下擅自将农用地转变成建设用地，再将其使用权作为货币资本入股，与他人或单位联营、分红。

（6）以土地使用权作条件换房，以地易物，以地充债。（7）非法抵押土地的使用权。若无合法有效的土地使用权证明，却把土地的使用权抵押给其他个人或单位，获得巨额贷款之后又因为无法偿还导致各种利益纠纷出现。

### （三）流转主体多元化，土地经济关系复杂

为了能够更快地适应经济发展过程中不断多元化的投资主体趋势，参与集体建设用地流转的主体同样开始显现出多元化特点。在复杂的流转关系中，转让方和出租方既包括乡村集体经济组织这样的土地所有者，也包括乡镇政府、村民委员会、村民自治组织以及个人等土地使用者。而受让方则主要有本集体经济组织的内部成员和其他的社会成员，比如国企、民企以及个体户。结合河北省的最新调查结果显示，廊坊市因房屋交易而产生的土地流转在总农户中占比3%；而因村集体组织以土地作价入股与其他个人及单位联营创办企业而流转的土地面积多达906.97亩；全市共有28家乡镇企业因为破产、兼并等特殊情况而不得不流转的土地面积将近1300亩。[②]

### （四）流转与经济发展和市场化水平呈正相关，且与空间分布有关

作为我国主要的建设用地，农村集体建设用地始终不仅是必不可少的

---

① 刘允洲主编：《制度创新之路》，人民日报出版社2001年版，第188页。
② 刘允洲主编：《制度创新之路》，人民日报出版社2001年版，第189页。

生产要素，也是我国多年来各种经济活动得以顺利开展的重要媒介，所以其流转过程会受到社会经济发展的主要影响。简单来说，流转的活跃程度、规模以及形式主要取决于该地区的经济发展水平。从全国看，集体建设用地的流转分为三大阶段：

在部分经济发展相对落后的地区，比如云南、西藏以及宁夏，这些地区的集体建设用地流转处于第一阶段，还是刚刚起步，且大多是自发的、零散的小规模流转，流转形式较为单一，以农民住宅及农贸市场摊位的出租为主。对这些地区而言，他们并不认为开展试点或确立相应的法律规章是有意义的。

在经济发展程度中等地区，集体建设用地流转处于第二阶段，如河南、河北、辽宁等地的部分地区，除了房屋的出租以外，大部分都是以乡镇企业的制度改革与重组来盘活甚至利用厂房及其他生产场地，以此来加快土地的流转，使得土地的价值获得快速的增长，而且流转量大多活跃在城乡接合部，区位特征十分明显，政府已经着手基础调研和制度建设。

在经济发达和市场化水平比较高的地区，如江苏苏州、福建古田、广东顺德、安徽芜湖、浙江湖州等地，这些地区的集体建设用地流转已经进入第三阶段，基础的土地流转活动已经发展成为大规模的经营，且形式十分多样化，他们大多是把集体建设用地进行直接转让或出租，有的还利用"转权让利"或"自征自用"的方式来将其所有的土地变成国有土地，然后进行大面积的有偿使用。这些地区基本上都制定了相关的流转办法和严格的程序加以规范。

## 五、新城镇化背景下农村集体建设用地流转中存在的问题

### （一）法律制度滞后限制了集体建设用地的流转

我国现阶段实行的法律条文明确限制了农村集体建设用地的流转，比如《土地管理法》第四十三条相关规定，即"任何单位或个人需要使用土

地时，都必须按照法律章程来提交使用申请，但这不包括创办乡镇企业和村民住宅的土地使用，乡镇或乡村公共设施及公益事业的兴办与发展也不需要进行特批"。而第六十三条规定："归农民集体所有的土地不可随意转让其使用权，也不可用于非农业领域的建设，但不包括符合土地整体利益规划且获得合法的土地使用权的情况。"由此可见，对于农村集体建设用地的流转，我国仅指出了两种特殊情况，而其他所有非破产、兼并企业之间的土地转让、租赁以及抵押等活动都是违反法律规定的，这在某种程度上来说是彻底否定了集体建设用地流转的合法性[①]。而且我们还能从中看出，我国现行的流转制度还是处于以农村集体组织投资创办或联营的阶段，而对于民间私人资本所引起的工业用地需求扩张明显后劲不足。就其本质而言，尽管集体经济组织的内部成员能够利用本集体土地来创办企业或建造自住房，但却不能将这些建筑物转让或出租给其他人或单位，这就说明农村非农业建设用地是不允许流转的。至于因破产、兼并等情形致使土地使用权流转虽被法律许可，但却为明确规定流转的流程、对象及其流转之后的产权关系调整等，所以本质上还是不能对外公开其流转交易。种种限制的存在不仅使得农村集体建设用地的交易权十分有限，混淆了该土地的所有权及产权意义，进而加大了市场机制在农村建设用地中的作用发挥难度；更重要的是，这在很大程度上深化了国有建设用地与农村建设用地在使用权上的不平等现象，使得建设用地市场被一分为二，一是国有土地使用权；二是集体建设用地市场。[②]总而言之，我国现行的土地管理法极大地阻碍了集体建设用地市场的发展。

（二）产权无保障，交易不安全

根据我国的法律规定，集体土地所有权是一种不完全的所有权，由其衍生的所有权、使用权、抵押权、租赁权、处置权以及转让权等各种权力

---

①黄利宏、叶伦文、晏坤：《农村集体非农建设用地自发流转的原因探讨》，《农村经济与技术》2003年第1期。

②李植斌：《农村集体建设用地流转研究》，《国土资源科技管理》2003年第3期。

的大小及使用范畴也相当模糊，所以以产权交易为主的集体建设用地市场出现了许多产权难题。与此同时，还因为我国法律尚未对这些土地的流转事项，比如条件、流程、用途以及权益等进行详细的规定，致使集体建设用地的流转无法可依，权利义务不清，在流转中的土地产权得不到有效的保障，如难以进行土地登记、利用土地融资困难等。另外，鉴于集体经济组织在法律层面上的地位尚未明晰，再加上其内部的经济结构未能健全，土地的产权保障及相关的流转步骤没有得到有效的规范，这些都导致土地流转过程中极易出现各种法律及经济纠纷，还有可能造成原集体经济组织中发生较大的人事变动、违约以及毁约的恶劣问题，双方交易无法获得安全保障，不仅会给生产建设带来极大的经济亏损，也不能改善本地区的经济环境和投资环境。

## （三）土地市场受到严重干扰

考虑到现有的土地管理制度还未加入集体建设用地的流转管理内容，且并未规定是否能够流转，采取怎样的方式进行流转，以及面对破产兼并的特殊情况时该怎样进行妥善的处理，这些问题均未获得实际可行的指导，导致很多地方土地管理部门在管理集体建设用地时无法可依，虽然部分地区已经推出了一些管理举措与手段，但地区差异较大，所采用的政策标准及管理流程也有所不同，因而缺少统一的与市场规律相符的章法，在经济利益的驱动下，自发的农村集体建设用地流转，直接导致土地利用混乱。甚至很多集体经济组织和农民将农用地充作建设用地进行交易，而工业用地则打着联营的名义进行转让、出租，住宅用地以出租、擅自转让的方式进行交易，这些都极大地影响了土地的整体利用规划方案及耕地保护政策，使耕地占补平衡难以实现。有数据显示，2010 年，深圳市宝安区规划建成的土地面积为 153 平方公里，但真正使用的土地面积将近 200 平方公里。除此之外，由于集体建设用地出现了灰色市场，导致市场总的供给量大幅度上升，建设用地的总量很难进行管控，尤其是生产经营性用地的供给渠道杂乱无章，政府的宏观调控能力明显弱化，土地市场价格的参考价值逐渐消失，市场发展秩序紊乱。

## （四）流转收益分配关系混乱

在流转集体建设用地的过程中，最为关键的环节在于流转收益的分配，但由于参与集体建设用地流转关系的主体多元化，各地在具体利益分配的时候比较混乱。首先，国家利益没有在流转中得到体现。而集体建设用地的价值大多是由国家基础设施的建设来决定，所以其在流转过程中的大部分收益都来自国家的投资，但其实国家应得收益几乎没有体现出来。其次，集体土地的所有权主体与各利益相关者之间的分配模糊不清。尽管各地已经就收益的分配展开深入的理论探讨，但至于县、乡、村之间的收益如何分配依旧没有可供参考的理论依据和实践经验，且缺乏有力的规范化管理。最后，有些地方存在利用集体建设用地流转规避上缴新增建设用地有偿使用费的问题。

# 第五章 创新农村集体建设用地流转法律制度的动力机制

## 一、1949 年以来中国农村土地制度变迁的几种推力

中国土地制度如何改革，尤其是农村土地制度如何变革，这是未来十年，乃至几十年，都将是中国面临的一个主要问题。我们着手探讨改革时，经常是从我们目前面临的困难是什么，应当采取什么样的措施去解决角度来进行考虑。当然，这样一种解决问题的思路是可以达到某种目的的。但是，我们也可以从另一种角度去思考。一种制度从形成到发展，以致积弊，通常都是一种或几种力量在起作用，我们可以通过分析这些力量来探究这种制度形成的推力，从而考虑这种制度未来将如何发展。中国农村土地制度的形成有其特殊的机制，我们通过考察新中国成立以来农村土地制度的变迁历史，可以分析出对农村土地制度的形成发展起着重要作用的几种推力，探究各种推力在整个农村土地制度发展中都发挥着什么样的作用，以便为农村土地制度的变革找到力量之源。

### （一）几种推力的基本阐释

我们考察新中国成立以来的农村土地制度的变迁历史，可以找到分析出这样几种推力。一是政治力量，二是经济力量，三是农民自身的诉求，这三种力量在整个农村土地制度变迁中始终发挥着重要作用。当然，除了

这几种推力之外，还有其他各种影响土地制度的力量，如观念力量、文化力量等，但这些力量从整体的影响力要弱于前三种力量。由于这三种推力直接影响着农村土地制度的未来发展趋势，相对于其他推力来说要重要些。所以，在本文中我们把这几种力量作为影响农村土地制度发展的几种主要推力加以分析。

政治力量，从管理学的角度来看，一般指政治和法律机构对组织和人员的影响力。我们在这里所谈的政治力量主要指行政力量，即指中央和地方所制定的规则、规章、制度、规范等，是对某种制度加以规范化的力量。政治力量具有强制性，它所制定的规则、规范等，是需要强制执行的，经常以法律、法规等形式加以明确化。政治力量对某种制度的形成起着至关重要的作用。这种力量可以把实践中形成的比较成熟的规范、规则加以明确化，并以法律、法规的形式固定化，从而生成规范的制度；有时这种力量也可能不考虑实践的惯例，直接以中央或地方的强制力为基础，生成某种制定规范。当以政治力量规范化的制度形成时，一般会以某种方式保持一定的稳定周期，直至新的规范化形式的出现。这样由政治力量所规范化的制度，有时会表现出一定的滞后性。

经济力量，这里主要指经济发展的诉求，当我们实行市场经济体制时，经济力量主要表现为市场经济这只"看不见的手"。经济力量始终是制度形成和发展的主要动力，这种内在的驱力促使各种制度围绕如何发展生产，如何促进效益而形成。当然，这种力量有时表现的是自发的、盲目的，甚至具有很大的破坏性。所以，经济力量需要其他力量来引导和规范。但我们在引导和规范的时候已不能离开经济发展的内在规律，因为经济力量是根本，是一切的动力源。

农民自身的诉求，主要是指农民根据自身的利益需求，会采取各种方式来影响各种体制和制度等。这种诉求实际上是农民利益自我实现的需要引发的，他们从自身的生存、发展中引发出来对影响他们的各种制度的期盼。这种力量一般是自发的、不规范的、零散的，其表现也是多种多样的，但却是不能忽视的。农民自身的诉求有其基本的底线，当面临生存威胁时，这种诉求会表现出巨大的力量，如果生存需求的底线不能得到满足，这种力量甚至可能推翻现存的制度。但这种力量也是弱小的、坚忍的，只要他们能够承受，一般不会主动去改变它。所以这种力量有其双重性。

我们对这几种力量的初步阐释，是为了分析它们在土地制度中发挥作用时所呈现的特点而简要界定的。在结合我国新中国成立以来各个时期农村土地制度变迁中，我们再进一步阐述这些力量。

## （二）新中国成立以来农村土地制度的变迁及各种力量分析

从新中国成立以来，我们可以根据土地所有权、经营权等的变化，把我国农村土地制度变迁大致分成以下几个时期。在各个时期的分析中，我们首先是描述各个时期的土地制度变化，然后分析政治力量、经济力量和农民诉求是如何发挥作用的。

1. 农民土地所有制时期（1949—1953）。这一时期主要是农民分得土地，基本完成农民土地所有制时期。

新中国的土地制度可以追溯到1947年通过实施的《中国土地法大纲》，这是指导农村土地改革的纲领性文件，奠定了后来土地制度变迁的基调。1949年3月，中国共产党在河北省平山县西柏坡村召开七届二中全会，研究新中国成立后社会、经济建设等一系列重大方针政策。会议提出要"有计划、有步骤地将封建半封建土地所有制改变为农民土地所有制"。1950年6月28日，中央讨论通过了《中华人民共和国土地改革法》，逐步开展土地改革运动，标志着国家以法律的形式对土地改革给予了肯定和保护。1950年中央人民政府颁布《中华人民共和国土地改革法》，第一条明确规定："废除地主阶级封建剥削的土地所有制，实行农民的土地所有制，借以解放农村生产力，发展农业生产，为新中国的工业化开辟道路。"其后，中央人民政府政务院又先后颁布了《农民协会组织通则》《关于划分农村阶级成份的决议》《城市郊区土地改革条例》等有关文件，以进一步推动土地改革。《中华人民共和国土地改革法》颁布以后，新解放区展开了大规模的土地改革运动。经过3年多的时间，到1953年底，全国广大新解放区的土地改革，除约有 700 万人口的一些少数民族地区，中共中央决定暂不进行外，其他地区基本顺利完成。这样，农民土地所有制基本确立。

我们分析一下这一时期各种力量对农村土地制度形成的影响。在新中国成立之前，革命根据地和老解放区已经基本形成农民土地所有制的趋向，这是新中国成立后新解放区实行土地制度改革的历史背景。政治力量的导向和农民自身的诉求是这一时期主要的推力。政治力量始终在发挥着重要作用，新中国成立后，新的人民政权体制出现，相应地在各个领域的制度也出现了巨大的变化。农村土地制度由封建土地所有制变成农民土地所有制。要顺利完成土地制度的变化，离不开政治的强制力，新政权依靠国家行政力量，不断推出各种关于农村土地制度的方针和政策、法律和法规等。可以说，政治力量在这一时期始终扮演着主角。农民自身的诉求也是这一时期农村土地制度形成的一个主要推力。新中国成立之前，老解放区已经基本完成农民土地所有制的变革，这一变革受到农民的支持和拥护。新中国成立后，新解放区的农民也同样要求分得土地，这也是他们对新政权的一种期望。满足这种期望就是为了更好地巩固政权。这种力量使得土地改革能够在几年内比较顺利地实现。当然，从经济力量的角度来看，恢复生产也是一个主要力量，但相对其他两种力量来说，经济力量并不是主导。毛泽东说："这是中国人民民主革命继军事斗争以后的第二场决战。"[1]实际上，新中国成立后，我们推行的农民土地所有制，其政治意义远远大于其他一切。

2. 农业合作社时期和土地集体化时期（1953—1978）。这一时期土地制度变化比较频繁，我们择几个要点来进行分析。

这一时期可以概括为由农民土地所有的农业生产互助合作到土地所有制转变的农业生产合作，再到"大集体"的人民公社，最后到集体所有制的确立。

土地改革后，农民平均分得了土地，但是在农业生产中，由于各种条

---

[1]《毛泽东文集》第6卷，人民出版社1999年版，第25页。

件的差异，导致农民之间的生产能力并不平均，如每户的劳动力、农具、耕具不均衡等。由此，农户之间产生了互助合作的意识。1951 年全国第一次互助合作会议起草通过的《关于农业生产互助合作的决议》要求各级党委根据当地生产发展需要和可能的条件，按照积极发展、稳步前进的方针和自愿互利的原则，逐步引导农民走上集体化。1953 年我国开始引导农民走合作化道路，先是临时互助组，后来是常年互助组，在互助组的基础上，我国又引导农民加入初级农业生产合作社，简称"初级社"。为了加快合作化的步伐，实现对土地私有制的社会主义改造，1953 年 12 月，中共中央发布了《关于发展农业生产合作化的决议》，1956 年 6 月 30 日全国人大通过的《高级农业生产合作社示范章程》第二条规定，农业生产合作社按照社会主义原则，把社员私有的主要生产资料转为合作社集体所有，组织集体劳动，实行"各尽所能，按劳分配"。到 1956 年底，农村土地集体所有制基本形成。

1958 年 3 月，中共中央通过了《关于把小型的农业合作社适当地合并为大社的意见》，鼓励"有条件的地方，把小型的农业合作社有计划地适当地合并为大型的合作社"，这是人民公社化的前奏。同年 8 月，中共中央通过了《关于在农村建立人民公社问题的决议》。同年 12 月，中共中央通过了《关于人民公社若干问题的决议》对人民公社的管理体制进一步细化，"人民公社实行分级管理的制度，公社的管理机构，一般可以分为公社管理委员会、管理区（或生产大队）、生产队三级"，且规定"生产队是组织劳动的基本单位"。1958 年底，党中央发现人民公社存在的很多问题，开始纠正和调整。1962 年 9 月，中共中央通过了《农村人民公社工作条例（修正草案）》（俗称"农业六十条"），对人民公社体制进行了适度纠正和调整。该条例最为核心的是下放基本核算单位，明确"队为基础"的核算管理模式。在 1962 年 2 月下发的《中共中央关于改变农村人民公社基本核算单位问题的指示》中，已提出"把基本核算单位下放，就既有生产管理权，又有分配决定权"。该条例第二条则进一步明确："人民公社的基本核算单位是生产队。根据各地方不同的情况，人民公社的组织，可以是两级，即公社和生产队，也可以是三级，即公社、生产大队和生产队。"第二十一条规定："生产队范围内的土地，都归生产队所有"，"集体所有的山林、水面和草原，凡是归生产队所有比较有利的，都归生产队所有"。由此强化和奠定了生产队作为土地"集体所有制"所有人的政策基础。这一规定奠定了中国农村土地所有制的基础，也是追溯当前土地权属的重要历史文件依据。

这一时期，经济力量、政治力量和农民自身的诉求共同发挥着作用。经济力量是原始推动力。在农民分得土地后，土地承载着满足农民生活和经济发展需要的价值，也承载着发展国家经济的需要。发展生产、满足需要成为首要推动土地制度变化的因素，经济力量作为一种主要动力在发挥着作用。合作社这种形式的出现就是由这种推力所引发的。最初互助合作是农民由于发展生产的自觉诉求来推动的，在互助合作慢慢推广的过程中，政府逐渐卷入，把农民自发的诉求自觉化，并在某种程度上以行政强力来强化。在初级合作社形成的过程中，政治力量还能够保持与经济发展和农民自身诉求的吻合，随着政治形势的进一步变化，使政治力量逐渐脱离经济发展和农民自身诉求，政治力量取代经济力量和农民自身发展的力量。由此，合作社由初级上升到高级，直至人民公社和"大跃进"，政治力量完全成为主导，并显示了其强大而可怕的力量。经济力量在这一时期是看不见的力量，是一种诱发力量，尽管需要规范，但它应当成为土地制度变化的主导方式。对农民和政府来说，都应当以发展经济来进行活动。农民自身的诉求，促使他们进行初级合作社的发展，在政府加以引导时，农民和政治这两种力量最初还是相互促进的，但当政治力量逐渐强化时，农民自身发展的诉求就被政治力量逐渐替代了，政治力量占主导时，把经济动力也忽视了。这也是导致后来的高级合作社、人民公社和"大跃进"等忽视生产实际而只顾片面政治需求状况出现的原因。

3. 家庭联产承包责任制时期（1978 年至今）。相对前几个时期来说，这一时期稳定的时间比较长，但也是现今我们不断争议和力图变革的时期。

1978 年 12 月，安徽省凤阳县小岗村的十几位村民首先发起以"大包干"

到组、包产到户等为主要形式的农业生产责任制，寻找农村土地改革新思路，从而揭开了我国农村土地制度改革序幕。1978 年 12 月十一届三中全会所讨论的《农村人民公社工作条例》中，党中央强调要继续维持 1959 年以来"三级所有"的体制。1979 年 3 月，国家农业委员会召开专题会议，讨论允许不允许"包产到户"，最终讨论的结果是"深山、偏僻山区的孤门独户可以包产到户"，中央转发了这次会议的纪要，是明确提出有条件允许"包产到户"的第一个中央文件。1980 年 5 月 31 日，邓小平发表谈话，支持安徽肥西的"包产到户"和凤阳的"大包干"，"包产到户"由暗变明。真正为"包产到户"正名的是 1982 年 1 月中共中央发布的《全国农村工作会议纪要》。1983 年 1 月中共中央发布的《当前农村经济政策的若干问题》正式确立了家庭联产承包责任制。

1983 年 10 月，国务院发布了《关于实行政社分开建立乡政府的通知》。1985 年，人民公社政社分开、建立乡政府的工作全部完成，这标志着人民公社体制的正式终结。1993 年 11 月，中共中央、国务院发布了《关于当前农业和农村经济发展的若干政策与措施》，指出"在原定的耕地承包期到期之后，再延长三十年不变"，并规定："为避免承包耕地的频繁变动，防止耕地经营规模不断被细分，提倡在承包期内实行'增人不增地、减人不减地'的办法。"1992 年，邓小平南方谈话和党的十四大的成功召开，使人们的思想得到了极大的解放，为进一步发展农村经济提供了可靠的思想保证和政策支持。稳定发展和进一步深化家庭承包经营制度为当时农村土地制度改革的主题。1997 年 6 月中共中央办公厅、国务院办公厅发布了《关于进一步稳定和完善农村土地承包关系的通知》。1998 年 10 月，中共中央发布的《关于农业和农村工作若干重大问题的决定》指出，要"长期稳定以家庭承包经营为基础、统分结合的双层经营体制"，提出"抓紧制定确保农村土地承包关系长期稳定的法律法规，赋予农民长期而有保障的土地使用权"。2002 年 8 月，国家讨论通过了《中华人民共和国农村土地承包法》，明确规定我国实行农村土地承包经营制度，且通过存在于农村集体经济组织内部的家庭承包方式组织实施；国家依照法律保护农村土地承包关系长期稳定；国家保护承包方按照法律依法、自愿、有偿的原则，进行土地承包经营权流转；未向承包方颁发土地承包经营权证或者林权证等证书的，应当补发证书。这标志着国家从法律上规定了农村土地制度在未来一段时期内的实施方向。2008年10月，党的十七届三中全会发布的《关于推进农村改革发展若干重大问题的决定》，强调赋予农民更加充分而有保障的土地承包经营权，特别是首次提出，"现有土地承包关系要保持稳定并长久不变"。

为了加强对土地的管理，1986年全国人大常委会通过的《中华人民共和国土地管理法》，经过多次修订，2004年8月28日全国人民代表大会常务委员会第十一次会议通过《全国人民代表大会常务委员会关于修改〈中华人民共和国土地管理法〉的决定》。《土地管理法》明确规定了的所有权和使用权，对全民所有和集体所有的土地进行了明确规范。2009年通过的《中华人民共和国农村土地承包经营纠纷调解仲裁法》，以及2010年农业部2010年1号令《农村土地承包经营仲裁规则》、2号令《农村土地承包仲裁委员会示范章程》，使农村土地管理步入法治化轨道。国务院在2011年公布实施的《土地复垦条例》进一步加强对农村土地的管理。

这一时期，各种力量呈现交错出现的情形。首先是经济力量和农民自身诉求成为农村土地制度变化的主要推动力。"文革"后，安徽和四川农民之所以自发选择土地承包，最大的根源在于农村生活不下去，原来的经营方式导致农民生活很苦。发展生产的需要，满足人们基本生活的需要成为第一动力，尽管政策不明朗，农民仍然尝试进行新的生产经营模式，这是由于农民生存底线受到威胁所至。经济力量和农民诉求是家庭联产承包得以推行的重要动力。当农民自发的家庭联产承包出现成效时，经济效益展现时，政治力量逐渐进入，从政策和制度上加以规范这种经营方式，并把家庭联产承包责任制推广开来。这样政治力量也在农民土地制度变革的过程中卷入进来。之后，各种关于农村土地承包的政策、制度、法规等纷纷出台，从而使农村土地制度规范化、定型化。政治力量也逐渐占据主导位置，土地如何承包，怎样承包，土地如何管理都得到明确的规定。在这一时期，还有一种力量不可忽视，那就是市场经济这种力量，成为经济力量中的新的替代力量。当然，这种力量是可以归入经济力量的，但在我国这是不同于之前的经济力量的。这只"看不见"的手，自1992年以来，逐渐开始显示其内在的力量，在各个领域发挥作用时，不可避免地也要进入土地领域。所以，1992年以后，在我国，经济体制的主角是市场经济。在20世纪90年代，"三农"问题成为关注的重点，农村土地制度也逐渐成为学者们关注点。这种观念的力量作用如何，我们这里先不去探讨，但这种关注在某种程度上多少影响到政治力量的导向。可以说，这一时期是各种力量都在参与到农村土地制度变化的过程中，很难把它们分割开来。

（三）几种推力的概括描述

通过对上述各个历史时期的简要分析，我们可以发现，经济力量、农民自身的诉求、政治力量都在各个时期发挥着作用，各种力量相互作用。通过分析，我们可以认为，农村土地制度形成和发展，以至未来的取向都应当受到这几种力量的影响，未来农村土地制度会发生什么样变化，如何改革都要考虑这几种主要力量。但我们同时也应当考虑到，这几种推力各自呈现不同的特色，发挥作用的程度和方式也是各有特点。我们总括分析一下，以便于了解它们各自如何发挥作用。

在各种力量中，农民自身发展的诉求是最应当尊重的。农民能够成为农村土地制度变迁的一种主要推力源自他们直接参与土地制度的变迁中，其人数众多、直接参与生产，土地制度变迁问题就是他们的生存问题。这就决定了农民的行为会直接影响农村土地制度的运行。因为他们处在"第一线"，他们最熟悉土地，知道土地对他们意味着什么，当然这种诉求也需要规范。我们应当允许他们自己去发挥创造，不要认为他们什么都不知道，想当然地为他们去规划，就像我们应当放手让孩子去适应世界一样，尽管他们可能会受伤，但这样他们会成长得更好。当农民为了某种目标而统一行动时，其影响是十分巨大的，当这种目标是一种新的农地制度安排时，其行为就会推动农地制度的变迁，成为农地制度变迁的主导。

经济力量是一种根本的动力。我国农村土地制度从土地改革后实行的土地私有制到后来的集体所有制，以及到目前实行的家庭承包责任制的变迁，其最根本的动力来源是为了获取土地可带来的潜在利益，使资源的效率最大化。这种力量随着我国市场经济体制的完善将更加发挥强大的力量。

政治力量至今为止仍然是主要力量，但这种力量如何运用，如何结合经济力量和农民诉求是需要认真考量的。当这种力量的过分使用，打着国家的名义，国有的名义，以强制或垄断的方式左右土地制度，忽视经济动力和农民诉求时，其破坏力是惊人的。当这种力量加强自身规范，适应经济发展和农民诉求时，就可以把各种影响土地制度的推力协调起来，形成良性运行模式。要依靠法律规范，宪法及其他各种关于土地制度的法规。政治力量，这只"看得见的手"，轻易不要挥动。政治力量主要是把农民实践中形成的合理的做法规范化和法律化。

总之，通过分析，我们可以发现：一是农村土地制度如何形成，如何变迁，以及未来取向如何，并不是某一种力量能够主导的，是多种力量共同发挥作用的，有些我们知道，有些可能我们并不是很清楚。二是经济力量是不可抗拒的，农民诉求是应当满足的，政治力量是要有节制的。三是期望以行政手段来单独改变农村土地制度是理想化的，那是无视其他力量的存在。农村土地制度的形成是几种力量博弈的结果，我们也得以用多种力量的剖析来面对未来农村土地制度的变化。

## 二、经济动因

### （一）集体建设用地的流转是市场经济发展的客观要求

农村集体建设用地流转，是相对典型的经济现象，基于此，针对该制度进行经济动因的研究有其必要性。国内经济改制的主要方向是实现社会主义市场经济，这就要求未来的市场经济能够满足资本、土地和劳动力这三项至关重要的要素在市场体系中得到有效配置。而其中土地和人类的相关性最强，如果土地市场无法适应经济发展的节奏，就会导致后续经济活动难以继续开展，因此，优化土地市场可以给经济发展提供重要前提保障。就国内市场而言，已经存在一定规模的国有土地实现了有效流转，但农村土地市场的发展较为落后。在国内市场经济模式渐渐得到优化的过程中，城镇国有土地库存正在下降，国家的宏观干预程度逐渐提高，在此过程中开始出现国内建设用地库存较少的问题，根据国家统计局发布数据，农村集体建设用地的实际规模达到了 2.7 亿亩，已然成为未来国内建设用地的重要供给渠道之一，基于此，该类型的建设用地就具备了入市流转的可能性。农村集体建设用地在萌芽阶段是来源于农村地域发展和房屋建设领域，随着市场经济的不断发展和市场规模的不断扩大，土地的资产属性开始受到了重视，进而形成了一股农村集体建设用地使用过程中的潜在收入流，最终推动制度变迁。参考帕累托效率原理：在市场的资源配置环节，若满足社会任意成员的福利水平不会下降，且单一或多个社会成员的福利水平能够提高，则可以称之为效率机会。将土地使用权进行商品性调整，同时开放集体建设用地的流转，以此建立一个相对完整的土地使用权市场，不仅能够实现资源高效配置，还可以优化农村市场体系，是农村市场经济的重要推动因素。

（二）经济利益是集体建设用地的流转的外在动力

新《土地管理法》取消了农村集体土地流转时"不得用于非农建设"的限制，同时增加了新的第63条，明确集体经营性建设用地可以租赁、出让、入股、转让、互换、赠与或抵押等方式流转给单位或个人，中央极力推行农村集体建设用地使用权与国有建设用地使用权"同权同价、同等入市"，但实际上却难以实现，集体建设用地使用权与国有建设用地使用权的法律地位不平等，既然无法"同权"，又如何实现"同等、同价"？ 1986 年《土地管理法》规定，农民集体土地不可以和任意非农建设用地者进行交易，在交易前要先将其国有化，再通过国家有效渠道进行出让，这就说明了农村集体建设用地的流转要满足国有化的客观条件，在土地不满足该条件的情况下，不允许将其作为建设用地，更无法在任何环节得到土地开发建设的相关收益，还会产生不同程度的负面影响。[1]该类规定的主要劣势在于首先遏制了集体土地拥有者的处置功能，其次是让土地收益权也不复存在。在这样的背景下，市场参与双方都考虑到国内征地制度的局限性，开始出现违规性土地流转活动，且在市场规模上有比较明显的上升趋势，这不利于国内土地规划工作，还容易导致用地混乱，而且使得城乡建设用地总量难以有效控制。

国内土地征收的补偿力度相对较弱，这导致了国内征地成本较少，进而使得政府在征地权的使用环节没有深入考虑经济投入问题。当赔偿规定存在一定的局限性的情况下，政府的土地征收热情会大幅提高，这有利于降低其成本投入，但却导致了比较明显的社会资源流失和低效配置现象。[2]也正因为土地征售之间价差较大，加之在"廉地引商"政策下，有关部门还极力压低地价，以"改善"所谓的投资环境，因此以地生财成为一些地方征用农田、经营土地的重要驱动力，在个别地域还出现了不科学的城市扩建问题，成为相关政府主体的政绩支持资源之一，甚至成了个别领导个人生财的"摇钱树"。自从改革开放后，国内在征地环节频繁出现低价征用问题，仅和农民集体土地有关的资本就高达2万亿元，这一数据远远超过了计划经济阶段"剪刀差"导致的农民损失。[3]政府用比较低廉的成本实现土地征收后，在市场中以差价较大的出让价格流转，在该阶段，必然形成巨大的利润空间，实践中，这部分的增值额是非常大的，而这些增值额是土地从农用地变为城市用地产生的级差地租。就理论角度而言，该类权益应该和土地所有者产生不同程度的联系，但国家却没有重视这一环节的增值额，更没有让相关集体组织或农民个人享受到其中的部分利益，实

---

①孟晓苏：《以土地信托制度促进农村建设用地合理流转》，《中国改革》2004年第8期。

②波斯纳：《法律的经济分析》，蒋兆康译，中国大百科全书出版社1997年版，第71页。

③叶永兆：《把农村集体土地还权于民》，http://www.xsagri.gov.cn/lanmu/show.asp?id1=8。

际上，则"全部被各级政府占有了，土地收益权也自然而然消失"[①]。当前整体补偿制度仅针对农民耕种收益，国内有关部门还没有深入研究土地增值和农民的相关性，更没有让其得到收益。有的地方甚至连本来标准就不高的征地补偿费也不能如数到位，这样既不足以解决失地农民的长远生计，也让农民群体远离了在工业化阶段土地级差利润的分配环节。

## 三、社会动因

### （一）比较利益是推动集体建设用地流转制度创新的重要力量

集体建设用地流转产生不合规现象是有一定推动因素的，供需双方的比较经济利益是内在的驱动力。参考国际权威经济学家诺斯的言论："考虑到市场规模的成长，生产技术的升级和相关主体对成本利益的探讨，在当前制度下存在不同风险的潜在获利可能性。然而，在外部条件内在化环节存在一定阻碍，潜在利润不能够依托现有制度进行有效化，在此过程中，就产生了个别主体为了实现利润而利用不同方法消除阻碍，当利润超过所付代价的情况下，一项新制度安排便逐步成型。"可以很好地说明流转是集体土地制度创新需求的表现。当前制度的局限性和潜在获利可能性共存的情况下，集体建设用地非常规流转利润空间相对较大，流转的可监管性较弱，新制度的需求便迅速增长，而需求方会缓慢推动制度的改革，这可以称之为诱致性制度变革，一般的存在形式是非正式制度，其安排创新在法律未变迁时发生。

从供地方角度看，一方面，随着国有土地资产特征日益明显，集体土地作为资产的观念得到了强化，个别乡（镇）村的管理者会将征地补偿成本和土地出让价格进行详细计算，考察农业生产利益和土地利益，这种片面追求差额经济利益的思想，推动了集体建设用地的自发流转。另一方面，由于自发流转往往无评估等前期工作，在税收上不存在成本，且市场的流

---

① 王大操：《迎接集体建设用地入世浪潮》，《国土资源》2003年第4期。

动性相对较强的情况下，巨额的流转潜在利润回报诱使农村集体和农民甘愿冒巨大的风险通过不同形式直接或间接变相转让、出租等获得利益。另外，如果把集体建设用地通过征收再出让的方式使用，正如前边所论述的，不仅征地补偿标准低，而且农民及农村集体不能从土地增值中分享利益，失去土地的农民也没有生活保障。在经济利益的诱导下，农民和相关集体就很容易投入到集体土地私下流转市场，主动规避征地模式。

从土地需求者的角度看，城市中心的地价一般情况下会和其他城市地区产生比较明显的差异，企业考虑到自身成本效益以及市场占有率的问题，一般会在用地环节更加倾向于城市边缘地区和郊区。这主要是因为该类地区的地价相对较低，且级差地租比较明显，基于此，集体建设用地在管理制度不够健全的情况下会受到投资方和开发者的青睐。由于使用国有土地费用高，需要办理的手续相对较多，在流通速度和可获利空间上相对较弱，最终土地需求者"经常越过边界进入集体建设用地市场，成为土地市场的：'偷渡者'"，[①]这样既降低了投资成本，又简化了用地手续。如安徽芜湖市三山镇过去采用的先征为国有再出让的方式向企业供地，用地成本达到每亩 12 万元，迫使企业转向村庄集体用地或者分散用地，基础设施投资大，环保难达标。自搞试点采用直接流转的办法，平均每亩只需支付 1.7 万元的费用，已经前后吸引了如南京奶业、中仁药业等众多大型企业参与，根据 2002 年的数据显示，产值超过 3.2 亿人民币，税收达 1500 万元。[②]

（二）集体建设用地流转是提高土地利用效率和保护耕地的必然选择

《国土资源调查报告》曾经明确显示，国内人口正在往 2030 年 16 亿的目标人数靠近，而在该时间段的粮食安全基本条件是耕地要超过 19.2 亩。根据国内经济发展的实际情况，2030 年，出于各种因素耕地的实际面积会缩减 2070 万公顷，大概为 3.1 亩（包括生态退耕 1.1 亿亩，基建水利、工

---

①李植斌：《农村集体建设用地流转研究》，国土资源科技管理2003年第3期。

②该数据来源于http：//www.wuhu.gov.cn：8080/gtj/news/content.asp?id=227&sheet=news。

矿占地 1.1 亿亩，因不可抗拒因素导致的种养结构调整 0.9 亿亩），在不包括小城镇用地的情况下，耕地将减少 1/6，人口将增加近 1/3。虽然补充耕地的潜力约有 2 亿多亩，但至少要投入 2 亿多元的资金。[①] 而国内当前耕地规模是 19.5 亿亩，这导致了约 2.8 亿亩的耕地赤字，基于此，耕地的稀缺成为需要重视的问题。但是，我国的土地利用却很不合理，现实中耕地被随意占用普遍存在，农地抛荒和粗放经营仍然需要重视。根据数据显示，考虑到种植业等效率有待提高，2001 年安徽的有关地域产生土地抛荒问题的耕地面积超过 135 万亩，占据全部承包耕地 1.2% 的权重，[②] 而在江淮之间和沿江一带该类问题更加严峻。在集体建设用地方面，由于缺乏规划，重复建设严重，而又存在"村村点火，户户冒烟"等现象，土地的使用率明显下降，建设用地成为当前市场的主要需求，在城市化进程逐步加快的过程中，建设用地的实际需求日益增加，供需不平衡的问题更加严峻。不仅如此，在市场经济的调整下，存在部分企业出现了停产现象，土地的使用率没有达到客观要求。基于此，有必要进行制度上的调整，以此来开放土地使用权在合法市场上的流转，这有利于土地利用率的提高，还可以让相关土地的使用者明白土地资源合理利用的重要程度，以此从根本上改善土地资源的低效利用问题，还能够有效缓解经济发展和耕地保护之间比较尖锐的资源矛盾，既可以实现合理开发耕地的要求，有能够实现土地资源的科学化配置，盘活土地库存，加强集体土地资产的保值。据统计，安徽芜湖市从 1999 年搞试点以来，共盘活集体建设用地 3025.05 亩，实施完整的退宅还耕、还林，移民进镇，将每户的实际占地面积逐步缩减到当前的 160 平方米，实现了大约 2362.05 亩的出宅基地规模，有效优化了土地资源配置，加强了整体规划和村镇建设规划的系统性实施，达到了耕地保护的客观要求。[③]

---

①http：//www1.yyagri.gov.cn。

②http：//ahtjj.ah.gov.cn/news/open.asp?id=547。

③http：//www.wuhu.gov.cn：8080/gtj/news/content.asp?id=227&sheet=news。

## 四、法律动因

农村集体建设用地流转，这是比较典型的经济问题，同时也面临着法律问题，根据法的一般原理，成文法往往具有滞后性、保守性以及对新生事物调整的不周延性。国内当前土地法针对上述问题的条款更适用于计划经济，已经远远不适应当前的实际需要，其滞后性不但阻止了集体建设用地市场的形成，严重阻碍了当前形势下的集体建设用地的管理工作。另外，针对该类用地的流转问题，国内目前法律体系中的矛盾比较显著。不允许农村建设用地流转，但同时又说明土地使用权的合法转让是可行的。这充分说明了当前法律条例存在鲜明的冲突，法律和现实更是具备严重的矛盾，进而使得集体土地流转缺乏规范，管理力度较弱，政府的参与积极性过高等非常规现象。[①] 因此，从集体土地权利入手，探讨农村集体建设用地流转的合理性并创新相关的制度，不仅具有现实意义，而且具有重要的法律意义。

### （一）物权法视野下的非农建设用地流转

1. 土地产权制度是集体建设用地流转的基础

土地作为一种自然资源也是生产中不可或缺的要素，是人类生存发展的必要因素，且比较固定，土地自身不能够产生流转现象，但其产权等非物质资源能够实现流转。可以说土地流转是产权的主要实现方法，土地产权制度则是前提条件，就法律层面而言，土地流转的核心内容是产权流转，更以所有权和使用权为关键。产权的核心是所有权，所有权是有关权利的大集合，其中涵盖了从占有到处分的多个权利，主要是占有、使用、收益、处分这四大重要权利。

土地产权制度和土地流转存在一定联系，主要涉及两个方面。第一，

---

① 姚青林：《南京案例：集体建设用地流转的问题和对策》，《中外房地产导报》2003年第3期。

产权制度是土地流转的法律前提。土地流转是相关资源在市场中的科学配置和利用规划问题，也是主体经济利益的重要实现渠道。基于此，要根据法律规划相应权益，并把这些权利赋予不同的主体，还需要科学规划所有者、经营者以及使用环节的不同责任，以此来实现土地流转的合法性和科学性。第二，土地产权制度可以有效约束土地流转的各种行为。在流转过程中，土地产权关系会产生一定程度的分解，形成土地所有者、经营者、使用者等多元利益主体。各利益主体的责权利关系如何，怎样保证各利益主体权利的实现、利益获得，并履行相应的责任和义务，避免各种侵权行为发生而损害国家、集体和他人利益，以促进土地资源的合理配置，都需要通过完善产权制度予以严格界定。

由于国内农村土地市场的发展相对滞后，其整体水平还有待提高，加上土地产权的关系没有经过明确的界定，这在一定程度上导致国内农村集体建设用地的流转过程中存在一定阻碍，社会矛盾也容易在此环节产生。基于此，针对土地产权的内涵和流转范围的研究有其必要性，是制度建设的关键环节，同时也是土地产权顺利合理流转的重要保证。

2. 国家土地所有权和集体土地所有权法律地位不平等

土地所有权作为全球范围内都得到高度认可的民事权利，已经被纳入各国的法律体系中，就理论层面而言，国家土地所有权在一定程度上和集体所有权有着共同点，它们之间更没有比较明显的级别高低，在权利层面具备平等性，"集体土地所有权长期具备其独立性，同时和国家土地存在一定平等性，这是国内产权制度的重要内容"。[1]但就目前的法律体系而言，两种所有权的法律地位仍然存在一定差异，法律保护力度上也有明显落差。

首先，就土地所有权的转移角度考虑，存在明显的单向性和唯一性。这意味着集体的可以流向国家，但集体土地之间的所有权流转难以实现，国家层面不能向集体流转。单向性问题会让国家土地所有权的客体规模不断上升，而集体土地所有权的客体规模会逐渐下降。

---

①王卫国：《中国土地权利研究》，中国政法大学出版社1997年第1版，第115页。

其次，土地所有权在界定上存在差异。在社会生活中，经常存在土地权属模糊或存在争议等问题，界定所有权的归属是当前迫切需要解决的问题。1995年的《界定土地所有权和使用权规则》中有关内容显示，所有权存在争议的情况下，除了依法证实的农民集体土地外，其余的收归国有。从上述规定可以看出，立法者采取了有利于国家土地所有权的政策，即在争议之前已假定土地所有权归属国家所有，集体对土地提出主张并不是适用民诉法中的"谁主张，谁举证"，而是必须举证。上述国家土地所有权的推定制度明显具有倾向性，这在一定程度上导致了集体和国家的土地所有权在法律角度存在明显的地位落差以及保护力度差异。

再次，集体土地所有权的主体虚位。《土地管理法》中的有关内容显示，集体土地所有权在其相关主体的界定上，仍维持农民集体经济组织。但这一类组织在现实中并不存在，这就意味着当前情况下缺乏人格化的主体，即没有一个可以充当所有权的正常化主体。而又参考物权法的基本原理，物权的主体特定、且内容清晰才方便行使，这也是物权设置的重要前提，则当前集体土地所有权的执行主体不够明确，当前行使权力的主体能否满足法律要求，就法律层面而言还有待证实。

最后，土地所有权内容不完整。完整的所有权应该是多个基本权利的组合，即占有、使用、收益、处置等多种权利的组合。但根据我国的法律规定，集体土地所有权的使用、收益和处分均受到较大限制。如《土地管理法》涉及乡村企业建设用地的获取程序，在使用权层面第61条针对该类用地的获取进行了详细说明，但上述程序都没有针对集体土地所有权的实际可运用权力进行充分界定，更没有涉及土地所有人同意等内容，跨过该环节进行直接审查，在此过程中未能体现所有人主观意志和权利行使。且集体土地的使用环节也有一定局限性，主要适用于农村地域的相关建设和经济活动中，不能在潜在利润较大的房地产市场进行活动。而就地产开发环节，集体土地的使用权流转被严格禁止，但满足收归国有的情况下则可以实现合理流转，这不符合情理，也在一定程度上遏制了集体土地的潜在增值收益，存在一定的不平等性。

### 3. 容许集体建设用地合法流转是真正实现土地权利价值的必然选择

财产权一体保护是全球范围内民法的重要内容，集体和国家在土地所有权上的相关内容也应该归属到民法财产权的整个框架内，应存在平等性，且有必要进行一体保护。这是民法保护平等主体间民事法律关系的基础。

建立可流转的建设用地使用权制度，是改革开放探索的结果。国内在城镇国有土地使用制度上展开了调整，在此基础上，结合土地所有权和使用权分离原则，建立了相对完善的使用权制度，是"新中国成立后用益物权制度的有效探索[①]"，并根据原则在国有土地使用权流转中，有效达成了资源的合理配置，加强了整个国有土地资源的利用。而集体土地中农业领域相关资源也进一步依托承包形式达成了分散利用的目的，国家当前形势下从法律层面认可了农村土地承包权，并开放了合法转包。但在农村集体建设用地上存在比较明显的特殊性，流转制度有待完善。

集体建设用地使用权在法律层面有明确的界定，但就其本质而言更加倾向于民法上的用益物权。根据有关理论，权利人能够在依法前提下实现自身权利的处分，以此来达到经营和消费目的，并且在法律范围内还能够展开一系列转让等活动。基于此，界定集体土地使用权流转的合法性，符合该种权利的法律特性。另外，从法律属性上看，集体建设用地使用权和国有土地使用权一样，属于物权的一种，是一种独立的民事权利。[②]

两种权利的客体存在共同点，其在用途角度也没有任何差异。这在一定程度上说明国有土地的使用权流转实际情况下可以作为同等条件集体土地使用权流转的参考。根据上述观点，国内学术界从理论角度出发，针对性地展开了和构建统一建设用地使用权相关的学术活动，有部分学者的相关著作中曾表示两种土地使用权，都可以归纳为因建筑或其他工作而使用

---

① 梁慧星：《中国物权法研究》，法律出版社1998年版，第600页。
② 学者一般认为，土地使用权有三个特点：一是土地使用权是一种相对独立的财产权；二是土地使用权可以按照法律设定的规则进入市场；三是准许个人、各种私人团体（法人）及其他组织取得土地使用权。

相关土地的权利，基于此，该类权利可以类比国内法系中的地上权，进而认为可以依照地上权来展开统一使用。[①] 部分学者认为两类建设用地的使用主体、使用目的以及具体方式都存在共同点，即将他人土地运用在相关建筑物的基地建设环节，因此提出以"基地使用权"来统一两种使用权。[②]

综上，根据国有土地使用权的法规内容，构建和完善集体土地非农建设使用权制度，并开放其流转，充分允许出让、抵押等，是物权特征的展示，有利于在设定物权的方式基础上达到分散利用的目的，也可以改善土地所有权实现的问题，还在一定程度上优化了建设用地渠道供应环节，不仅如此，更完成了农村建设用地市场相关资源的有偿使用目标，以此达到城乡建设用地市场相互统一的局面。

### （二）债权法视野下的集体建设用地的流转

根据前文相关内容显示，土地流转的重要支撑因素是土地权利归属可以得到有效界定，这就涉及物权法的调整范围。而在流转的过程中，必然涉及交易行为，土地权利的流转是财产流转的一种重要的、特殊的形式，它也应由以保护财产流转秩序为目的的债权法加以调整。民法的发展历程表明，物权法是相应财产归属问题的重要秩序保障因素，这提高了在信用前提下商品交换的可能性。同时，债权法是财产流转环节的重要秩序前提，这降低了流转阻碍，提高了财产归属的科学性。

债权法中针对财产流转关系的相关调整方式上存在一定特性，主要是主体平等独立，关系内容上存在有偿性和自主性。在该角度上交易关系的任意环节，应该是利益涉及主体在合法性前提下的自主选择，这就说明了合同自由是债权法的重要前提保障。但合同自由在一定程度上是相关当事人要根据法律有关规定执行交易行为，在交易的任意环节都要尊重法律约束，主动保护社会共同利益，不能够侵犯任意个人或组织的相关权益。

---

① 钱明星：《物权法原理》，北京大学出版社1994年版；杨立新、尹艳：《我国他物权制度的重新构造》，《中国社会科学》1995年第3期。

② 梁慧星：《中国物权法研究》，法律出版社1998年版，第647页。

现行《土地管理法》规定农民集体所有的土地出让、转让或出租用于非农建设，集体组织出租非农建设用地就不受法律保护，农民集体出租、转让非农建设用地就是违法行为，所立合同应当属于《合同法》第52条所禁止的以合法形式掩盖非法目的的无效合同。基于此，地方政府在管理工作上，可以参考《宪法》相关规定，开放集体建设土地使用权流转，也能够参照《土地管理法》来约束相关流转活动。<sup>①</sup>当涉及纠纷的情况下，法院的最终判决结果只可以是分离使用权和租金，分别归属为集体和交租主体。在此过程中建筑物基于土地所有权进行了合法建设，但承租方应该不存在合法收益，集体要将建筑物的实际价值进行有效返还，承租方撤回原有资本。在实际经济活动中，相关主体认识到了该法律的操作空间，在合同期满前有意识地产生租金延期支付等行为，并通过诉讼来实现自身不合情理的收益，农民在此过程中由于参与非法流转没有法律优势。不仅如此，国内法律一般坚持集体建设用地不可用于任意抵押用途的原则，在此背景下，厂房等不可以走抵押渠道，企业便失去了固定资产抵押贷款可能性。这样既不利于保护农民利益，也影响企业发展的长远预期。

基于此，针对当前法律体系展开调整，开放集体建设用地流转，有利于引导农村土地市场走向规范化，最终实现集体建设用地的所有权和使用权，还能够最大程度保护农民利益，同步加速国内农村地域的经济发展，推动整体城乡建设工作的持续开展。

---

① 刘丽、张迎新：《集体建设用地流转中政府定位不明、职能不清的原因分析》，《国土资源情报》2003年第11期。

# 第六章 创新农村集体建设用地流转法律制度的可行性分析

通过前边的分析可知，创新农村集体建设用地流转制度是社会主义市场经济运行的客观要求，是一种必然的趋势。基于此，应该在理论层面，尤其是法学理论角度深化集体土地流转制度创新并提高其可行性，完善相关制度，使集体土地使用权的流转规范、有序、健康地发展，进而提高理论的成熟度，提高实践环节的规范性，这是当前法律层面迫切需要解决的问题。

## 一、现行法律和政策为创新集体建设用地流转留有空间

改革开放后，我国针对土地使用权的流转制度改革取得了巨大成就，1990年5月国务院首次发布了《城镇国有土地使用权出让和转让暂行条例》，详细界定了有关流转的适用条件以及对象等，但集体所有土地制度的改革进度难以推动，综观我国已经颁布的法规汇编，可以明确的是当前较为典型的法律条文还有待制定，目前，该类土地的使用权流转是不被允

许的,甚至受到禁止<sup>①</sup>。虽然当前法律体系背离了土地有偿使用的相关条件,导致实际经济活动中普遍存在不合规范的集体建设用地流转现象,使得农民的土地产权地位不能得到充分保障,但并没有完全关上集体土地使用权流转的大门,我们可以从某些条款中找到集体土地使用权流转的法律依据,并可以从中得出该类制度的创新仍存在的一定空间。

（一）《宪法》留有创新空间

第一,《宪法》第十条规定:"城市土地的归属者为国家。而农村和城市郊区的相关土地资源,除了国有土地外,应该将其归属为集体;住宅基地和自留土地资源同理。"基于此,《宪法》是认可集体土地的存在的,同时也认可国有土地的存在,从字面角度而言,国有、集体土地不同的"身份"不应该影响各自主体的产权地位,其权利应该存在平等性。若国家有关机构能够依据法律行使对国有土地的相应权益,则集体所有者也应该在法律的范围内有享受集体土地相应权益,并且两类土地产权应该在市场中有统一的流转性。这为创新集体非农建设用地流转制度奠定了基础。

第二,《宪法》第十条第四款相关内容说明:"土地使用权可以依法流转"。当前形势下依照相关法律规定,土地主要包括国有土地和农民集体用地,基于此,该环节的土地使用权应该涵盖上述两种类型的土地使用权;同时也要涵盖农村土地和建设用地两种使用权。而流转的详细内容主

---

① 如1982年的《村镇建房用地管理条例》规定:"严禁买卖、出租和违法转让建房用地","出卖或出租建房用地的,限期将土地退回集体,没收全部所得款项,并处以罚款"。1982年的《国家建设征用土地条例》规定:"禁止任何单位直接向农村社队购地、租地或变相购地、租地。农村社队不得以土地入股的形式参与任何企业、事业的经营","买卖、租赁或变相买卖、租赁土地的,没收其非法所得。在非法占用的土地上建造的建筑物予以没收或拆除"。1986年的《民法通则》规定:"土地不得买卖、出租、抵押或者以其他形式非法转让"。1986年的《土地管理法》规定:"任何单位和个人不得侵占、买卖或者以其他形式非法转让土地","买卖或者以其他形式非法转让土地的,没收非法所得,限期拆除或者没收在买卖或者以其他形式非法转让的土地上新建的建筑物和其他设施,并可以对当事人处以罚款"。

要涉及常态下的出让、抵押和作价入股等多元化流转形式。

### （二）《土地管理法》并未完全否定集体建设用地流转

1.《土地管理法》第2条规定："土地使用权能够在法律规定范围内转让"，和宪法同理，该环节的使用权也要包括上述两种类型的土地使用权，且其在转让过程中的本质含义就是有偿使用。同时规定了当国家出于公共利益需要的情况下，可以在给予一定补偿后，对集体土地进行征收、征用。据此，虽然长期受"城乡二元结构"及土地"用途管制"的约束，我国农村集体建设用地流转一直存在限制，但并没有完全否定流转。

2.《土地管理法》第60条规定："农村集体经济组织使用乡（镇）土地利用总体规划确定的建设用地兴办企业或者与其他单位、个人以土地使用权入股、联营等形式共同举办企业的，应当持有关批准文件。"该条款在一定程度上是对集体建设用地使用权通过特定方式展开流转的有效许可。

3.《土地管理法》第62条第4款规定："农村村民出卖、出租、赠予住宅后，再申请宅基地的，不予批准。国家允许进城落户的农村村民依法自愿有偿退出宅基地，鼓励农村集体经济组织及其成员盘活利用闲置宅基地和闲置住宅。"这一条款允许了住宅的流转，但作为政府职能部门，其主要的工作内容是拒绝批准新的宅基地，而对于旧的宅基地而言，在过户程序上还缺乏相应的法律详细规定。在此情况下，住宅流转又不可规避地产生，这就要求相应制度及时地开展创新，加强集体建设用地流转的规范性管理。

4.《土地管理法》第63条规定："土地利用总体规划、城乡规划确定为工业、商业等经营性用途，并经依法登记的集体经营性建设用地，土地所有权人可以通过出让、出租等方式交由单位或者个人使用，并应当签订书面合同，载明土地界址、面积、动工期限、使用期限、土地用途、规划条件和双方其他权利义务。"基于此，该条款实际上开放了特定情形下的集体建设用地使用权在法律范围内的转移，这里的"等"字，可以充分说明法律体系的创新空间，这是今后进行调整的潜在内容。基于此，我们能够针对其开展制度上的调整和创新。

### （三）中央有关政策为创新集体建设用地流转制度指明了方向

1997 年，中共中央发布的 11 号文件中指出，"为了保护农民的利益，用于非农业建设的土地，在进行转让或者出租时，要严格进行审批，尤其是与本集体以外的单位或个人进行交易的"。这一规定扩大了集体土地使用权的主体，使土地的流转更加灵活，促进了存量集体建设用地使用权流转的发展。2003 年，国家发改委第 3 号文件中提出，"各地政府要落实好工作，鼓励集体建设用地流转或者采用土地置换等多种形式，吸引乡镇企业的投资，政府鼓励和支持乡镇企业进入小城镇发展"。2004 年，国务院第 28 号文件《关于深化改革严格土地管理的规定》中提出，"禁止将农田非法转变为建设用地，控制用地规模，在保护农田的前提下，允许和鼓励农民集体中的建设用地使用权的流转"。而 2006 年，国土资发 52 号文件，为非农建设用地合法流转做了一定的铺垫，其中指出，"要适应新农村的建设，就要允许集体建设用地使用权流转的试点，在此基础上，一步步推荐农村建设用地的增加，试点成功即可推广，并在推广的过程中不断地完善"，2008 年，我国政府高度重视农村土地流转工作，提议建设城乡统一的建设用地市场，并不断完善相关的法律法规。在党的十八届三中全会上，国家领导人再一次提出了有关农村非农建设用地流转改革的意见，并颁布了《中共中央关于全面深化改革若干重大问题的决定》，在符合法律规定的前提条件下，允许农村向非本集体的单位或者个人转让集体建设用地。2014 年，中央 1 号文件《关于全面深化农村改革加快推进农业现代化的若干意见》继续强调了关于推进城乡统一建设用地市场的改革，要求我国积极推进建设用地集体与国有土地同价同权政策，并制定专项法律法规对集体建设用地使用权流转的方式、程序等予以规范，科学合理地制定对应的土地收益分配机制，进一步推进我国农村集体建设用地制度的改革。2015 年，中央 1 号文件《关于加大改革创新力度 加快农业现代化建设的若干意见》进一步细化分类，进一步扩大了试点的范围。从这些政策和文件可以看出，我国集体建设用地的改革充分体现了时代性，根据现实情况的变化而及时调整改革政策，土地改革的大致方向是为农村集体建设用地的流转逐步松绑，促进土地流转的灵活性和多样性，是一个积极的改革方向，是符合时代要求以及新农村建设要求的改革方向。同年，我国出台了《关于农村土地征收、集体经营性建设用地入市、宅基地制度改革试点工作的意见》，在政策层面上极大地推进了集体经营性建设用地入市流转的进程。在能够切实保障我国农用地面积不流失的情况下、允许集体建设用地使用权流转在符合各项规划的条件下进行合法有序进行，不断加快推进土地确权及土地所有权登记并颁发证书的相关工作。2019 年中央 1 号文件《关于坚持农业农村优先发展做好"三农"工作的若干意见》针对农村土地问题提出：我国农村土地制度改革需在保持承包关系稳定，平稳过渡的基础上深化改革，完善配套政策，更好地服务土地制度建设。良好的土地市场交易环境离不开完善的法律规定的制约，因此要加快对农村集体建设用地使用权流转的相关立法工作的推进，制定统一的法律法规予以规范。因此，今后我国土地改革的方向，仍然是进一步开放集体建设用地流转，并不断完善相关的制度，但是由于土地改革涉及农民的切身利益，因此为了保护农民的利益，放开集体建设用地使用权流转必须是在法律和政策的严格要求和控制下平稳有序地进行。

## 二、国内外土地流转制度为制度创新提供了有益的经验

### （一）国外土地制度和土地流转介绍[①]

#### 1.英国的土地制度和土地流转

英国的封建领地制度于 15 世纪左右逐渐瓦解，现代土地制度逐步建立。"圈地运动"是英国建立现代土地制度的一个最主要的方式，英国的圈地运动最早兴起于 15 世纪的养羊业，于 17 世纪末 18 世纪初达到顶峰，

―――――――――――

① 该部分主要参考了唐忠著的《农村土地制度比较研究》，中国农业科技出版社1999年版。

圈地运动合法化并得到加强，使英国地权发生了两个变化：其一，大批小农失去了赖以生存的份地和分有地，土地公用权消失，土地私有权建立了起来；其二，土地所有权发生了大规模的流转，集中的、所有权与经营权分明的现代土地制度逐渐取代了模糊、分散的土地占有形式，土地的所有权和经营权逐渐分离，地主拥有土地的所有权，而租佃农场主则拥有土地的经营权。土地制度的转变，促使英国农业中阶级结构的转变，形成了"地主——农业资本家——农业雇佣工人"的阶级结构，在这一土地制度下，农业资本家经营的商业农场是最主要的组织形式。第二次世界大战之后，受战争的影响，英国的土地所有权再次发生了变化，为了增加土地税收，弥补财政赤字，政府鼓励农场经营者购买土地进行经营。从 1960 年到 1977 年，英国的租佃农场由 46% 下降到了 38%，而自营农场则由 54% 上升到了 62%，因此，土地所有权逐渐向私人集中，土地租赁不断减少，是目前英国土地制度和土地流转的最主要的特点。

2. 美国的土地制度和土地流转

美国是世界上经济文化最发达的国家，但是与其他发达国家不同的是，美国用了很短的时间，就成功地将土地制度演变为现代土地制度，这很大程度上是由美国的发展历史决定的。1942 年哥伦比亚踏上这块大陆的时候，欧洲的一些工业国家的封建土地制度就已经逐渐瓦解，而美国这一时期实行的是混合式土地制度，封建土地制度和私人占有并存。美国独立战争之后，实行了土地国有制度，废除了土地封建制度，鼓励开发者开发土地，但是开发者不能私自占有土地，而是享有优先购买权。政府将土地出售给农民耕种，资本家购买大规模土地构建农场，另外，当时美国非常重视军队的建设，军人土地奖赏是美国土地制度中的一大特色。

按照农场的所有关系，可以将美国的农业用地的所有权分为四个类别：（1）业主农场，即农场主完全拥有土地所有权的农场；（2）部分业主农场，即农场主只拥有农场的部分土地所有权，剩余的部分为农场主租用的；（3）租用农场，即农场主没有土地所有权，土地全部是租用的；（4）经理农场，即雇佣别人经营的农场。随着美国的经济重心的变化以及产业的现代化和专业化程度提高，美国的土地制度与土地流转也随之发生了变化，大型的农场越来越多，小规模以及中等规模的农场逐渐消失，农业的机械化程度越来越高，因此农业劳动人口也越来越少。

3.苏联、俄罗斯的土地制度和土地流转

苏联实行的是国家所有的土地制度，其中，国有农场是苏联土地制度中最明显的一个特点，也是最重要的农业生产组织形式，除了国有农场之外，农民和集体占有和使用剩下的农业用地。苏联解体之后，俄罗斯的政治体制和经济体制都发生了变化，实行了经济私有制和土地私有制，土地所有权拥有土地的所有权利，包括自由使用和买卖的权利，每位土地所有者拥有土地证书，作为土地使用最基本的凭证。俄罗斯在推行土地私有制度的基础上，探索了土地流转的方法，即根据地理位置等，给每一个农场和农庄赋予相应的地位级，用土地面积乘以地位级，得出面积极值总数，再将总数除以总成员人数，平均分配给每一个成员。成员在分配到土地之后，可以根据相应的级值对应的价格，进行交换或者出售，内部成员在明确自己的产权和地界之后，由集体向政府提交材料和申请，政府向成员颁发土地产权证书，这一政策进一步推进了俄罗斯土地的市场化。

4.法国的土地制度与土地流转

在1789年的大革命前，法国对土地的使用和管理非常严格，实行封建领地制，没有经过批准，个人不允许开发和圈占土地，实行强制性轮作制度。法国大革命爆发之后，贵族和教会的土地被没收，农民分到了土地，小农经济盛行。但是到了19世纪，法国大多数仅拥有小块土地的农民纷纷破产，而少部分大土地所有者则进一步扩大了土地规模，建立起大型农场。法国的土地市场有两种类型，第一类是市地市场，绝大多数是建设用地流转，第二类是农地市场，主要是农业用地的流转，这两种土地市场有着严格的划分，这也是法国土地制度和土地流转的一大特点。法国政府限制大农场的过度兼并，鼓励中型农场发展。

5.德国的土地制度与土地流转

与其他国家相比，德国的封建领地制出现比较早，但是发展却比较缓慢。在封建领地制发展的早期，劳役田庄是德国最重要的农业组织形式，农奴剥削是其主要的特点，随着德国的资本主义经济的发展，农奴剥削方式逐渐消失，取而代之的是资本主义的剥削方式，资本主义者在探索土地制度改良的同时，仍保存着很多封建残留，即"普鲁士的道路"，在这种改良道路的影响下，导致的结果是大部分农民变成了无地农民，少部分农民拥有少量土地，绝大多数的土地掌握在资本主义以及德国容克贵族手中。在德国，租佃关系同土地私有制相比，居于次要地位，而且地主处于主要的地位。虽然德国政府认为，租赁关系是一种有着良好弹性的工具，对改善农业结构、促进农业发展具有重要意义，但是实际上，佃农的权益非常有限，不能优先购买所租赁的土地，也不能自己指定继承人。因此，土地私有制居于主体地位，租佃次之，是德国土地制度和土地流转的主要特点。

6. 澳大利亚的土地制度与土地流转

在澳大利亚的现代土地制度中，最主要的一个特点就是，绝大部分的土地由联邦政府掌握，只有大约 15% 的土地是私有的。在联邦政府的公有土地中，38% 的土地是政府用地，剩下的以租借的形式，租给私人使用。澳大利亚的租佃土地的租期有的比较长，有的比较短，不太固定。另外，土地公有和土地私有之间的区别并不是很明显，他们几乎都是土地的持有者以及经营者，因此在澳大利亚的土地制度中，几乎没有地主和佃农，土地制度和土地流转的主要形式就是租借。

7. 日本的土地制度与土地流转

1873 年的地租改革，日本探索和建立了近代土地制度，实行封建地主土地所有制和封建土地租佃制，明确了土地所有者的私人所有权，土地的所有者需要向政府缴纳地租。二战之后，日本进行了土地改革，废除半封建农地制度，建立了自耕农体制。日本政府颁布了土地法律法规，严格管理土地，对土地的出租，有以下四条规定：第一，自耕地和佃耕地禁止出租或转租；第二，凡是不在村的地主，则视为放弃土地，不能拥有土地；第三，出租地的佃额用货币交纳；第四，地主收回出租地时，要经过严格的程序，并加以证明。从这些土地出租规定来看，日本的现代化土地制度改革充分保护了自耕农的权益，但是同时也限制了土地的自由流转，不利于农业的规模化和集约化发展。

### （二）我国台湾地区的土地制度和土地流转制度

1949 年以后，台湾地区结合自身现状制定并实施了一系列土地改革措施，针对土地所有权和使用权的相关内容进行了清晰明确的界定和说明。从整个台湾地区的发展历程来看，共经历过两次较大的土地改革。第一次进行土地改革的主要原因大致包括以下几方面：土地租金水平较高，佃权变化程度较大，租金金额固定性较强等。具体来讲，其涉及的内容包括：一是"三七五减租"，另外针对私有耕地，进行减租时应保证实际租额低于当年收获物收获量的 37.5%，另外当在租期范围内出现荒年时，应结合实际情况对租额进行适当减免。二是公地放领。也就是说承领共有土地的农户依法享有土地所有权。三是耕者有其田。该法一直沿用到 20 世纪 90 年代。随着台湾地区战略方针的改变以及外界形势的变化，为第二次土地改革的进行提供了良好的契机。随着第二次土地改革工作的推进，在这一过程中逐步形成了《农业发展条例》，对农民购买耕地、经营以及土地买卖等一系列内容进行了明确的规定和说明，为真正意义上实现土地的流转提供了重要的支持与帮助。

### （三）国外公共管理中城市土地利用规划的比较分析

1. 国外公共管理中城市土地利用规划的类型
（1）英国：法律法规指引型的城市土地的利用规划体系

完善的执法体系和法律体系是构成英国城市土地规划的两大体系。其中执法体系是指英国的土地管理执法部门，指的是签发城市土地利用规划许可的土地开发活动。而法律体系则是说明英国在公共管理方面有着完善的法律管理体系，这也就意味着对制定城市土地利用规划的法案具有法律约束力。在土地规划法律体系里，民主监督是英国公共管理中一个重要的制度，其中民主参与政策就是民主监督的反映。而这个制度在执法体系里的反映则是规划起诉，另一个反映是在执法过程中，中央政府对地方政府的强化监督管理。在英国，对公共管理的相关一切程序，尤其是关于开发土地的规划编制，或者是土地管理方面的，基本都有法定的公众参与到土地的规划和管理中。无一例外地，英国的民众对政府公共管理的参与度都比较高。普遍的民众认为自己有权参与国家的管理。一般来说，公众参与公共管理的程序有公众讨论、公众意见、公众评议、公正审核以及公正审查等。在公共管理体系中，英国民众的参与度比较强。强制执法起诉和规划起诉是城市土地利用规划方面起诉的两个不同的类型。土地对于我们人类来说，不仅是十分重要的资源，而且是我们赖以生存的不可缺少的资源，而且该资源是有限的，不可再生的。正因为土地如此的重要，所以对于土地的分配，英国政府十分重视。英国政府在对土地进行再分配的时候，通常会平衡城市近期和远期的要求，也会平衡不同利益的集团。例如，英国1974年颁布的土地规划法中就明文规定了政府拥有土地的开发权。而1975年的英国政府颁布的"社区土地法"则为政府出售土地、调配土地以及开发土地等行为提供了强有力的法律支援。英国政府为了便于开发土地，鼓励当地政府有关部门对土地进行开垦、调配、购置等，其中出台的相关政策就有"公私合作伙伴方案""城市开发集团""废弃土地复兴援助"等政策。

（2）德国：发展导向型的城市土地利用规划体系

在德国公共管理中，关于城市土地的规划有两个很明显的特色。第一个特色是优先保障城市土地的规划。对于德国这个国家来讲，城市土地利用规划的发展过程有三个比较明显的阶段。第一阶段是从1860年到1910年，这个阶段的城市土地规划是处于一种被动的模式。第二阶段是从1910年到1960年，这期间，城市土地规划从被动的模式逐步向主动的模式转化了。而第三个阶段则是1960年之后的时间，这个阶段是一个新的阶段，城市土地的规划变成了发展式的规划模式。在第三阶段的城市土地的规划工作中，有着非常显著的多学科性、政治性以及群众性的特性。德国对城市土地的规划依据是对社会经济进行全面的调查分析。这种对城市土地进行规划也有个好处，那就是能反过来通过投资计划，对社会经济的发展具有一定的调节作用。第二个特色是德国在对城市土地进行规划的时候，会用科学的方法来进行合理的规划。对于城市的用地，特别是建造用地，其用地的分类方法比较独特，能科学合理地进行规划。科学规划城市土地的前提就是能科学地进行分类土地用地。在德国，通常会把城市土地划分为四种类型，分别是工业用地、居住用地、混合用地以及特别用地。针对不同类型的用地，进一步划分为居住区、核心区、混合区等。每个片区都有其相对应的详细的规划核心。这样整个城市土地规划就具有非常明确的指导性和意向性。

（3）美国：宏观调控导向型的城市土地利用规划体系

在公共管理方面上，对于城市土地的规划，美国则更加重视宏观调控。在 1967 年，美国出台了最早的城市用地法规。20 世纪初，美国就已经开始进行城市土地利用规划了。著名的规划是 1909 年美国芝加哥城市的总体规划，这是一个里程碑。美国实行的是资本主义市场经济，由于这种市场经济具有掠夺性，因此导致了各方社会势力为了最大限度地独享资源，掌控全局，谋求各自的利益，而城市土地资源作为最有用的资源，必定会成为各大集团的掠夺对象。在美国早期，出现了大量混乱的用地；个别企业掌控全局，独享城市的土地资源等现象，导致市民的利益长期受损，对此政府不得不采取干预措施。城市土地利用规划管理部门也是在这个时期产生的，成为政府职能部门中的一个新兴职能部门。众所周知，土地是不可再生的，这也是它区别于其他资源的最重要因素，所以对土地的投资开发要慎之又慎，政府对土地要做好管理，因为一旦土地确认了用途，开始进行投资开发，那么之后想要再改变土地的用途就会变得比较困难了。在资本主义市场经济中，虽说市场能调节分配大多数的资源，但是唯独土地资源不是完全由市场经济来调控的，政府会对土地资源进行一定程度上的干预。政府之所以这样做，主要是为了规避传统市场经济的弊端。综上所述，现代美国城市土地利用规划体系有一个非常明显的特征，那就是宏观调控导向型的模式，政府通过一定的经济规划，指导其体系健康稳定地成长，服务于市场的经济发展。

美国和别的发达国家不同，对于城市土地的规划与控制，一般是地方政府负责的，地方政府对城市土地利用规划的权利要大于国家的权利。例如 1916 年，纽约市出台了第一项综合区划法令，以该法令来控制城市容积率、建筑的高度以及土地的使用。在 1922 年，美国商业部颁发了《标准州区划实行法案》，之所以会出台该法案，主要是因为美国商业部觉得土地的控制有利于对商业的发展。该法案的颁布促使州政府有权力授予市政府相同的权力。1993 年，美国最终形成了现今最新的法案版本。城市土地管理法案法规在不断地进行补充和修订，最终形成了一套比较完整的、系统的区划规定，迄今为止，仍旧发挥着其作用的区划决议。在当今的美国，这套决议是城市土地进行开发、设计、规划以及管理时所必须遵守的法律条款。

2. 国外公共管理城市土地利用规划的成功经验

（1）有健全的法制作为后盾

在很多发达的国家里，市场经济都比较成熟，所以也制定了相关的法律法规，其目的是规范城市土地的管理，明确土地的使用权、处理权、保有权等都有其对应的规定与程序。举个例子来说，美国就制定了一整套完整的、健全的土地管理法律法规系统，为的就是可以强有力地约束城市土地的管理。大到联邦政府，小到州、区、市，都有其相对应的城市土地管理的法律法规，而且最重要的是只要遵循下级的法律法规不能与上级的法律法规相冲突这一最基本的原则，那么下级政府则可以制定相对应的土地管理法律法规。关于土地资源的一系列管理，例如土地的开发、土地的使用、土地的规划、土地的征用、土地的权益等关于土地方面的内容都有相对应的法律法规可查询，做到有法可依，由此可见，美国政府有着健全完善的法律法规，这也是管理城市土地的坚强有力的后盾。在美国，城市土地管理的基本准则就是《联邦土地政策和管理法》。不仅美国有着健全完善的法律法规，英国、德国、法国以及韩国等国家也同样有着健全完善的法律法规来约束对土地的管理。

（2）有合理的城市土地规划

欧美发达国家在对土地进行管理的过程中，通常都比较注重土地的规划管理。像德国政府就制定了一系列的城市土地规划来进行土地的管理。德国把全国的土地划分为四个大的不同性质类型的土地用地，接着把这四个大类型的土地再进行详细的划分规划，用这种科学性合理性的方法来管理土地。而加拿大对城市土地的规划也和德国有相同的地方。加拿大是大致分为市级规划、地区级规划以及省级规划。其中市级规划制定是由法律条文《土地分区管理法》来约束，该法律条款有非常详细和具体的方法来规划管理城市土地。地区级规划是由地方政府来制定，然后再由省级来批准，有着严格合理的规划制度。而省级规划则是一种战略性以及政策性的规划方式。总之，这些欧美发达国家对城市土地的规划管理都有一套较完善较合理的管理模式。

（3）有良好的市场运作方式

在欧美发达国家里，对城市土地的利用规划，通常都有市场作为依托，例如像美国这个国家，则是利用了强有力的市场的运作。美国国内有着庞大的房地产交易市场，这市场资源有助于提高城市土地的利用率，因此用市场的运作方式来对城市土地利用规划进行调控。美国政府严格地控制着城市土地管理规划的同时，又对其留有灵活的市场运作方式。让城市土地利用规划来不断地适应市场的变化，而对于那些不可预见的因素则由国家来进行调控。这样城市土地的利用规划就可以最大限度地得到应用，避免了不合理的开发。

（4）政府能进行良好的调控

对于欧美发达国家来说，其城市土地利用规划受到政府的良好调控。政府对土地管理的调控通常有三个方面的内容。一是大多数欧美发达国家都会设立专门管理国有土地的机构，这类机构一般归国家所有，是保障国有土地的有力方式。二是在城市土地利用规划管理中，会采用主模式加多种模式的管理方法。不但有一个属于国家中央的土地管理部门，这个部门主要是起到一个主导的作用，而且在下级市或州等地区都会有相关的土地管理机构。三是纵向管理体制大多数是垂直的管理模式。以美国为例，代表着美国联邦政府管理土地的部门是美国内政部，在其下属机构中分别设置了不同类型的管理局，如矿产管理局、土地管理局、鱼类和野生动物管理局、地质调查局、国家公园管理局等不同性质的管理局。这是采取了横向的管理，并且在横向管理的模式上添加了1+N的模式。这种模式能很好地帮助政府对城市土地管理进行调控，能更加高效地实行土地的管理，最大限度地发挥政府的职能作用，且积极地促进并规划好城市的土地管理，提升居民的幸福指数。

综上所述，土地资源对于我们人类来说是何其重要的资源。土地不仅能给我们带来巨大的经济收益，而且土地还关乎国家生计和民众的生存，具有非常重要的综合调控作用。土地管理是政府公共管理中的一个重要的职能，其不仅能促进国家经济的发展，更能起到安定社会的作用。为此，掌握好公共管理的相关政策，可以更好地进行土地行政管理工作，提升其效益，推动管理目标的快速实现。

# 三、各地在试点中进行了成功的探索，积累了丰富的经验

## （一）集体建设用地流转试点情况

由于社会进程的推进和经济水平的提高，造成非农建设用地流转的相关规定难以与当前实际情况相适应，从而既导致了土地资源浪费现象的出现，同时也给土地管理和执法工作的开展造成了严重的阻碍。基于此，在20世纪末，我国选择在安徽省芜湖市推行并开展集体建设用地流转试点工作。在后续的时间内，又陆续在江苏省苏州市、河南省安阳市、浙江省湖州市等地开展了试点工作，并成立专门的考察小组对上述几个地区的试点工作落实情况进行了调查与分析，从理论和实践角度对集体建设用地流转管理、制度建设展开了综合全面的剖析。现阶段，全国各地均开展了相关

的试点工作，有效推动了流转制度的调整与优化。

1. 流转试点范围不断扩大

具体来讲，我国相关部门依法批准安徽省芜湖市开展试点工作后，首期试点范围仅仅局限于 6 个乡镇，而后向省厅提出申请并向上级相关部门进行报备，将试点工作的范围扩大到 14 个乡镇。

2. 流转试点的内容不断拓宽

浙江省在试点过程中，各个地区结合自身现状，开展了一系列符合自身特点的流转试点工作。苏州市借鉴以往"圈外"集体土地流转的成功经验，将试点工作进一步拓展到城市规划区内，进一步拓展了流转的范围，同时对土地收益的分配原则和形式加以明确界定和说明，最大限度地避免了土地所有者和使用者的权益受到侵害。

3. 形成了各具特色的流转管理模式

上海嘉定等地实行规划区内外同等对待，实行"保权让利"的管理模式。宁波、温州和常州市基本采用规划区内外同等对待，实行"转权让利"的管理模式。杭州、湖州等地方采用规划区内和规划区外分别对待的管理模式。

4. 制度建设也取得了进展

一是试点市、县在试行之初都制定了可行的流转试点方案、管理办法和标准文书，并在实施试点的过程中不断加以修正和完善。二是试点市、县，针对突出的问题制定了规范性文件。如重庆市渝北区的《农业产业结构调整中修建管理房、种养殖棚圈和农家乐使用集体土地试点意见》，安徽芜湖市的《关于芜湖市集体土地使用权抵押的若干意见》。三是各省（市、区）及时总结经验，研究出台了农村非农集体建设用地的规范性文件。一些省（自治区、直辖市）已经出台或正在起草农民集体建设用地使用权流转的规范性文件、政府规章和地方性法规。上海、河北、辽宁、江苏、福建、广西、四川等省（自治区、直辖市）出台了有关流转问题的规范性文件；重庆、浙江、安徽、山东、湖北、陕西等省（自治区、直辖市）已出台或正在起草有关的规章；重庆市还将农民集体建设用地使用权流转写入了正在起草的地方性法规；特别是 2005 年广东出台了《集体建设用地使用权流转管理办法》，这是全国第一个省（自治区、直辖市）级的法律性文件，标志着非农建设用地流转制度的创新进入了一个新的阶段。

## （二）试点取得的主要成效

### 1. 降低了企业用地的成本，加快了农村城市化进程

在试点工作具体落实过程中，利用土地置换的形式有效推动了城镇化水平的提高，同时也为农村地区的发展和进步提供了重要的保障。试点地区的城镇规模和基础设施建设水平明显好于非试点地区。在试点工作落实过程中选择将工业用地加以集中统一管理，从而进一步突出集聚效应。在整个园区中推行统一供地的方式，既能够有效缩减投资费用，同时还能够有效简化用地审批流程，因此得到了广大投资者的一致肯定和支持。例如，芜湖市三山镇过去采用的是先征为国有再出让的方式向企业供地，用地成本达到 12 万元，迫使企业转向村庄集体用地或分散用地，基础设施投资大，环保难达标。现在采用直接流转的办法，平均每亩只须支付 1.7 万元的费用，引来了双鹤药业等 10 家国内知名企业进驻，2002 年吸引投资 2530 万元，其中私人投资占到 90% 以上。广东省佛山市顺德区近年来通过集体建设用地流转初步完成了工业化，全区农村劳动力有 70% 以上从事非农生产，城市化水平已达 58%。全区工业总用地面积 64 平方公里，其中集体建设用地占 35% 以上。

### 2. 农民真正得到了实惠，农民生活水平有了显著提高

随着集体建设用地使用权合理流转在很大程度上避免了对农民土地财产权造成破坏，在试点工作开展过程中所涉及的农民群体的收入水平有着很大程度上的增加，生活压力得到了有效缓解。河南省安阳市通过对 17 个试点镇农民人均纯收益情况的实际测算得出结论：随着土地流转工作的落实，农民收入水平得到了很大程度的增长。另外，广东省政府结合该地区实际情况明确规定应将农村集体建设用地使用权流转收益的 30% 以上用于农民社会保障专项资金。江苏省昆山市针对农民实际需求成立了专门的

养老保险、教育资金和医疗保险等，另外还规定了2000元的最低保障线，当农民年收入低于这一数值时，应由农民所在的市、乡、村共同补齐。流转试点使农民真正得到了实惠，受到了农民群众的衷心拥护。

3. 土地利用效率提高，耕地得到了有效保护

在试点工作具体实践过程中严格依照具体规划，将集体建设用地流转与经济结构转型和升级、村镇改造以及乡镇企业改制等方面内容相结合，进一步促进土地资源的合理配置和利用。安阳市北关区郭家湾村用约90亩宅基地与国有城市土地进行了置换，实现了村庄的整体搬迁。随着芜湖试点工作的有效开展和落实，该地区每户占地面积由以往的500余平方米，下降到现在的160平方米。其中涉及的宅基地的面积达到2362.05亩。从集体建设用地流转的作用来看，主要体现在以下两方面：一是为土地规划的落实奠定了基础；二是促进了土地资源的合理配置和利用，有效避免了耕地资源被破坏和浪费现象的出现。

4. 进一步规范了土地市场秩序

从试点工作的具体实践过程能够发现，从法律层面确立集体建设用地使用权流转的地位，使其享有与国有土地相同的权利，并对其进行有效的管理与规范能够促进国有和集体土地市场的合理配置，符合市场经济公正、公开和统一的原则，有利于规范土地市场的正常秩序。据重庆市荣昌县（今荣昌区）、渝北区、永川市（今永川区）等试点地区反映，广大农民和集体土地使用者依法使用集体建设用地的意识增强，隐形交易现象大大减少。

（三）试点中存在的突出问题

一是存在操作不规范、管理不到位的现象。由于缺乏法规、政策的明确规定，各地开展的试点在如何流转、流转的条件、范围和程序、收益分配等方面做法不一，一些地方对政策的把握不准，操作不规范，管理不到位。比如有的试点地区出现了上收土地所有权的现象，将集体土地由"小集体"（村、组）流转为"大集体"（乡镇），再对外流转。有的试点地区规定由市、县人民政府办理所谓的"转用"审批手续，将集体土地转为

国有，代替征用审批。有的地方擅自扩大试点范围，随意圈占农民用地，用地总量缺乏控制。

二是配套改革没有跟上，增加了土地管理工作的难度。如征地制度改革，征地补偿标准过低，在允许集体建设用地流转的情况下，农民希望流转而不同意征用，这给正常的征地工作带来了阻力；在对土地产权实现形式的改革过程中，由于集体经济结构体系尚存在一定的局限性，农民的利益还无法得到根本的保障。现在许多地方基本上参照征地标准进行一次性补偿。

三是流转中土地收益分配不明确，有的地方政府分配收益比重过大。有的地方县（市）政府在审批流转时收取高达40%的土地收益金，乡镇、村也分别从中收取管理费等。

四是土地管理的基础性工作不到位。一些地方土地管理基础工作薄弱，集体土地所有权登记发证滞后；集体土地分等定级及基准地价、标定地价评定工作未开展；土地利用总体规划与城市规划、村镇建设规划不一致，土地利用总体规划不能完全适应当前地方经济发展的需要。

### （四）试点的制度建设可为国家立法提供宝贵经验

对于集体建设用地流转管理，各个地区结合自身现状纷纷构建了相应的管理制度，针对集体建设用地的一系列相关内容进行了深入的分析与研究，既有效促进了集体建设用地的正常流转，同时也为相关制度的制定和实施提供了重要的依据。

具体来讲，由于苏州地区开展试点工作的时间较早，因此对流转过程中所涉及的各方面内容都进行了一系列的实践，并且从中总结出了许多优秀的经验：一是推行集体建设用地有偿有限期流转制度。也就是说在集体建设用地流转过程中，同国有建设用地一样可以进行转让、租赁等。二是对两种市场进行集中统一管理。即对国有建设土地市场和集体建设用地市场一视同仁，同质同价，优质优价，劣质劣价，尽力实现"国有集体同价制度"。三是施行最低保护价制度，从根本上避免土地资产受到侵害。四是实施指标有偿调剂使用制度。五是实施收益合理分配制度等。[①]

不仅如此，在安徽省芜湖市试点工作开展过程中，还制定并实施了"占一补一"的制度。具体来讲，针对非农业建设满足审批条件的占用耕地，应严格遵循"占多少，垦多少"的原则，保证所占耕地数量和质量与补充耕地大致相同。实际上，这一原则在各项非农业建设依法用地中发挥着基础性的作用，同时也是确保耕地规模满足要求的主要途径。基于此，国家在对集体建设用地流转制度的调整与优化过程中，应充分吸收和借鉴芜湖市在实践过程中获得的宝贵经验。

另外，从整个流转试点工作的实践过程来看，应坚持以农民利益为重心，促进广大农民群体生活水平和质量的提高。福建省闽清县曾经进行过详细的统计和计算，假如将整个县级范围内登记在册的集体建设用地中的20%纳入流转范围内，返回乡镇村的收益将超过1886.56万元。这笔钱对乡镇村的基础设施建设将起到很重要的作用，而如果不将集体建设用地的流转工作纳入规范化的轨道，这些钱将直接进入转让者和受让者的腰包，农民得不到任何好处。由此能够明显看出，国家之所以重视对非农建设用地流转制度的调整与优化，一个重要原因就是保障农民群体的合法权益不受侵害。

## 四、启示和借鉴

### 1.农村集体建设用地流转是土地制度创新的必然要求

通过对整个世界范围内土地制度改革历程进行分析，我们发现，现阶段绝大多数国家都面临着非农用地流入市场的问题。对不同国家的土地制度演变历程进行对比与分析发现，其通常分为两个阶段：平均地权和农地规模经营。而在上述两个阶段中均与土地所有权和使用权的流转有着较为密切的联系。市场经济的产生与发展，为我国家庭联产承包责任制的大规

---

[①]姜爱林：《"苏州模式"与农村集体建设用地制度创新》，《数量经济技术经济研究》2001年第7期。

模推行提供了良好的契机，而在此基础上使得土地所有权和使用权得到了有效分离，从而大大激发广大农民群体的生产积极性，为我国经济的快速增长奠定了深厚的基础。但需要注意的是，该制度仍然存在一定的缺陷和不足，特别是国家、集体和农户三者之间的关系难以保持协调与统一，现阶段的土地市场尚存在诸多不合理之处，违法投机和交易现象仍然时有发生，对我国土地资源造成了严重的破坏。基于此，现阶段我国农地制度在调整与优化过程中亟待解决的问题包括：一是从法律层面对各个主体间的关系加以协调与统一；二是促进土地流转制度的补充与完善；三是保证土地市场的全面合理。对于综合全面的土地市场来讲，应包含农村集体建设用地市场，因此最终构建的土地流转制度也应将农村集体非建设用地纳入到覆盖范围之内。

2. 创新农村土地制度要坚持公有制

在建立健全土地所有权制度的过程中，应对西方国家的优秀经验加以充分借鉴和参考，但更重要的是与我国自身现状相结合。从土地所有权制度方面来讲，它在《物权法》中占据着基础性的地位，同时也有着属于自身的特色。其中一个重要方面就是土地公有制。也就是说国家和集体依法享有土地所有权，这既是维持我国社会平稳运行和发展的前提和基础，同时也是长时间内人民实践的产物和结果。之所以确立公有制，最主要的目的就是维持整个社会的平稳运行和发展，为广大人民群众的正常生产和生活提供必要的支持。另外，在我国农村土地制度的调整与优化过程中，同样发挥着关键性的作用。

3. 土地收益的合理确定是创新土地流转制度的关键

对于西方发达国家来讲，在土地流转过程中主要以土地租赁为主。且不同国家和地区结合自身现状，构建了符合本国国情的土地租赁制度。但在土地规模、品质以及区位条件等因素的影响下，土地租赁价格水平要普遍低于社会生产价格。基于此，经营者为了进一步巩固和提高自身利益，使得绝对地租和级差地租产生。而实际上，土地租金对整个土地经济效益有着较为直接的影响。同时，这一理论的产生也为我国土地改革工作的落实提供了重要的理论依据。由此可以看出，在对非农建设用地流转制度的调整与优化过程中，其中一个重要内容就是对这一过程中产生的土地收益加以确立，同时保证对其进行合理分配。

# 第七章 农村集体建设用地流转模式研究

从我国农村集体建设用地流转的整个实践过程来看，既有来自基层的自发性改革，同时在这一过程中也与地方政府有着较为直接的联系。从整体情况来看，虽然集体土地流转尚存在诸多方面的缺陷和不足，但从农民的自发创新到小范围的地方试点，各地针对流转管理的相关内容均进行了不同程度上的实践和摸索，并在此基础上逐步产生了不同类型的集体建设用地流转管理模式。具体来讲，现阶段存在的管理模式大致包括："转权让利"模式、"保权让利"模式和规划区内外分别对待模式。

## 一、试点地区典型模式

在选择试点地区差异性的影响下导致实际选择的模式也存在一定的区别和差异，但其主要目的是大致相同的，而上述试点工作的深入落实也为全国性的管理规范的确立提供了重要的理论依据。

### （一）"保权让利"芜湖模式

从芜湖市的整个发展历程来看，在 20 世纪末土地私自流转的现象就已经普遍发生。随着时间的推移，这种情况非但没有得到有效遏制，反而愈演愈烈。为了有效解决这一情况，相关部门将芜湖地区确立为试点地区，以便对集体土地流转的相关问题给予有效处理和解决，在这一过程中芜湖市结合自身特点逐步形成了符合自身需求的管理模式。"保权让利"模式，实际上就是在保证所有权不发生变化的前提下，通过对国有土地管理方式的借鉴与参考，将集体建设用地的使用权按照一定期间进行租赁、转让等，并将其产生的绝大多数收益上交到集体当中。这一模式一经推出得到了众多地区的应用，其中较为典型的有上海嘉定、江苏无锡等。另外，在满足城市总体规划的要求以及不对基本农田保护产生影响的条件下，集体建设用地可进入到市场中进行合理流转。利用整理土地和复耕等方式维持集体建设用地的整体规模，从而保证占补耕地的协调与统一。而从芜湖市的整个实践过程来看，政府在其中发挥着至关重要的作用。具体来讲，首先乡镇政府利用签订合同的形式依法享有集体建设用地的使用权，并将其提供给相应的需求主体，并将在这一过程中产生的收益按照预先协商分配给涉及的各个主体。但需要注意的是，农民并未在这一过程中获得额外的收益。实际分配到农民手中的钱与征地补偿款大致相同。实际上，在这一过程中受益者主要为地方政府和村委会。在这种背景下，贪污腐败现象最终对集体建设用地的流转造成了严重的负面影响。因此，芜湖模式虽然在某些方面值得借鉴与参考，但仍然存在较为明显的缺陷和不足，我们应对具体试点实践过程中暴露出的问题加以深刻反思。

### （二）天津"以宅基地换房"模式

天津市实行的"以宅基地换房"，就是农民用宅基地换取城镇住宅。这种模式的主要做法是在国家现行政策下，严格遵循承包责任制，维持耕地面积不受影响，保证农民的积极主动性，提高城镇化水平。农民可依据相关标准与要求将原来的宅基地兑换为小城镇住宅，并且原有宅基地复垦为耕地后，村民仍然依法享有承包权。这种模式是建立在村民自愿的基础上，对村里宅基地进行价值评估，然后再定一个基准线并以此为标准来确定"以房换地"时的补偿、补差。这种模式将农民还迁后多余的宅基地进行复垦，在保证耕地占补平衡后，所剩余的土地应依法转化为国有性质，用于市场正常流通，将宅基地的财产性功能在真正意义上体现出来。

天津市的"以宅基地换房"模式的主要原则是：家庭联产承包责任制不变，可耕种土地面积不减，尊重农民意愿，以宅基地换房。在这一原则的指引下，天津市将集约出来的土地复垦为耕地，从而保证实际耕地规模不会受到影响，最大限度地避免了农民土地承包经营权受到影响，确保了耕地的占补平衡；"以房换地"的改革过程中，将集约出来的建设用地进行经营性建设开发，从而带动农村经济的发展，又盘活了小城镇的资金，实现了资金的闭合。

天津的"以房换地"模式有效地解决了房地之间的矛盾，宅基地的复耕有效保护了耕地，实现了土地的集约化利用，增加了农民的收入，同时使宅基地这一农村建设用地得到了充分合理的利用，提高了资源利用率。但这一模式仍然存在一定的局限性。包括农民未来时间段内的生活保障等，这些问题都亟待解决。

（三）邛崃模式分析

2015 年邛崃市在成都市出台的一系列文件的基础上，结合本市自身的情况，相继出台了《关于引进社会资金投入农村土地综合整治挂钩项目的指导意见》《邛崃市社会资金投资农民集中建房整理项目集体建设用地指标使用和流转的指导意见（试行）》等一系列政策性文件，为推进农村建设用地的开发利用提供了便利条件和政策支撑。

邛崃模式的主要做法：为加强对耕地的保护，改善城乡的用地结构，提高土地利用率，邛崃市先后对集体建设用地进行使用权确权登记、土地集中整理。2015 年邛崃市将 2013 年"4·20"地震的灾后重建工作同推进新型城镇化相结合，探索农村宅基地退出补偿机制，对到城市和小城镇购房居住、不参与农村集中居住区建设，且在邛崃城区、羊安镇、夹关镇、火井镇等中心镇购房的农户，腾出的宅基地按照每亩 30 万元的标准给予农户一次性货币补偿；同时，根据农户购买商品房面积大小，再给予房屋总价 1%—1.5% 的购房补贴。邛崃市对节余出来的宅基地报经批准后变更为集体经营性建设用地，并根据新的规划设计条件进行公开交易后才能用于商业综合体建设，并对集体经营性建设用地的实际使用人颁发土地使用证，保障使用人的合法权益。为了规范宅基地有偿退出机制，2015 年 6 月，邛崃市印发了《邛崃市深化集体建设用地开发利用机制创新实施方案》，规范了农村建设用地的开发利用，完善了宅基地退出机制。这一实施方案的主要措施是：一是在有项目落地需求又无城乡增减挂钩项目的地区，根据农民自愿有偿退出宅基地的意愿，打包农民集中建房整理项目，并将剩余的建设用地指标，挑选出符合相关标准和要求的地区用于土地流转；二是有意愿使用存量宅基地建设图斑的地块，投资者与集体经济组织签订投资协议并缴纳履约保证金后，且集体经济组织对原实际使用农户进行补偿以后，按照规划部门出具的新的规划设计条件，以公开流转的方式，将集体建设用地用于发展旅游娱乐、工业仓储、农产品加工等。这一实施方案的颁布对规范宅基地的有偿退出、盘活节余土地、创新集体建设用地发展方式、增加农民收入具有重要的指导意义，解决了宅基地退出工作中可能出现的问题，提高了农民的积极性。

### （四）嘉兴"两分两换"模式

对于该模式来讲，实际上就是指将农民的宅基地和承包地相分离，使得彼此保持较为独立的状态。分别利用农民的宅基地和承包地换区城镇住房和社会保障。从其作用来看主要体现在以下几方面：一是在最大程度上满足了农民的实际需求，充分激发了广大农民的积极性与主动性；二是进一步提高了土地资源的利用效率，能够将土地价值充分体现出来。对于该模式来讲，其是在嘉兴农民建房难以有效管理，大规模宅基地难以得到有效利用等条件下产生的，与当时的社会现状相适应，在维持社会平稳运行与发展，提高土地利用效率等方面发挥着积极的作用。但需要注意的是该模式同样存在一定的缺陷和不足，具体表现为被征地农民就业问题难以得到有效解决，被征地农民难以适应城镇生活等。

### （五）重庆"地票"模式

该模式是现存的流转模式中的重要一种。其特点主要表现为实际流程较为完善，涉及复垦、验收、交易和使用四个环节。通过对"地票模式"

进行分析能够从中总结出具体流程。首先由相关部门进行合理规划，然后指定土地权利人对集体建设用地进行复垦，并将满足相关标准和要求的耕地进行合理拍卖，将拍卖过程中产生的收益分配给农民家庭。从该模式的作用来看，主要体现在以下三方面：一是进一步扩大了耕地规模；二是有效避免耕地质量受到影响；三是保证土地资源的合理配置和利用。

### （六）四川都江堰的"联合建房"模式

该模式的形成与汶川地震的灾后重建工作有着较为直接的联系。具体来讲，就是指将集体建设用地进行确权，结合实际情况进行合理统计并颁发相应的证书，在农村产权交易平台的支持下将社会资金用作宅基地住房重建项目的落实，而联建房可依法获得部分宅基地的使用权和房屋产权。对于该措施来讲，既能够为宅基地住房重建工作的开展提供相应的资金支持，同时也有利于推动农村产权制度的调整与优化。从该模式的作用来讲，主要体现在以下三方面：一是进一步拓宽了宅基地住房重建的融资途径；二是提高了宅基地使用主体的法律地位；三是保障了宅基地所有权不受侵害。

## 二、管理模式的比较分析

从全国范围看，各个地区的流转模式可大致概括为以下几种：

### （一）规划区内外同等对待，实行"转权让利"的管理模式

#### 1. 模式的内容

"转权让利"是指在集体建设用地流转时，将集体建设用地的所有权转为国有，并补办国有土地出让或租赁手续，收取的土地收益大部分返还集体经济组织。这里的"转权"是指通过征地，将集体土地所有权变为国家土地所有权，然后统一出让。"让利"指的是在集体建设用地所有权性质发生改变的过程中，按照"谁投资，谁受益"和公平合理的分配原则将土地收益按照一定的比例进行分配。该模式为浙江宁波市、温州市、山东威海市、江苏常州市等地区所采纳。

从该模式的作用来看，能够有效解决和处理集体建设用地自发性交易行为普遍发生，经济秩序难以得到有效管理与规范等一系列问题，并将其纳入国有土地使用权市场管理体系当中。实际上，该模式坚持"同种产权，同一市场"，始终坚持国家在土地使用权流转过程中的核心地位，国家进一步加强对土地出让市场的管理与规范，避免违法行为在市场范围内的滋生。即对集体建设用地实施"统一规划、统一征用、统一开发、统一出让、统一管理"。[①]

对于规划区范围内外的集体建设用地流转来讲，"转权让利"的管理模式均要求将集体土地的所有权划为国有，由国家进行管理。但从福建晋江、广东顺德、浙江湖州等地区的实践过程来看，其逐渐出现了一种特殊模式。该模式下，城市建成区内的大部分土地所有权仍为集体所有，但当时政府按照相关规定对该部分土地进行了补偿，也就是说这部分土地的使用权已经划为国有，并且其流转同样纳入到了城镇国有土地流转市场当中。所以，集体已经丧失对土地使用权的流转，而这一实际流转过程中的收益也与集体并不存在直接的联系。

2. 模式的评价

（1）从"利"的角度看

首先，"转权让利"的管理模式和现行法律相协调。《土地管理法》第43条规定："任何主体在建设过程中涉及到土地的，必须依法提出相应的申请。"《城市房地产管理法》第9条规定："在城市规划区中涉及到的集体所有土地，当其性质转化为国有土地后，才可以对其使用权进行合理流转。"由此可以明显看出，该模式有坚实的法律基础。

其次，"转权让利"的管理模式符合城市化发展的要求。从整个世界范围内的城市化进程推进过程来看，当城市化水平达到30%时，城市化进

①刘明皓、邱道持、汪红群：《集体非农建设用地流转模式的比较与对策》，《贵州师范大学学报》（自然科学版）2002年第3期。

程会保持一个高速状态推进，而现阶段我国正处于这一临界点上<sup>①</sup>，这也就意味着在未来的时间内我国城市化水平将会保持一个较高的增长速度。而对于城市化的构成来讲，主要涉及两方面内容：人口和土地。所以在城市化的推进过程中，必然会导致农村集体土地的性质发生改变。

再次，"转权让利"的管理模式具有实际上的可操作性和客观效果的良好性。（1）山东省威海市、广东省深圳市、江苏省昆山市等对农民集体建设用地采取"转权让利"办法，实现国有化的实践是成功的。（2）能够进一步保证土地依法管理与经济建设服务之间关系的协调与统一。（3）保证土地相关政策得到深入有效落实。（4）有利于政府进一步加强对土地的管理与规范，避免土地资源受到损失。（5）有利于培育依法、统一、规范的土地市场。（6）有利于乡（镇）企业平等竞争。（7）有利于土地收益的合理分配。

（2）从"弊"的角度看

首先，实施起来困难。由于征地计划的特殊性，导致国家征用土地与土地规划之间难以保持协调与统一。另外，假如将小宗土地均转化为国有性质，必然会造成实际管理上的混乱，从而导致实际土地管理效率难以有效提升。

其次，难以保证集体土地所有权。对于集体建设用地来讲，往往遵循着"先国有后出让"的原则，而在这种背景下难以保证集体土地所有权的独立性和平等性。

再次，增加了政府征地负担。对于征地行为来讲，由于其带有一定的强制性，因此在实践过程中往往会产生一定的冲突和矛盾。其中既涉及个人与集体之间的冲突与矛盾，同时也涉及国家这一主体。另外，由于在实际征地过程中涉及诸多环节，因此在具体实践过程中所产生的成本费用也相对较高。

最后，对土地正常流转产生了一定的阻碍。难以与土地资源的资产属性与市场规则相适应，无法将市场的作用充分发挥出来。

---

① 《2017年中国城市化率及都市圈发展情况分析》，产业信息网，2017年8月8日。

### （二）规划区内外同等对待，实行"保权让利"的管理模式

#### 1. 模式的内容

"保权让利"是指在保持集体土地所有权不变的前提下，仿照国有土地有偿使用管理的方式，将集体土地使用权按一定年限转让、出租、入股、联营，土地收益大部分留给集体经济组织的管理模式。该模式将集体建设用地与国有土地纳入同一土地市场，实行国有和集体土地"两种产权、同一市场，统一管理"。在该模式中的集体建设用地与国有土地划分到同一土地市场当中，从而在真正意义上实现了两者的统一管理。[①]上海嘉定、江苏无锡等地均采用这种管理模式。

而对于"两种产权"来讲，实际上指的是在城市规划范围内存在两种土地所有权，"同一市场"代表的是国家和集体所有两种不同性质的土地使用权在同一个市场中正常流转。也就是说在整个市场中两者保持相同的地位。而"统一管理"则是指将两种性质的土地使用权进行集中统一管理。

在"保权让利"模式的影响下，不管是集体建设用地是否处于规范范围之内，不管是土地使用者具备哪种性质，其中所涉及的相关企业均可以依照相关的流程，在保证集体土地所有权维持不变的前提下，对集体建设用地进行合理规划和利用。

#### 2. 模式的评价

（1）从"利"的角度看

首先，有利于集体土地所有权的实现。"保权让利"模式中进一步突出了土地所有者在整个交易环节中的核心地位，通过土地所有权和使用权保持相对独立的状态，从而实现集体建设用地使用权的合理流转，从而在真正意义上使得集体土地所有权能够得以实现。

其次，与市场经济发展趋势相适应。由于土地产权的特殊性，导致其在配置过程中的市场化水平相对较高。而在这一背景下土地产权能够"借

---

① 王民忠：《制度创新向纵深推进——聚焦集体建设用地流转试点进展及制度设计》，《中国土地》2002年第11期。

助于商品的各小部分的所有权证书，将其划分为不同部分并依次投入到市场当中"[①]。在维持集体土地所有权不发生变化的前提下，集体建设用地使用权进入到市场当中，是市场经济逐渐趋于成熟和完善的重要标志。

再次，加快城市化进程。由于该模式在管理和分配过程中的灵活性较强，从而让广大农民群体充分享受到了益处，并且还在很大程度上缓解了城市化进程推进过程中产生的资金压力，进一步推动了整个地区的进步和发展。

最后，提高工作效率。由于该模式土地所有权不转移，因此其涉及的流程较为简便，所以能够进一步提高土地流转的效率，进一步提高对城市建设用地的利用程度。

（2）从"弊"的角度看

"保权让利"模式与当前阶段的土地法律制度存在诸多方面的相悖之处，从而使得其中涉及的各个主体的合法权益难以得到有效保障。另外，该模式的施行还对整个国有土地市场的正常运行造成了一定的负面影响，从而进一步增加了政府对土地进行有效管理的难度。

## （三）规划区内外分别对待的管理模式

### 1. 模式的内容

通过对该模式进行分析发现，针对规划区内外不同的情况其选择了不同的管理方法。对于规划区范围内所涉及的集体建设用地使用权流转的，主要侧重于使用"转权让利"的方法，在将集体土地所有权的性质发生转变后，根据相关的标准与要求对有关手续进行办理；而针对规划区范围外的集体建设用地，当满足实际规划要求且依法获得建设用地使用权的，可不需要对集体土地所有权性质进行调整，由土地所有者按照一定期限对集体建设用地的使用权进行转让和租赁等，并且其中产生的收益由土地所有者获取。从该模式应用的典型地区来看，主要包括浙江省杭州市、湖州市等地区。

---

① 《马克思恩格斯全集》第46卷（下），人民出版社1980年版，第446页。

2. 模式的评价

通过对该模式进行综合全面的分析能够发现，其做到了对"转权让利"模式和"保权让利"模式两者优点的集中统一。一方面，以全局角度作为切入点，既对城市化进程推进过程中的土地规划相关内容进行了全面分析，同时也重视与农村地区实际情况相结合。另一方面，该模式与现阶段的法律制度更加契合，并且对国有土地市场造成的影响也更小。但从根本上来讲，在建成区内主要侧重于一种产权，也就是说在规范区范围内国有土地仍然占据着核心地位。具体情况可参考下表。

| 农村集体建设用地流转基本管理模式比较 | | |
|---|---|---|
| 管理模式 | 转权让利模式 | 保权让利模式 | 规划区内外分别对待模式 |
| 代表地区 | 宁波市、威海市、常州市 | 上海嘉定、江苏无锡 | 杭州市、湖州市 |
| 核心内容 | 同种产权<br>同一市场 | 两种产权<br>统一市场 | 规划区内，"转权让利"<br>规划区外，"保权让利" |
| 特　点 | 1. 坚持国有土地的核心地位<br>2. 土地权利市场化水平相对较低 | 1. 在规划区范围内并不具备国有土地的垄断性<br>2. 土地权利市场化水平相对较高 | 1. 在规划区范围内坚持国有土地的核心地位<br>2. 在规划区范围之外土地权利市场化水平较高 |
| 入市方式 | 间接入市 | 直接入市 | 规划区内，间接入市<br>规划区外，直接入市 |
| 优　势 | 1. 进一步加强政府宏观调控<br>2. 提高管理力度与广度 | 1. 在分配和管理过程中的灵活性更强<br>2. 有效促进土地流转效率的提高 | 以整体角度作为切入点促进土地制度的调整与优化 |
| 不足 | 1. 政府征地过程中的资金压力进一步扩大<br>2. 对土地流转的进行造成了一定的负面影响 | 1. 管理困难程度较高<br>2. 对国有土地市场的正常运行产生的负面影响较低 | 仍然存在着"转权让利"模式的局限性 |

# 三、启示和结论

通过对上述所提到的三种模式进行综合、全面的比较与分析，我们可以从中得到以下几方面结论：

1. 创新农村集体建设用地流转制度势在必行。以往的供给模式难以与当前社会发展现状相适应，现阶段产生的流转问题主要依靠法律制度进行处理，不但涉及的成本费用相对较高，并且产生的效果并不显著。而要想在真正意义上解决这一问题，最关键的是结合农村非农建设用地流转的特征，从法律层面对其地位加以确立。

2. 农村集体建设用地流转应采取"保权让利"的模式。对于集体建设用地的流转来讲，其主要局限于土地使用权，并不是所有权，因此，"保权让利"的模式与集体建设用地的流转要求更加契合。

3. 集体建设用地流转的主要目的是逐步构建出科学合理的制度体系，推动土地市场逐渐趋于成熟与完善。将社会范围内的各个主体都纳入其中，进一步提高土地的利用效率，促进城镇化水平的全面有效提升。

# 第八章　农村集体建设用地流转法律制度构建

## 一、农村集体建设用地流转法律体系的构建

### （一）明晰土地产权是集体建设用地流转的前提条件

产权制度的构建在集体建设用地流转的过程中发挥着基础性的作用。另外，集体土地产权在其中占据着至关重要的地位。要想集体建设用地使用权流转合理有序地开展和落实，最关键的就是保证土地产权关系明晰、权能明确。现阶段，我国农村集体建设用地相关制度体系仍然存在诸多方面的缺陷和不足，具体表现为以下几方面：一是集体土地所有权主体混乱[1]；二是农村集体土地所有权处于名存实亡的虚化状态中；三是集体经济组织所具备的土地处分权并未得到有效保障[2]；四是土地产权制度的保障力度不足。在对集体土地进行处理前，应提前确立产权主体，对涉及产权主体所应承担的权利和义务加以明确界定和说明，并以此作为依据实现对利益的合理分配。

具体来讲，主要分为以下几方面：一是对集体土地所有权主体加以明确。《土地管理法》中明确表示集体土地所有权属于农民，而农业集体经

[1] 刘燕萍、陈烨：《市场经济体制下我国农村集体土地所有权制度构建思路》，《中国土地科学》1998年第4期。

[2] 汪红群、刘明皓、邱道持：《集体非农建设用地流转模式探讨》，《重庆师范学院学报》（自然科学版）2002年第2期。

济组织仅行使经营、管理之权。而集体土地财产权的行使，以及行使财产权的合法性，并未在法律层面中加以明确规定和说明。另外，由于现阶段实施的法律并未对农村集体土地所有权主体加以明确界定，因此在权力行使过程中，难以将农民群体的实际需求体现出来。因此，要通过完善法律，并确立集体土地所有权的代表。笔者认为，结合当前我国实际情况应确立土地法人所有权，从而在根本上保障农民集体土地产权得以实现，土地能够合理有效运转。但需要注意的是，所确立的法人所有权主体必须在农民集体中确立，另外，还应重视对法人组织结构体系的调整与优化。

二是重视对集体土地使用权结构的调整与优化。通过对国有土地产权体系的充分吸收和借鉴，对集体土地所有权、使用权之外的其他权利加以界定，并在此基础上对不同产权的权能加以明确，从而在真正意义上实现公有制背景下，国有土地和集体土地产权的协调与统一。另外，将集体土地使用权确立为物权，同时将其赋予农民，为农村集体土地的正常运转提供必要的支持与保障，让土地管理职能和集体土地权能在真正意义上体现出来。

三是促进集体土地产权登记制度的补充与完善。土地产权登记制度在整个土地产权管理制度体系中发挥着关键性的作用，同时也是对土地市场进行有效管理的重视方式和途径。从集体建设用地的整个流转过程来看，往往涉及多个利益主体，因此构建科学完善的土地产权登记制度是很有必要的。另外，在我国《土地管理法》中明确规定，集体土地所有权必须进行登记。但在具体实践过程中，在诸多因素的影响下，并未取得较为显著的效果。由此可以看出，在未来的时间内应进一步提高对集体土地产权登记的重视程度。

（二）建立全国性的专门农村集体建设用地流转的法律制度

通过对《民法典》《土地管理法》等法律进行分析能够发现，其大多仅仅局限于原则性方面的内容，而对于地方性规章制度来讲往往与当地实际情况更加契合，从而导致两者往往存在一定程度上的区别和差异，最终对未来时间内的发展造成一定的负面影响。因此，现阶段应结合集体建设用地流转现状建立健全相应的全国性法律制度，虽然在现阶段诸多因素的影响下，导致相关法律制度难以在短时间内形成，由国务院制定《农村集体建设用地流转条例》，对集体建设用地土地使用权流转的相关内容加以界定，从而为流转工作的开展提供一定的理论依据。同时能够为未来时间内《集体建设用地流转法》的制定和出台奠定深厚的基础。

### （三）修改限制集体建设用地流转的法律条款

由上述内容能够发现，我国法律并不是对集体建设用地流转持否定的态度，仅仅是对其有着一定的制约和限制。另外，《宪法》《土地管理法》《农业法》等一系列法律仍然存在较大程度上的提升空间，基于此，在未来的时间内应结合具体情况对非农建设用地流转的相关内容进行明确的界定和说明，不仅如此，还要重视对《土地管理法》《城市房地产管理法》等一系列法律的调整与优化，从根本上处理和解决法律和现实之间的冲突和矛盾，同时实现对流转行为的有效管理与规范。

## 二、农村集体建设用地流转的制度设计

### （一）制度设计的总体思路

实际上，对我国农村集体建设用地流转制度进行调整与优化，就是结合当前试点工作落实的具体情况，对世界范围内土地流转实践经验进行充分吸收与借鉴，对集体建设用地权利体系进行调整与优化；在保证集体土地所有权不发生改变的基础上，实现土地使用权和所有权的分离，将其上升为"准所有权"[①]；将市场的作用进一步发挥出来，结合当前社会发展趋势以及集体建设用地现状构建综合全面的流转制度，并在此基础上形成相应的管理体系，推动整个土地市场逐渐趋于成熟与完善，促进整个地区经济水平的全面有效提升。

---

①孙弘：《论集体建设用地使用权流转制度》，《经济与管理研究》2002年第5期。

## （二）农村集体建设用地流转的基本原则

具体来讲，实际上体现的是在整个集体建设用地流转过程中所遵循的思想和准则，在整个流转环节中发挥着基础性的作用，同时也是集体土地使用权流转制度得以构建的前提和基础。对于集体建设用地流转工作来讲，在具体落实过程中应严格遵循以下几方面原则：

1. 依法流转的原则

市场经济特征之一是经营者有较大的自主权，但它不是自由经济，其自主经营必须符合法律框架，土地交易双方追求利润最大化的行为必须符合法律规定。首先，流转的主体要合法。其次，流转的客体要合法。再次，流转的行为要合法。最后，流转程序要符合法律的规定。

2. 土地所有权和使用权分离原则

根据《宪法》的有关规定，只有土地使用权可以依法转让。因此在开展集体建设用地流转工作的过程中，应对国有土地使用权的管理经验加以充分吸收和借鉴，实行土地所有权和使用权分离，集体非农建用地使用权按法定程序实行有偿、有限期的流转制度。

3. 自愿互利原则

集体建设用地流转属于市场行为，必须遵守市场规则，土地交易双方根据自己所掌握的土地资源信息，自愿将土地流转到效率最高的土地利用，从而获得一定的收益，政府应当减少或不动用行政命令。因此，在流转的过程中应当坚持契约自由，以免造成流转双方的利益损失。

4. 土地使用管制原则

由于土地的稀有性和不可再生性，假如不重视对土地进行管理与规范，提高对土地资源的利用效率，将会在很大程度上制约和限制整个人类的发展与进步。而对于土地管理与规范来讲，其涉及的内容主要包括以下几方面：对土地所有者、使用者权利和义务的划分、对使用标准的确立、对土地使用期限的确立、对使用用途的说明以及土地使用方法的选择等。在土地流转的过程中，应该符合法律对土地使用的限制，从而进一步提高土地资源的利用效率。另外，在土地管理与规范过程中，必须保证与市场发展趋势相契合，进一步提高土地流转的效率。

5. 协调原则

容许集体建设用地合法流转必然出现两个土地市场，而国有土地市场和集体土地市场都有自身的社会功能，一般不具有相互替代性，因此要通过自律与他律手段使国有土地市场和集体土地市场互为协调，符合集体土地市场既不冲击国有土地市场，也不冲击耕地保护的既定政策。

6. 产权登记原则

对不动产物权流转进行登记，是我国对土地流转进行管理与规范的有效途径。现行法律、法规对这一方面内容有着详细说明，当不动产物权在未经登记的条件下进行流转的，均视为无效。所以，集体建设用地流转也要贯彻这个原则。

（三）流转范围

1. 可流转土地的范围

通过将集体建设用地与农用地进行对比与分析能够发现，两者存在较为明显的比较效益。当并不对集体建设用地的流转范围加以明确限制时，将会导致集体建设用地的规模进一步扩大，从而对农用地的数量和质量造成严重的冲击。基于此，对于涉及的流转土地来讲，应保证其在土地整体规范范围之内。但对于特殊情况应做突破，针对公路交通用地，可将农村集体组织土地使用权用于作价入股。[①]

2. 受让主体的范围

由于集体建设用地流转过程中所涉及的市场化程度相对较高，因此应彻底打破现阶段法律制度的制约和限制，进一步扩大受让主体的范围。另外，受让主体的构成既可以是集体经济组织成员，同时也可以是非本集体

---

① 其实，上海市已经进行了成功的探索。上海市规定，对于高速公路网建设中需要使用集体土地的，可采用土地使用权合作方式。由被用地的集体经济组织以土地使用权参与项目合作，被用地农民身份不变。

经济组织成员。

3. 用途范围

"通常情况下，当并不是一定要使用国有土地的，均可以维持原有的土地所有权性质，并利用土地流转的方式提供相应的土地"。[①]另外，还可以成为乡镇企业用地、公共设施、公益事业建设用地、农民个人住宅用地等。结合当前土地市场发展趋势以及我国实际社会发展现状，现阶段集体建设用地流转应禁止用于商品房开发。之所以出现这种情况，主要原因在于难以对房地产开发总量进行准确的控制和把握，同时，由于产权形式复杂，也难以保证商品住宅交易的安全。

### （四）流转条件和流转后的使用期限

要想让集体建设用地能够得到正常运转，必须满足以下几个条件：

1. 符合规划要求

一方面，流转的土地要符合国家建设用地的总体规划，另一方面，流转的土地在使用目的上要符合城市规划、村镇规划和满足土地利用年度计划。这是集体建设用地流转的前提条件。

2. 权属合法、四至清楚、没有纠纷

对于流转的集体建设用地，必须保证所涉及土地的所有权和使用权清晰明确，另外，土地所有者与使用者之间有着密切的联系。这是保证集体建设用地得以正常流转的前提和基础。

在集体建设用地流转的期限确立方面，各试点有不同规定，有的规定3—5年，有的规定10—15年，也有不设定最高年限的。在制度设计时，应结合土地使用权的开发建设和利用，保证所确立的期限不宜过短；另外，由于进行集体建设用地流转的主要目的在于提高农民的收益，因此在确立期限时也不应过长。基于此，在具体确立过程中应充分借鉴与参考《城镇

---

① 程久苗：《农村集体建设用地流转制度的创建及相关问题的思考》，《南京农业大学学报》2002年第3期。

国有土地使用权出让和转让暂行条例》，其确立的最高年限，应低于相同类型的国有土地使用权的最高年限。

## （五）流转方式

### 1.初次流转的方式——出让

具体来讲，主要指的是集体土地所有者选择将土地使用权确定给单位或个人使用，集体建设用地的使用权由最初的所有者流转到使用者。在这个层次上所形成的市场可称之为流转的"一级市场"。

由于集体建设用地使用权同样具备物权的部分性质，随着时间的推移与国有建设用地使用权之间的联系不断密切，所以在对集体建设用地使用权进行确立过程中，以《城镇国有土地使用权出让、转让暂行条例》作为主要依据，对相关内容加以界定和说明。同时，对使用期限内产生的土地收益向使用者进行一次性的收取，并将土地使用权进行合法转让。这也是土地使用权得以确立的唯一途径。

### 2.再次流转的方式

对于该方式来讲，指的是集体建设用地使用权人将土地使用权让渡到其他单位和个人手中，由于这一过程的进行是在"一级市场"的背景下进行的，所以，可将其看作"二级市场"。具体来讲，在流转过程中所涉及的方式和途径主要包括以下几方面：

### （1）作价入股

指的是通过将一定期限内的集体建设用地使用权的价值进行准确的分析和判断，并以出资或入股的形式参与到企业当中，根据实际出资金额或股份获得相应的收益，在这种背景下，其他土地使用者依法享有对集体建设用地的使用权。该方式是集体建设用地使用权"物权化"的最直接体现。尽管有学者认为集体建设用地所有权人有健全的集体组织机构，有能力自行行使民事权利，所以把其看成是初次流转的方式。但从上述内容来看，仅仅是将土地使用权理解为所有权的权能。从根本上来讲，将集体建设用地使用权进行作价入股，侧重点在于权利而不是土地。也就是说，要想顺利进行作价入股，一个重要前提和基础就是具备集体建设用地的使用权。由此能够明显看出，集体建设用地使用权作价入股，实际上在集体建设用地使用权得到确立后产生的有效流转，只能是采取再次流转的方式。

（2）出租

指的是在一定期限内将土地的使用权转移到承租人的手中，并向承租人收取一定租金的行为。学者高富平认为，"针对土地使用权租赁过程中所产生的使用权，应对西方发达国家中涉及的租赁地产权进行有效借鉴与参考，将其纳入到物权法范围当中，作为不动产物权"①，但本人在研究过程中发现，如果过分参照西方发展国家的经验和模式，可能会难以与我国实际情况相适应，同时由于我国土地使用权制度尚存在一定的缺陷和不足，因此这一方式的推行可能会对整个土地市场造成强烈的冲击。而在以往的研究过程中，部分学者将土地所有权人出租建设用地的行为看作集体建设用地使用权的流转，这也是极其不合理的。同时，从中也反映出了对土地使用权和所有权的界定较为模式化。目前，对集体建设用地使用权进行出租仅仅局限于二级市场。

（3）转让

指的是土地使用权人将其享有的土地使用权进行再次转移。而一旦难以将集体用地的使用权进行有效的转移，就难以将市场的资源配置作用充分发挥出来。考虑到土地资源的稀缺性且供应有限，《城镇国有土地使用权出让、转让暂行条例》通过采取控制开发比例的方式限制土地使用权的转让。实际上其主要目的在于对投机行为进行有效的管理与规范，现阶段需要重点解决的问题是对集体建设用地使用权转让的标准和流程加以明确界定，而不是将土地的开发与否作为限制转让的条件。

3. 关于联营、抵押和土地置换方式

不论理论派还是实务派均认为联营以及抵押是流转最具代表性的方式。然而结合民法典来理解，联营实际上能够为紧密型，也能够为非紧密型。

---

① 高富平：《土地使用权和用益物权》，法律出版社2001年版，第143页。

后者又可以称作是合同型联营，其指参与合作的各方通过合同的方式共同商讨管理模式、投资方案以及收益分配方案。紧密型联营通常和合资极为相似。所以，在对流转的过程中采用联营的方式，本质上来说就是将土地使用权进行估价之后再入股或者进行租赁，是一类不具备独立性的方式。与之不同的是，抵押权又可以称作担保物权，若抵押权并未达成，则土地使用权并未出现流转，而在抵押权达成的过程中，对土地使用权予以流转的方式则通常为租赁、转让或者是通过估价予以入股，所以，虽然在抵押权实现的过程中土地使用权的权属问题出现变化，但是抵押却依旧无法作为一种流转模式。至于江苏昆山等地创造的"土地置换"方式[①]，虽然缓解了新增建设用地对用地指标的压力，但仍处在理论初探阶段，不典型。

（六）流转程序

按照上述阐述，集体建设用地流转可以划分为两种方式，其一为初次流转，其二为再次流转，初次流转指的是出让，再次流转包括转让、抵押等。由于初次流转和再次流转涉及的主体、利益不同，所以从程序方面而言存在不同。

1. 集体建设用地初次流转的程序

（1）申请。由土地所有权者持原批准使用土地的批复或者非农业建设用地使用证、接受流转方的项目批文和有关部门的规划意见并向县级以上土地管理部门提交正式申请，并且还应当由相关机构进行估价。

（2）许可。在乡镇土地管理部门予以初审通过后，再由市县土地管理部门对其上交的申请材料予以审核，主要明确其权属情况，用地是不是跟现阶段政府规划相符，有没有通过审批等，对条件相符的申请则通过审批，并颁发流转许可证，在许可证上还应当明确标注用地面积、具体位置、审批年限以及实际用途等。

（3）正式签署流转合同。在颁发流转许可证之后，所有者以及使用

---

[①] 即"原企业建设用地复垦整治的土地可与新增量建设用地实行等面积交换"的方式。

者需要按照存在差异的流转方式正式签署与之对应的土地流转合同。

（4）登记。在双方正式签署流转合同之后，土地使用者应当根据合同约定缴纳相关费用，而土地所有者同样需要根据合同约定按时转移土地使用权，参与各方必须携带流转许可证以及流转合同前往市县级土地管理部门予以登记，同时获得集体建设用地使用权证。

2. 集体建设用地再次流转的程序

（1）正式签署流转合同。在按照规定获取用地使用权证之后，土地使用者可以把流转条件以及土地情况在公开交易市场予以交易，通过拍卖、招标或者是签订合同的方式来达成协议，签订流转合同。

（2）核定土地增值费。由土地使用者持相关材料，向土地管理部门提出申请，核定土地增值费。

（3）办理土地登记手续。流转方向土地管理部门付清土地增值费后，参与方持共同签订的协议向市县级土地管理部门进行登记，经过审批之后获得土地使用权证或是相关证明文件。

## （七）流转收益

### 1. 流转收益的重要性

由现阶段国内实际情况可以看出，针对最终收益分配而言，农村集体建设用地在流转过程中"处于一种不稳定、不规范的发展状态"[①]。具体来说，政府往往凭借法律这一强制性方式来获取土地收益分配，这一举措很大程度上维护了国家利益，然而却损害了农民的实际利益；同时，在较长一段时间内，我国存在税、租、费三方面关系混乱的情况，以费代税、以税代租以及税费不分的状况非常常见，这些状况均对非农集体建设用地流转造成很大损害。在大力发展市场经济的前提下，土地同样是一项商品，其收益必须予以科学分配，只有这样，土地的商品经济属性才能得到充分

---

① 汪红群、刘明皓、邱道持：《集体非农建设用地流转模式探讨》，《重庆师范学院学报》（自然科学版）2002年第2期。

的展示。所以，如何对集体建设用地估价、如何科学分配流转收益是现阶段集体建设用地流转管控过程中需要解决的核心问题。

2. 流转收益的界定

按照上文所述，针对农村集体建设用地流转方式而言，最具代表性的为出让、转让、出租、作价入股四种。集体建设用地所有权人通过出让土地使用权的方式获取收益，而使用者则可以通过租赁、转让或者入股的方式来取得收益，该类收益均是通过土地使用权流转而取得。我们把这些出让金、租金、红利、转让金等又称作"流转收益"。同时，按照建设用地使用权流转进行交易的市场，又可以将其收益划分成两类，其一为一级市场收益，其二为二级市场收益；按照收益的具体呈现方式同样可以划分成两类，其一为股权收益，其二为实物收益。

3. 流转收益的分配

针对集体建设用地使用权流转流程而言，对于流转主体来说，其仅仅是土地所有权或者是使用权两个主体，所以，流转收益必须在两个主体之间予以分配。由于在流转时，政府同样尽到了统筹、审批和监管等重要职能，学术界认为，流转收益必须在两个方面予以分配：其一为土地所有人、使用人以及各个投资方之间的收益分配；其二为政府和流转过程中各参与方间的收益分配。[①] 然而从非农建设用地流转方面来看，它和国有土地使用权流转存在很大差异，政府不再充当监管人以及所有人的角色，国家只能按照税法的规定对收益人进行合理征税。针对收益分配来说，其首次分配主要是以产权为基础，二次分配则主要是以税制为基础，所以集体建设用地在流转的过程中形成的收益应当由其所有人或使用人拥有，政府则主要凭借税费的方式来获取合法收益。

对集体建设用地流转收益应当科学地予以分配，关键是要确定各利益主体之间的收益分配比例……制度设计中，流转方应当获取大部分收益，

---

① 谭术魁、彭补拙：《农村集体建设用地直接流转的支撑体系研究》，《财经研究》2002年第10期。

以此来对土地使用者的投资进行弥补，针对增值部分，则可以根据协议约定和所有人进行合理分配，具体比例可根据各地的情况通过民主决策的机制予以处理。参与流转的各方必须依法纳税。

## 三、农村集体建设用地流转的配套措施改革

### （一）征地制度

集体建设用地在入市流转过程中和征地制度改革相辅相成。首先，只有让集体建设用地进入市场进行交易，才可以让集体经济组织融入社会经济之中，通过各种方式来确保经济建设方面的用地需求并以此获取土地收益的目标。其次，既让集体建设用地可以自由交易同时又对它严加管控，也能够推动征地制度的变革创新。现阶段，与集体建设用地流转相关的征地制度改革主要有两点：（1）缩小征地范围。为了解决现行征地制度中"公共利益"与"非公共利益"不做区分的弊病，必须确保征地范围始终维持在"公共利益"领域中，仅仅在以公共利益为前提的情况下土地征收权才可以行使。主要涵盖：能源交通用地、公益与福利事业用地、军事用地、公共设施用地；其他公认或法院裁定的公共利益用地。针对用于经营方面而言，若是牵涉到集体建设用地，则仅仅可以通过入股、出租等方式进行。如此一来便可以减少建设项目使用集体用地产生的问题。（2）不断增大市价补偿范围。对于征用集体建设用地而言，不管通过怎样的方式获取，均必须将农用地市价当作其征用费标准。始终秉承公平补偿这一基本原则，可以确定征用补偿金应当涵盖两个方面，其一为征用地市价，其二为补助金。从我国具体情形看，集体用地市价必须反映其多项功能，也就是社会保障功能、生产资料功能和未来发展功能。同时，"农村集体其他土地的补偿必然也要随之提高"[①]。

---

①程久苗：《农村集体建设用地流转制度的创建及相关问题的思考》，《南京农业大学学报》2002年第3期。

## （二）地籍管理制度

地籍管理制度在土地市场管控过程中是不可或缺的制度，其为确保产权清晰以及稳定权属问题的依据，通常涵盖地籍调查、土地估价、统计、登记以及档案管理等多项工作。低级管理除了是对集体土地进行严加管控的根本，同时也是确保集体建设用地正常流转的重要前提。当前地籍管理制度改革主要应有以下几个方面：

1. 加强地籍调查。必须将县当作基本单位，明确所有土地的地理位置、土地类别、质量、产权情况、四至等。

2. 科学分等定级。必须确保集体建设用地的合理化、制度化，应当确保集体土地和国有土地保持一致，进行合理等级划分，秉承集体用地与国有土地价格相近的基本原则，通过拥有许可证的中介评估机构按照土地位置、肥力、产值、收益等情况，得出科学的估价或者结合地理位置相近且用途相似的国有土地予以估价。

3. 建立最低保护价。为避免集体土地流转价格有失公允，造成损失，政府必须按照国有土地流转价格，再联系辖区内具体情况，根据用地目的的差异，创建科学合理的最低保护价。集体建设用地流转中的实际交易价格低于最低保护价的，县级以上人民政府不予批准，同时要求参与方弥补差价。针对不予弥补的一方，政府有权撤销审批文件，并且此次流转判定为无效。

4. 归纳与妥善保管各种地籍档案文件。给集体用地进行有效管控以及维护土地交易市场的正常运营提供各类参考资料。

## （三）建设用地审批制度

现阶段，国内土地用途管控主要是凭借两个方式进行，其一为征地审批，其二为农地转用审批。在明确集体用地可以在市场予以交易之后，绝大多数农地转用不再运用征用方式，建设用地可以运用转用审批的方式予以管理。按照土地管理法的相关制度，乡镇级农地转用应当由市级政府予以审批。这将导致出现两个严重后果：一是用途管制可能弱化；二是对用途管控的管理层级不断下降。该类举措会对保护耕地造成负面作用。所以，怎样对用途管制的相关机制予以优化，加大力度对辖区中政府农地转用的审批流程进行管控以及约束是现阶段国土资源管理部门应当高度关注的问题[①]，按照现阶段的规章以及满足农地转用相关条件，创新举措主要涵盖三个方面：第一，建立健全农地转用审批台账以及备案体系。对于市级政府予以审批的土地，必须要创建完善的台账，同时还应当依法向上级国土资源部门予以备案，同时无条件接受省级政府的监管。第二，不断强化对用地方面的监管。部省级相关部门必须充分运用高科技技术，尤其是运用卫星遥感技术，对下属辖区内用地状况予以监控，同时还应当定期进行巡检，若发现不合法行径，必须马上予以改正并严加处置，甚至可以对所在区域内农地转用审批权限予以冻结。第三，加大力度分析用地管控配套设施的创新变革，不断完善农地转用审批机制，同时还应当不断优化配套设施的建设用地审批流程以及监管机制。

（四）土地利用规划制度

集体建设用地在依法进行流转之后，还应当跟所属区域内的整体规划相符，若是相违背，则流转行为无效。然而从现阶段情形来看，城乡规划情况很难对土地流转予以管控以及发挥出正确引导作用。第一，过去在制定城乡规划的过程中更为重视中心城区的实际用地需要以及整体规划，并未着重关注城乡以及村镇的统筹规划；第二，村庄和集镇规划，与城市规划相比更显滞后；第三，绝大部分区域并不具备乡镇整体规划，导致农地转用缺乏法律依据。另外，集体建设用地流转加大了规划实施和管理的难度，对现阶段实行的城乡规划制度予以优化变革是实现城市化以及集体建设用地流转的重要措施。（1）出台《城乡规划法》。现阶段实施的《村庄和集镇规划建设管理条例》以及《城市规划法》显然无法和现阶

---

①胡玉贤：《关于创建集体建设用地流转新制度的若干思考》，《资源产业》2003年第2期。

段城乡经济结合以及城市化发展进程相匹配。并且由于集体建设用地得以在市场进行自由交易，城乡一致的用地市场也将会取得快速发展，从客观上来说，以往城乡管理机制存在差异的状况将有所改善，有利于完善城乡空间规划以及相关建设的统筹规划，建立相对完善的《城乡规划法》。（2）强化对规划制定以及监督方面的资金投入。确保规划得以合理引导城乡共同发展，同时推动集体建设用地的自由流转。（3）禁止使用集体建设用地进行房地产开发。实现国家对房地产市场的统一管理。

# 第九章　征地补偿制度研究

## 一、调整征地补偿的现行法律制度

土地征收或征用制度的相关规定散见于《宪法》《土地管理法实施条例》《土地管理法》《物权法》等法律条文内，我国各级土地主管部门结合《土地管理法实施条例》以及《土地管理法》，针对农村征地的详细流程制定与之对应的规章制度。针对部门规章而言，一般涵盖《征用土地公告办法》《国土资源听证规定》《国土资源部关于完善征地补偿安置制度的指导意见》等。该类法律条文以及具体章程均明确了土地征用补偿的审批流程、具体细则以及补偿等方面内容。

### （一）征地补偿的原则

《宪法》第十条第三款中明确规定，政府为确保公共利益不受损，能够根据相关法律条文对土地予以征用，同时依法进行补偿。

《民法典》明确规定，为确保公共利益不受损，可以根据相关法律条文的具体权限以及流程征用集体用地或个体、组织单位所有的房屋或相关不动产。由于救灾或抢险的实际需求，能够根据相关法律条文的具体权限以及流程征用个体、组织单位所拥有的相关动产以及不动产。

《土地管理法》第二条第二款规定，政府为确保公共利益不受损，能够按照相关法律条文规定对土地予以征用，同时根据规定进行补偿。同时规定所有个体或组织单位由于建设需要必须用地的，可以按照法律规定申请使用国有土地；在这之中不包括村民自主建造住宅以及建立乡镇企业并根据法律规定审批通过可以运用集体建设土地的，或发展社会公益与公共基础设施项目并通过审批得以运用集体建设土地的情况。

《城市管理法》第八条规定，城市统筹规划内的集体建设用地，经过流转成为国有土地之后才可以进入市场进行流转。

### （二）征地的主体

《土地管理法》明确规定，政府征用土地的情况下，必须按照标准化流程进行审批，同时经过县级以上政府对外公示之后予以实施。

《土地管理法实施条例》第二十五条第一款规定，征用土地方案在审核通过之后，需要在被征用土地所属辖区的市县政府内予以实施。

### （三）补偿标准

《土地管理法》第四十七条规定："征收土地的，按照被征收土地的原用途给予补偿。征收耕地的补偿费用包括土地补偿费、安置补助费以及地上附着物和青苗的补偿费。征收耕地的土地补偿费，为该耕地被征收前三年平均年产值的六至十倍。征收耕地的安置补助费，按照需要安置的农业人口数计算。需要安置的农业人口数，按照被征收的耕地数量除以征地前被征收单位平均每人占有耕地的数量计算。每一个需要安置的农业人口的安置补助费标准，为该耕地被征收前三年平均年产值的四至六倍。但是，每公顷被征收耕地的安置补助费，最高不得超过被征收前三年平均年产值的十五倍。征收其他土地的土地补偿费和安置补助费标准，由省、自治区、直辖市参照征收耕地的土地补偿费和安置补助费的标准规定。被征收土地上的附着物和青苗的补偿标准，由省、自治区、直辖市规定。征收城市郊区的菜地，用地单位应当按照国家有关规定缴纳新菜地开发建设基金。依照本条第二款的规定支付土地补偿费和安置补助费，尚不能使需要安置的农民保持原有生活水平的，经省、自治区、直辖市人民政府批准，可以增加安置补助费。但是，土地补偿费和安置补助费的总和不得超过土地被征收前三年平均年产值的三十倍。国务院根据社会、经济发展水平，在特殊情况下，可以提高征收耕地的土地补偿费和安置补助费的标准。"

《土地管理法实施条例》第二十六条规定："土地补偿费归农村集体经济组织所有；地上附着物及青苗补偿费归地上附着物及青苗的所有者所有。征用土地的安置补助费必须专款专用，不得挪作他用。需要安置的人员由农村集体经济组织安置的，安置补助费支付给农村集体经济组织，由农村集体经济组织管理和使用；由其他单位安置的，安置补助费支付给安置单位；不需要统一安置的，安置补助费发放给被安置人员个人或者征得被安置人员同意后用于支付被安置人员的保险费用。"

《关于完善征地补偿安置制度的指导意见》第一条规定：第一，明确统一年产值标准。省国土管理部门必须联合其他部门共同确定辖区内不同市县耕地年产值的最低标准值，同时由省级政府予以审批后贯彻落实。在明确统一年产值标准的过程中必须充分衡量被征用地质量、类别、安置人员实际投入以及地面作物价值等重要因素。第二，明确统一年产值倍数。安置补助金以及土地补偿费的统一年产值倍数必须秉承着维持所在区域民众以往生活质量的基本原则下确定，若无法确保所在区域内民众以往生活质量或无法保证由于失去耕地造成的当地民众社会保障费用偿付的，在通过省级政府审批之后必须确保其倍数上升；值得强调的是，安置补助金以及土地补偿金总计倍数应当控制在三十倍之内，若依旧无法确保所在区域民众维持以往生活质量的，则所在地区政府应当予以安排，对其进行补助。通过合法方式必须征收基本农田的，则补偿标准必须根据所在地区政府对外公示的最高标准予以补偿。

（四）征地补偿的范围

《土地管理法》指出，对耕地进行征用所需支付的补偿金通常涵盖三个方面，其一为安置补助金，其二为土地补偿金，其三为地面建筑物与植被作物补偿金。《民法典》与新《土地管理法》相衔接，完善了被征地农民的补偿制度，在原有的土地补偿费、安置补助费、地上附着物和青苗的补偿以及社会保障费用的基础上，增加村民住宅补偿费用，并将其纳入法定的补偿范围，而且明确要及时足额支付。

（五）审批权限

《土地管理法》第四十四条规定，建设项目需要征用土地，若牵涉到农用地征用，则必须依法进行审批。对于省市级政府审批通过的管线、道路以及公共项目设施、由国务院予以审批通过的建设项目用地，若牵涉到农地转用，则必须通过国务院审批。隶属于城镇以及村庄统筹规划内的建设用地，为确保规划的顺利实施必须要征用农用地的，则应当根据用地年度规划分批进行，同时由之前对统筹规划进行审批的部门予以审批。针对通过审批的土地，细分至具体项目时必须通过县（市）政府审批。同时排除该条第二款与第三款之外的项目征用农地时，必须经过省市级政府的审批。

《土地管理法》第四十五条规定，下述三种情况需要征用土地的，必须经过国务院审批：第一，基本农田；第二，并不是基本农田，但是占用耕地面积在 35 公顷之上的；第三，用地面积高达 70 公顷以上的。若征用上述条款之外的土地，则必须经过省市级政府审批，并依法上报国务院予以备案。而征用农地的，则必须根据第四十四条相关规定取得批准。其中，获得国务院审批的农地转用项目，可以一起进行征地审批流程；若通过省市级政府审批的农地转用，可以一起进行征地审批流程，若并不具备审批权限，则必须根据本条例第一款的相关规定重新获取征地批准。

（六）征地补偿的程序

《土地管理法》明确提出，政府征收土地时，根据相关流程获得审批之后，再由县级政府进行公示并予以贯彻执行。而这一区域的土地使用权者以及所有权者均应当在规定时间里，带上相关产权证明至有关部门进行补偿登记。同时表示，在征地方案通过审批，则所在区域的县（市）政府必须予以贯彻落实，同时把审批征地部门、文件、征地面积、目的与补偿方案、所在区域居民安置方案等，在被征用地所在区域的村镇对外公示，所在区域土地使用权者以及所有权者应当在规定时间里，带上相关权属证明至有关部门进行补偿登记。被征地所属国土管理部门应当按照具体征地方案，联合其余部门制定安置以及补偿方案，在被征地所在区域的乡镇对外公示，并广听民声，吸纳建设性建议。安置以及补偿方案在通过县市政府审批之后，通过下述国土资源部门贯彻落实，针对补偿方案存在异议的，通过县级政府予以调解；调解失败的，则应当通过审批征地的政府予以协商得出决策，安置以及补偿方面的异议切不可对征地方案的贯彻落实造成影响。征地的补偿金必须于通过安置以及补偿方案的 90 日内予以偿付。

《国务院关于深化改革严格土地管理的决定》是由国务院予以颁布的，2004 年 10 月开始实施。其指出，必须不断优化征地补偿方案，对被征用土地的居民进行安置，完善征地流程，同时强化对征地方案贯彻落实情况的监督力度。

《征用土地公告办法》是由国土资源部制定的，于 2002 年 1 月开始执行。其明确了征地补偿方面的实施细则。第八条规定，对于征地补偿安置、方案公告应当包括下列内容：（1）本集体经济组织被征收土地的位置、地类、面积，地上附着物和青苗的种类、数量，需要安置的农业人口的数量；（2）土地补偿费的标准、数额、支付对象和支付方式；（3）安置补助费的标准、数额、支付对象和支付方式；（4）地上附着物和青苗的补偿标准和支付方式；（5）农业人员的具体安置途径；（6）其他有关征地补偿、安置的具体措施。第十四条规定，对于没有根据法律规定予以对外公示的，被征地居民以及组织均可以要求政府部门予以公示，同时也可以不予办理登记手续。对于没有根据法律规定对其安置以及补偿方案进行公示的，被征地居民以及组织均可以要求政府予以公示，同时也可以不予办理安置手续。

《关于完善征地补偿安置制度的指导意见》（以下简称《意见》）是由国务院下属国土资源部制定的，并且在 2004 年 1 月予以执行，明确要因地制宜确定征地补偿标准，保障被征地农民长远生计。在这一《意见》之中有三个条款值得注意：第一，必须公告具体征地状况。在对征地进行审批之前，所在区域相关部门必须把征地的具体位置、安置方案、土地用途以及补偿方案等通过正式的方式进行公告，确保被征地区域内的居民以及经济组织均知晓。予以公示之后，若所在区域内的居民以及经济组织在所在区域内栽种植被作物或者建造房屋等均不进行赔偿。第二，明确征地调查结果。所在区域国土资源部必须对准备征收的土地类型、实际面积、产权和地面建筑物或农作物的实际情况做出详细调查，其调查结果还应当跟所在区域内的居民以及所有人或使用权人予以明确。第三，积极召开征地听证会。在对征地上报审批之前，所在区域国土资源部门还必须要通知所在地区的居民以及经济组织，明确其对未来征地偿付标准以及安置方案均具备参与听证会的权利。由所在区域居民或经济组织自行申请参与听证会，同时根据《国土资源听证规定》的具体要求和流程召开听证会。

## 二、现行征地补偿法律制度的不足与缺陷

### （一）征地范围过宽

公共利益的一般用途是明确政府有没有滥用征地权，所以对公共利益进行明确至关重要。然而长时间以来，我国法律对公共利益的界定范围都是不明确的，现阶段施行的《宪法》中第三条第十三款规定，政府为确保公共利益不受损，能够根据相关法律条文对土地予以征用，同时依法进行补偿。在《民法典》"物权编"中指出，为确保公共利益不受损，可以根据相关法律条文的具体权限以及流程征用集体用地或个体、组织单位所有的房屋或相关不动产。在《土地管理法》中的第二条规定，政府为确保公共利益不受损，能够根据相关法律条文对土地予以征用，同时依法进行补偿。该类条例均指出，征地必须以公共利益需求作为基础，简而言之，仅仅由于单独个体或者经济组织的利益需求，不可以进行征地。由此可见，法律仅仅是对公共利益进行明确规定，然而现阶段什么项目是隶属公共利益却非常模糊，是否属于公共利益很大程度由主管部门或领导干部根据自身意愿进行裁决，由此便导致政府在征地方面容易形成职权滥用。

《土地管理法》规定：任何单位和个人进行建设，需要使用土地的，必须依法申请使用国有土地。即国家垄断着一级土地市场，任何不属于本集体经济组织的单位或个人需要使用土地，都必须先转化为国有土地，也只有国有土地使用权才能上市流转，因而征地权行使就必须请求政府动用征地权，使集体土地性质转变，征地就成了农地转用的唯一合法的渠道。从现阶段我国实际经济情况不难发现，建设用地依旧具有较大市场。除公益项目之外，其余建设需要征用集体土地，在实际操作中均存在许多不合法行径。有的地方政府的维护"公共利益"为名，在并未获取被征地居民同意的前提下通过较低的补偿标准予以强制性征用，随后再通过政府的名义进行流转，任由建设项目征用，以商业营利为目的的征用成为土地征用的主要类型。在这过程中，地方政府可以获取大额差价收益。由于缺乏完善的征地行使权机制，造成征地逐渐对外拓展，导致"征地悖论"的产生，并造成公共利益违背其自身定义。同时导致被征地所在区域内的居民权益无法得到维护。

（二）补偿非市场化

土地征收补偿为法律规定的一项补偿方案。土地征用为政府主导的一项权利，政府在进行征用的过程中，被征收居民或组织均必须予以配合。并且，按照法律所秉承的公平公正这一基本原则，在征收或者征用过程中会对被征地居民或集体经济组织造成负面影响的，政府必须进行相应补偿，以此来维护被征地个体或者组织单位遭遇的损失。对于补偿标准而言，从全球各个国家的情况来看，绝大部分运用的是完全补偿方案。从我国实际情况来看，征地制度依旧延续计划经济的方式，充分反映个体应当以国家利益为重的特点，凭借损害农民权益的方式来推动工业快速发展，进而推动整体经济快速发展。该类征地制度通常体现于补偿方案内，现阶段依旧秉承着低补偿标准，显然，该标准并不符合现阶段市场化需求。从实际情况来看，现阶段我国征地补偿机制依旧具有下述不足：补偿依据缺乏合理性、补偿范围窄、补偿安置方式不科学、补偿费的分配不合理等。

### （三）征地程序不合理

科学合理的征地流程能够有效杜绝征地机构的蛮横行径，确保被征地区域内的民众和政府部门保持相互信任，缓解当地居民跟政府部门间的矛盾，进而保证工作的高效性。然而，按照现阶段农村征地法律规定，征地流程并未遵循标准化原则，通常有下述几方面不足：

1. 征地对外公示时间滞后。我国相关法律条文明确规定，征地补偿方案一般要在征地方案确定并且通过审批之后才会通过公告的方式对外公布，由此一来，征地方案通常都是由相关行政部门予以决策，关于补偿方案的内容，被征地农民在事先没有提出意见的机会，只有在公告后有权就补偿费和安置方案提出行政复议，这实际上是剥夺了被征地方的知情权、参与权。首先形成方案之后再予以公告的流程，并未高度重视被征地民众的权益，促使其合法权益无法得到妥善维护。

2. 行政处理裁决机制缺乏公正性。比如，从《土地管理法》不难看出，当土地使用权以及所有权存在异议的情况下，双方当事人予以协商；在协商失败的情况下才交由政府调解。同时，从《土地管理法实施条例》第47条可以看出，针对补偿方案存在异议的情况，通常是县级政府予以调解；在调解失败的情况下交由征地审批通过的行政部门予以调解。从以上条例不难发现，对于政府而言，在征地过程中，其不仅是制度设计人，同时也是参与人，并不具备相对独立性，由此容易导致政府滥用职权，并且在征地的过程中采用较低的补偿标准。

3. 失地农民并不占据主动地位。我国《土地管理法实施条例》规定了要先签订补偿协议后才能实施征收，然而从《土地管理法》中不难看出，当安置以及补偿方案发生争议的情况下依旧无法阻止征地方案的贯彻落实。该条例具有强制性，同时也违背了平等原则，反映出国家可以在安置以及补偿等核心问题没有得到妥善处理的状况下，依旧能够强制执行征地方案。被征地居民并不占据主动地位，其合法权益无法得到妥善维护。因此，我国征地补偿程序中关于先签补偿协议再实施征地行为的规定自相矛盾。

4.征地听证机制尚不完善。听证机制为保障公开透明以及确保居民收益不受损的基本举措,按照《国有资源听证规定》中的有关条例,其听证范畴仅涵盖两部分:其一为明确或修订地区征地补偿方案听证,其二为明确征地项目安置以及补偿方案的听证。也就是说,现行的征地听证制度不包括征地行为本身。在实际操作过程中,征地听证往往流于表面,实际上并没有真正征询被征地民众的建议,也并未高度重视被征地民众的实际需求。农村的土地属于集体所有而非国家所有,仅由国家(政府)单方面来决定,不但与土地产权制度不相符,而且也显失公平,不利于征地补偿程序的顺利开展。

5.缺乏科学合理的补偿救济流程。现阶段,国内征地补偿救济流程分两步:第一步由批准征收土地的人民政府对补偿纠纷进行裁决,对地方政府的行政裁决不服的,当事人可以按照《行政复议法》的规定,向有管辖权的法院提起行政诉讼,行政复议是行政诉讼的前置条件。可见,从法律方面而言,对征地补偿的救济绝非针对补偿方案的相关内容予以救济,反而是针对不同意行政调解方面的救济。简而言之,现阶段依旧把征地补偿内容涵盖在司法救济机制内,若争议形成,一般均凭借行政裁决予以处理。而该类征地补偿救济流程本身存在缺陷,无法保障被征地居民的基本权益。

# 三、现行制度缺陷的根本原因剖析

## (一)公共利益的模糊界定

进行征地的过程中,只有为了公共利益的行为是符合法律规定的行为。公共利益意为"公众的或与公众有关的",其与广大民众的权益紧密相连。然而从我国法律体系来看,其尚未对公共利益的定义以及范畴进行规定,甚至还存在相互矛盾的地方,导致无法对公共利益进行准确衡量。我国长时间处于计划经济体制下,对于国有企业而言,并不具备自身单独利益,主要是为了公共利益着想。然而现阶段已经逐渐朝市场化方向发展,涵盖国有企业,均是将提升自身利润作为基本目标,通常而言已经违背公共利益这一基本原则。即便是将国有资产作为基础的国有企业，尽管其财产为国家拥有，同样无法摆脱利润至上的经营理念，因此无法将其认定是以公共需求为目的的行为。同时一部分公益行为也存在改变，比如道路、医院以及水利等。现阶段我国法律机制并不完善，由此造成征地用途的扩张，在给国防、文化和其余公共基础设施等公共利益提供依据的过程中，同样导致全部建设项目，涵盖个体以及经济组织，均会由于个人利益而参与到征地行为之中，"公共利益"由以往狭义的公益以及公共基础项目这一定义逐渐发展为全部经济建设项目。

（二）土地供给制度不足

在计划经济时代，我国土地使用权以及所有权并不能进行流转，政府部门以及企事业单位如果希望取得土地使用权均是通过划拨的方式来实现。进入市场经济时代，为和高度发展的经济相适应，国家才允许土地使用权合法流转，同时贯彻落实开放与监管两手抓的流转制度，由此便形成了国有土地使用权交易市场，但是对于集体土地使用权市场的创建以及发展而言却遭遇了艰难险阻，对于除了公益项目之外的土地使用者而言，其能够在市场内寻找满足其需求的土地，然而市场交易制度并未发生变化。现阶段，经济发展速度不断加快，城市规模逐渐对外拓展，建设用地需求不断增加，与之对应的可用的国有土地面积却不断减少，由于市场需求的不断增多，导致土地使用权市场面临非常大的重压，所以，为确保建设用地的需求得以满足，便需要将农地转用，政府由于具有强制征收的权力，导致其往往在征收过程中滥用权力。归根结底，主要是因为土地使用权市场供需不平衡造成的滥用征收权力，给政府以及有用地需求的企业创造了机会，却和创制法律的本意相悖。

（三）集体土地产权不清晰

集体土地所有制具有其特殊性，仅存在于我国这一特殊国情之下。在党的十三届三中全会召开之后，我国通过立法的方式指出农村土地始终归农民集体共同拥有，其所有权必须是村镇经济组织。但是因为集体土地所有权并不明确，并且和国有土地所有权相比缺乏公正性，同时也不具备主体地位，导致其管控主体并不清晰，农村居民往往并不具备形式权利的规范化流程以及组织方式，由此造成农民权利浮于表面，最直接体现在征地补偿方面，即镇村领导干部占据绝大多数征地补偿金，导致农村居民的权益没有得到维护。集体土地产权不清晰，是农民的合法权益在产权制度的夹层间频繁受到剥夺的直接原因。最为典型的表现涵盖三个方面：其一，和国有土地所有权相比缺乏平等性；其二，集体土地所有权缺乏完整性；其三，集体土地产权并不具备明确的主体地位等。

（四）公权本位观念的影响

公权为国家根据法律规定授予，同时予以强制执行的一项对公共事务进行监管以及最终目标为公共利益的国家权力；私权同样为一项权利，是和公权相对应的概念，其为社会主体在各项行为活动中具有的各方面的权利。公权与私权比较，前者更具强制力，后者更为注重公平性。我国经过较长时间的封建统治，私权并未被高度重视，统治阶级始终未曾高度重视私权，而这类思想对我国造成重大影响。在公权和私权出现矛盾时，会因为保障公权而放弃私权。对于土地征用而言，其本质就是象征着国家公权的一种行为。在对集体土地征收的过程中，国家始终占据主体地位，并且是唯一合法的征收主体。从立法角度来看，国家以及被征收个体或组织并未遵循平等原则，征收或者征用并不是秉承参与方的自我意愿，通常是政府一方的意愿，并不需要获取被征收人的认可。征收或者征用通常具有强制性，要求绝对服从。针对征地补偿方面而言，更为注重公共利益，因此忽视了居民个体利益，也并未高度重视对居民财产的维护，造成在实际征收过程中往往高度关注征收方的权益，而被征收方的权益则被漠视，导致整个过程违背平等原则。

## （五）政策和体制的不健全

从政策角度来说，从新中国成立开始，为确保社会经济稳定发展，很大程度上参考了苏联发展模式，也就是在对工业资本进行原始累积的过程中更为注重工业方面的发展，在工业取得快速发展之后，政府再利用政策来促进农业发展。因此我国始终秉承着一种失衡的经济发展方针，并未施行城乡共同发展，从户籍管理、粮油供应以及社会保障等方面，城乡差距不断加大。征地制度则放弃农村居民权益以及农业方面的发展，着力于城市居民权益以及工业方面的发展。城市的发展突飞猛进了，大学城建立起来了，工业园区也建立起来了，而被征地的农民却陷入了种田无地、低保无份的窘境。从体制角度而言，公共财政体制的不科学性更为显著。从1994年开始，我国实行税制变革，对于县级以下政府而言，其财政收入的特点是分散、金额小以及缺乏稳定性，地方政府财政收入大幅降低，特别是乡镇政府财政形势更为严峻。同时，地方财政支出不断增加。县级以下政府需要依赖于财政方面的人数逐渐增多，增派人手调整薪酬等方面的支出不断增加，与此同时中央对财政方面的指标却不断提升，这一系列因素促使地方财政压力不断增加。要确保财政收支的平衡，政府就不得不利用征地方面的漏洞，收取开发商大额流转金，以此来提升财政收入，虽然名义称为招商引资，但是其实只是面子工程，这种不正常的政绩观导致政府只能降低征地补偿价，致使圈地热更为火爆。

# 四、征地补偿制度的立法完善

## （一）科学界定公益目的

### 1. 采用概括及列举的立法模式

国外立法方面对公共利益一般采用三种模式界定，其一为列举式立法模式，其二为概括式立法模式，其三为列举式与概括式相结合的立法模式。从我国实际情况来看，其并未从法律角度对公共利益的范畴以及目标做出具体规定。由于立法的疏漏，因此造成实际操作过程中，一部分地方政府往往将公共利益当作借口，通过不合法手段进行征地，以此对农村居民的权益造成损害。考虑到公共利益内容的发展性和概念的宽泛性等多重因素的影响，最新颁布的《物权法》同样秉承着《宪法》中提到的针对公共利益方面的抽象解释，并未通过正面以及反面的方式来明确公共利益的定义。从《土地管理法》的相关条例来看，其同样没有对跟征地相符的公共利益范畴以及类别做出具体规定，然而在仔细阅读《土地管理法》之后可以看出，对征地的公共利益方面的目标的规定实际上和运用划拨的方式获取土地使用权的范畴相类似，从第五十四条中可以看出征地目的可以划分成四类：第一类是城市公共设施用地与公益项目用地；第二类是政府部门用地以及军事方面用地；第三类是道路、水电以及能源等民生项目用地；第四类是符合法律规定的其余用地。

同时，由梁慧星为代表的学者在起草《物权法》的过程中，在第四十八条中对征收进行了界定，认为公共利益应当是灾害防治、环境保护、水利、教育、医疗卫生、交通、风景名胜区保护、森林保护和合法的其余公共利益。在这一条例中还指出，征收绝不可以运用在商业方面。换言之，该草案采用混合式的立法模式对公益范围作以划分，明确了公共利益的界定标准，具有借鉴价值。然而要强化其可执行性，还应当在贯彻落实过程中予以优化以及具体化。公益范围不仅是土地征收的合法性前提，也是土地征收行为的法律依据。我们建议在借鉴世界各国成功经验并考虑我国国情的基础上，结合《民法典》《土地管理法》等法律对公共利益目的的概括性规定和判定标准，采取概括及列举的混合立法模式，在宪法中对公益范围做出原则性的立法规定，在有关单行法律法规中可以针对其调整的具体事项，直接列举公共利益的范围。对那些确属公共利益范畴的事项而法律又没明确规定的，可由立法机构以单行法规或立法解释的方式予以补充。以此规范政府滥用征地权的行为，满足公益事业建设用地的需要。

2. 严格区分公益性建设用地和经营性建设用地，缩小征地范围

从立法角度而言，我国并未对公共利益定义予以界定，因此政府可以

对公共利益做出有利于自身的解释，导致的结果是政府通过行使公权而对私权造成损害，更为严重的是导致腐败行为。所以，在对公共利益的定义予以确定的过程中，可以把现阶段《土地管理法》内所提及的建设用地的章节可以细分为两方面，其一为公益性建设用地，其二为经营性建设用地，其中前者主要是凭借政府征地的方式获取土地，并且创建科学合理的公益事业法律机制，一一列举出能够予以征收的地面附着物以及设施类别，促使其更为规范化。后者能够通过其他的方式予以处理。第一，全面利用乡村国有土地。对国有存量土地进行盘活，同时扩大国有土地市场，征用者凭借转让、出让或者出租的方式由自然资源部或拥有土地使用权的一方获取其使用权。第二，结合市场机制，凭借适宜的方式确保集体用地融入市场之中，明确其在资源配置以及市价方面的重要作用，并且通过拍卖、招标等方式来获取。为避免大量农村集体用地转变成建设用地，造成耕地面积不断下降，在加大力度推动集体用地市场发展的同时，还应当确保政府不断增强对土地方面的监管力度，通过政府设计以及贯彻落实土地利用统筹规划，不断完善农地转用审批流程。视土地利用的现实情况，把旅游、商品住宅以及休闲娱乐等用于经营作用的土地排除在征地范畴之外，在外部条件趋于成熟之际再逐渐把工业和开发区用地排除在征地范畴之外，确保征地范畴不断减小。

3. 建立和完善征地目的合法性的审查机制

目前，我国现行《土地管理法》仍然未能很好地得到完善，现有法律法规规定只有通过政府机关审核批准才能进行土地征收行为，且其批准单位必须为国务院或省级人民政府。因此，在现有政策下，并未有效地对相关征地目的以及其合法性进行审查，在未建立良好监督机制时，征地权利行使所收到的约束力较为薄弱，不利于土地的合理利用与管理，因此，我国迫切需要建立健全专门的土地征地目的合法性审查机制。在对土地征地目的合法性的审查中，其基本的先决条件为保证《土地管理法》中土地征收审批制度的贯彻落实。国务院及省级人民政府要对土地征用的目的进行充分的了解和分析；其次，落实征地制度审批权。我国的征地审批机关在法律上规定为人民政府，并没有明确具体人，成为多头批地的违法行为产生的根源。对于这种情况而言，严格落实审批权力，明确个人职责，将权力与责任统一起来，执行由谁批准就由谁来负责的归责原则。此外，还应建立征地目的不合法时的救济制度，加强征地目的合法性的事后审查监督。当土地征收目的不合法时，被征收人或集体可以针对这一不法行为提出行政复议，以及向人民法院提起诉讼，让其赔偿相关损失。

## （二）建立多元化的征地补偿方式

在以往的征地模式中，征地补偿机制初步成型，其对失地民众的补偿一般分为两种，一种是货币补偿机制，另一种是安置补偿机制。作为征地的补偿方式，其补偿费用包括征收土地费用，土地附着物费用以及土地上庄稼青苗费用，在对失地民众进行一定经济补偿的同时，用地单位还需根据相关征地条款对失地民众进行就业安置或住房安置。随着征地政策不断调整，城市用地逐渐增多，对于征地目的的解释同样变得多元化，随着用工制度的变化等因素的掺杂，"谁征地、谁安置"的政策逐渐演变为根据征地目的一次性支付完征地所需的补偿费用，不再提供额外的就业安置与住房安置等。根据实际的征地补偿情况来看，仅支付单一的经济补偿明显降低了失地农民实际的经济效益，造成了不必要的经济损失。所以，丰富征地补偿安置的方式是一种可行的做法，通过不同样式的补偿方式保护被征地者应受的补偿不会受到较大的影响，使被征地者不会因为被征收土地而降低生活水平。为此实行多元化的征地补偿手段已经成了保障失地者所有权益的必然发展趋势。经过实际的调查研究显示，征地补偿手段大致分为土地入股模式、土地换取社会保障模式、土地债券补偿模式、留地安置补偿模式、替代补偿模式、社会保险补偿安置方式、就业安置模式等征地补偿模式。

1. 土地入股

所谓的土地入股模式就是将农民手中的土地集中整合起来，通过股份制的经营管理模式对土地进行深度利用的一种手段，这种土地利用手段最早出现在广东南海，因此，土地入股模式又称作"南海模式"。在这种模式中，通过将土地划分出不同的使用区域，例如，规划出专门进行农业种植的农业保护区；适合居住商用的生活区；进行工业生产的工业区；等等。在这些区域中，人们按被征用土地的面积来计算出持股比例，以土地折价资金在工业区建立集体工厂，按照每户村民的入股标准进行年终分红。通过这种入股模式可以极大限度地开发土地利用率，既避免出现单一种植业靠天吃饭的高风险局面，又能通过加大对土地的利用率创造更多的经济收益。

2. 土地换保障

土地换取社会保障模式的主要目的是加快将乡村农民纳入社会保障体系中的一种办法，通过使用被征地农民的土地补偿款和安置费用为其购买社会养老保险，以此来解决年迈农民在丧失劳动力后无法进行正常生活的问题，这一转换模式最早由浙江省嘉兴市提出，通过实际推行的检验，这一模式得到了广大民众的认可，因此，全国各省市、乡镇纷纷推广，更是迅速火遍江苏、河南等临近省份。而这一土地换取社会保险的模式，由于不涉及具体的金钱交易从而变得十分方便快捷，总结起来可以用"三统一分别"来概括，"三统"即统一征地、统一补偿、统一办理社会保险。"一分别"是指分别为不同年龄段的失地农民进行安置。

3. 土地债券补偿

土地债券补偿学者提出并在实践中采用的一种方式，实际上是通过国家发行一定年限的土地债券代替实际的金钱货币来对失地农民进行补偿的形式，通过土地债券进行的补偿可以在债券期满后得到相应的本金和利息收益，以债券形式实施的土地补偿一方面可以为国家节省短期内的大笔支出费用，另一方面对于农民而言债券的利息要远远高于存在银行的利息，因此，通过债券进行土地补偿的方式是一种双赢的方式，既有利于国家经济的发展，又能为失地农民带来实惠，可谓一举两得。

4. 留地安置补偿

留地安置补偿模式，是一种为发达城市以及城乡接合部设计出来的土地补偿模式。在这些地区，为了更好地对城市进行建设，有必要征收周边区域的土地。在征收土地的同时，按照相应的比例，划分出一定的土地区域留为被征地者使用。在留用地中，被征地者拥有对土地从事合法经营开发的权利，这也是政府为满足征地而避免影响人民正常收入的一种实物补偿方式，通过农民在留用地上进行商业活动来保证人民的日常收入问题。而在留用地的实际留用面积上来看，在台湾实行的政策为留用面积不得少于征收面积的45%，而在大陆实行政策则为留取征地总面积的1%—5%为留用地。

由留地安置补偿模式也衍生出了一种新的模式，即：以反征土地建立标准的厂房，以集体入股的方式进行集资股份合作建厂。例如，在实行留地安置补偿模式的绍兴市，反征土地留用面积为10%，修建厂房的资金为征地补偿款、村集体预备金以及部分银行贷款。工厂建立起来后，根据村民和村集体的出资占比情况进行股份分配，并在年终按照股份比例进行分红。这种新模式正在浙江的宁波、台州、温州以及金华、湖州等地区大面积推广。

5. 替代补偿

替代补偿模式，顾名思义就是另外选取一块适合农业生产的土地，进行保质保量替代补偿。而作为国家提供的替代补偿，一般来讲，政府会选取适宜农作物生长的良好土地进行替换，既能保证土地征用的问题，又能免除农民失去土地而去学习其他技能所带来的不必要的麻烦。而对于那些选取不出合适土地的情况，政府要按照实际的土地差价对农民进行额外的经济补偿。对于大范围的土地征收情况，这种替换土地模式无疑为政府减轻了巨大的补偿资金压力。

6. 社会保险补偿安置方式

社会保险补偿安置方法实际上与土地换保障模式相类似，只不过土地换保障模式是由政府同意进行办理的，而社会保险补偿是经由被征地农民提出申请，或由被征地集体表决同意后申请将征地的补偿费用和安置费用支付社会事业保险和养老保险等，旨在为失地农民提供就业和养老保障。而对于社会保险补偿安置方式而言，根据实际征地情况的不同可分为两种不同的补偿情况。第一种是面向完全失地的农民进行的投保政策，对完全失地的农民，要及时将其农村户口转为城镇户口，并将其纳入城镇居民社保体系中；第二种是面向不完全失地农民的投保政策，对部分失地的农民，应及时加入农村村民失业、养老保险体系，进行"农保"。

7. 就业安置

随着城市的逐渐发展与扩增，对于被征地人员，通过对其中有一定文化水平的进行职业培训，并为其提供相应就业岗位，安排其进入地方城市或异地发达城市进行就业。

综上，我国征地补偿安置的方式除了货币补偿外，还存在很多方式，而且个别省市也进行了试点式的探索，并取得了很好的成果。但是除了货币补偿外，还没有一种补偿方式可以单纯推广应用，普及的难度较大，由于我国正处于社会主义建设的初级阶段，社会主义经济发展较弱，由政府提供大额的失地补偿资金压力较大。笔者建议，应逐步建立起征地补偿社会保障机制，借鉴各省市的创新实践，使得我国征地补偿安置模式由单一化向多元化平稳过渡。根据各省市的实际情况不同，应结合本省的地方特点，总结出具有当地特色的征地安置补偿模式，以灵活的形式、多样性的手段切实保障农民的基本利益。

## （三）建立公平合理的征地补偿机制

### 1. 确定公平的补偿原则

土地征收的补偿原则是土地征收过程中的重要问题，公平、公正的土地征收原则不仅是被征地民众合法权益受到保护的基本准则，更是国家对侵害农民权益补偿的具体表现。土地对于农民来讲，就像是鱼儿离不开水一样，土地不仅仅是农民日常生活的地方，更是农民从事农业生产换取日常生活物质的基本保障。一旦农民失去了土地，那么他们赖以谋生的基本条件便被破坏，这对于长期从事农业生产活动的农民来讲无疑是致命的打击。因此，在全球范围内各国政府均对土地征收原则进行明文规定，以法律的形式切实保障失地农民的正常生活以及合法权益不受侵犯。

我们赞同相当（公平）补偿原则，由于受被征土地范围影响，有些农民的土地完全被征收，还有一些农民的土地未被完全征收。因此，对于不同的征收情况应确立不同的征收原则。在宪法中，明确规定了财产权和公平补偿原则，对于受到侵害的财产要对其进行完全补偿，但凡事都会有特殊情况发生，我们认为在极特殊的条件下可以准许给予不完全补偿。其原因有以下三点：第一，受我国具体国情影响，我国经济仍未达到进行"全额补偿原则"的地步。第二，在征收集体土地情况下，集体成员既是收益人又是受害人。具体来讲，就个体而言，集体土地归属于集体全部成员所有，在集体土地被征收时，农村集体经济组织和农村村民是受害者。但就集体利益而言，集体土地补偿发放至村集体中，就集体利益而言他们又变为受益者。因此，受害与收益都是相对而言的，不能仅仅看到受害而不考虑所得利益，既然获得了收益，就必然要进行一定的付出。此外，这种受益对农村集体经济组织和农村村民来讲往往只是间接的、长远的、隐形的和抽象的。第三，根据宪法规定，集体土地并非为农民劳动生产所得，而是依照法律无偿获得的，因此，既然是无偿获得又不存在人民的劳动付出，就不应该适合土地征用的等价原则，应根据实际情况进行相当（公平）补偿的模式进行非等值的补偿。

2. 扩大征地补偿的范围

如土地被征用，会给予相应的残留地赔偿、对相邻土地损失补偿等，弥补征地造成的损失，这也是征地补偿的必不可少的补偿内容。农村土地征用可能会导致土地分割、规模变小等，必然会影响到周围的土地，导致土地利用程度降低、利用效能下降及不再适用以前的利用方式。所以，应对被征用土地的周围土地的所有权人给予相应的补偿以弥补其损失。补偿以受征地影响导致地价降低的额度以内为标准。而且，被征用的土地在新的利用方式下，可能会产生噪声污染、环境污染、水污染、改道等影响，这些因素都会导致农作物产量降低。土地利用的外部负效应指的是土地被征用会导致其周围土地损失，应根据相邻土地的损失程度和范围，对相邻土地所有权人给予相应的补偿。[①] 笔者认为征地所导致的直接损失和间接

---

① 吴行政：《我国农村土地征收补偿法律问题研究》，中国民商法律网，2004年2月3日。

损失都应纳入补偿范围内，不应局限于土地所有权的补偿，对相邻土地利用上的损失也应给予合理的补偿。补偿范围应涵盖一切具有经济价值的形态。综合我国现今发展趋势，同时借鉴英国、日本、加拿大、德国等国的立法经验，我国的征地补偿范围除法律规定的之外，还涵盖营业损失补偿、社会保障补偿、土地使用权损失补偿、残地损失补偿这四个方面。

3. 提高补偿标准

我国土地管理法所规定的补偿标准为平均年产值，但是随着时代的进步，这一标准已不符合现在国情，应根据发展现状制定新的补偿标准。

（1）"区位"补偿标准

土地赔偿标准为耕地前三年的年产值，该赔偿标准虽然涵盖经营状况、土地种植结构及经营方式等因素，但是没有将土地所在区位、区域经济发展情况纳入其中，忽视了区域经济对土地的直接影响。事实上，江苏省等地在给予土地赔偿时，以被征用土地前三年的年均产值作为赔偿标准的预算值，会在法规规定的计算方法外，考虑到土地所在的区位、区域经济情况、农民生活水平等综合因素。因此，补偿标准应该脱离计划经济时期制定时的计算依据。

（2）依据综合产值为标准确定补偿标准

综合产值指的是综合考虑被征用土地的收益情况和区位条件衡量其综合年产值，根据综合年产值的赔偿倍数确定补偿标准，而不是以土地的实际利用情况来进行补偿。河南部分地区根据综合产值明确补偿标准。[1]部分区域经济情况较好的土地，根据土地年产值所赔偿的费用远小于其实际所应得的土地补偿费。一些政府在实际操作过程中，为保证土地赔偿流程合法性，采用法定倍数倒退年产值或综合年产值的方法，这种方法所计算出的赔偿金额远高于被征用前三年的土地年均产值。土地市场现状及未来趋势都会影响到土地的使用价值，仅以年产值作为土地赔偿标准没有考虑

---

[1]谢宗棠：《农地补偿标准问题的研究——以甘肃省为例》，甘肃农业大学硕士学位论文，2006年。

到土地现在及未来的实用价值。所以，土地征收虽然是在国家规定内通过强制手段所完成的交易行为，但也应考虑到等价交换原则。不应以农地的经济产值作为衡量标准，还要综合考虑土地的供求关系、社会保障价值及生态服务价值等，应从多角度、全方位的确定土地赔偿标准。综合产值更能体现充分补偿。

（3）确定市场价补偿的改革方向

土地的不同利用方式会获得差异性的经济效益，所以不应以原用途作为补偿标准，因为土地原用途并不代表其就是土地的最高效益利用方式。在制定征地补偿标准时，应以土地的最佳利用途径来计算土地的市场价格，以此给予征用土地所有权人补偿。应充分保障农民的自身利益，农民可直接与用地单位协商，分享土地利益不仅局限于土地现有价值，还包括土地的潜在价值。根据市场的价值规律来明确征用土地赔偿标准，可以合理制约征收权利，对政府起到一定的约束作用。所以，笔者认为，我国可以参照其他国家的成功案例，在征收土地时以土地和其相关资产的市场价格作为土地赔偿标准，在原有的耕地年均产值上进行创新，在农地被征用为非农用地时，应根据其新用途的市场价格来给予补偿，而不是以农地来作为参考标准。土地征收赔偿标准要根据土地征用后的新用途来进行评估，原用途不作为参考标准，根据土地新用途的市场价格来制定土地征收补偿标准。

（4）建立追加补偿机制

我国土地征用后的补偿安置机制还不完善，无法保证农民土地被征用后的生活水平，所以在征地赔偿法律体系下，在不影响开发商开发进度与项目收益时，设立再赔偿资金，从项目完成后的收益中提取适当的比例补偿给农民，基于前期补偿后的再一次补偿，保障被征地农民的利益，意在弥补。主要是帮助地方政府分担征地补偿后农民的生活保障压力，绕开政府从开发商那里找突破口，地方政府的定位为监督者和裁决者，主要承担三项责任：第一，开发商资质的审查、项目的评估及土地用途转换后能否带来收益的预算；第二，建立被征地农民的个人档案，以户为单位，并且定期对被征地农民的生活做跟踪调查，为后期的追加补偿提供依据；第三，参考当地的经济发展水平、被征地农民的消费水平、被征地农民在土地征收后的生活现状、被征土地的用途及开发商因土地所获得的收益与土地出让金的差额等，在土地用途转换后所获收益中提取一定比例返还被征地农民。追加补偿机制虽略带一定的强制性，但从另一个角度来讲，其积极意义凸显，开发商为获得与提取追加补偿款之前相同的利润，会充分利用土地，带动地方经济的发展，避免土地的闲置浪费，由于受地方政府用地计划的监督，征而不用、不合理的开发现象将逐渐减少。同时，也为被征地农民角色的顺利过渡起到了保障、缓和及调解的作用，追加补偿款可以现金的方式直接发放到被征地农民手中，用于创业项目的启动资金，也可以用作农民后期生活的保证，降低农民因土地被征用而存在的社会风险和生活压力。

4. 减少补偿费分配的层次

在我国，农村集体经济组织是农民行使自治权利、通过民主选举建立的组织。由于集体组织需要一定的管理成本，即使在法律法规的严格约束下，补偿费分配环节常出现被征地农民利益被剥夺现象。例如，集体经济组织截留、挪用征地补偿款。我国有诸多法律对征地补偿金进行了明确规定，通过诸多手段保证农民的利益，虽然起到一定的遏制作用，但这种行为依然没有杜绝。因为现有的集体土地产权结构才是此类问题产生的根源，一直遵循"县、乡（镇）各级地方政府、村级集体经济组织，然后才是被征地农民"的分配顺序，这样多重的分配环节以及不明晰的利益分配主体，会导致被征地农民最终获得的补偿款少于政府实际下发的额度，农民根本利益受到侵害。所以，笔者提出，应在原有的补偿机制上进行创新，提出新的补偿制度保障农民的合理权益，根据农村集体经济组织的建制情况尽可能地给予农民更多的补偿金，如撤销建制则补偿金全额发给农民，用于保障他们后续的生活需求。其次，征地过程中可以脱离农村集体经济组织的干预，用地单位直接与农民协商。农民作为利益主体，在财产分配上具有直接行使权，避开农村集体经济组织的参与，其只具有监督和裁决的权利。再次，公开村级财务明细。一些地区的农村集体经济组织并不属于成熟的经济组织，缺乏完善的管理制度和财务制度，缺乏公正性和透明性，普通村民在集体组织中并不具备话语权。所以常常出现征地补偿费的使用状况不公开、收支状况不透明的情况，补偿费的支付也是不到位的。因此，可考虑公开财务，吸收由村民选举出来的个别代表参与到财务管理体系中，对被征用农民补偿金的使用情况进行公示和监督。

### （四）完善征地补偿程序

实体法公正是建立在程序法公正的基础上。想要使农民的权益不受侵害，政府权力得到制约，那么就不能再沿袭"重实体、轻程序"的法律传统，而不仅仅注重法律实效，把程序只看作达到实体的程式步骤，来倡导程序工具主义。因此，我们要解决征地补偿中存在的各种问题，就应该首先规范征地程序，不能任由行政机关简化或颠倒法定程序，应严格执行依法行政原则。

**1. 增设预公告，建立"三公告一登记"制度**

在未进行征地时要增设预公告，让农民了解到征地的具体情况，包括征地范围以及用途，相关人可以按照政策要求提前做好准备，诸如被征土地的权属证明、征地范围以及土地现况等，与此同时拟定补偿方案，对被征人给予相应的补偿安排。被征地人对被征土地及相应补偿提前做到心中有数，并及时采取一些应对措施来维护自己的合法权益。比如去法律援助机构进行相关咨询。维护被征地农民的合法权益等，优化目前的"两公告（征地、安置方案及补偿方案公告）一登记"制度，公告和书面通知联用的方式，让所有农户都能提前了解到征地的相关信息，按照相关部门所要求的次数及内容对村民做出通知，包括听证权利及相关征地流程等，要保证人手一份，农户若存在疑问，行政机关可出面答疑解惑，使国家的土地征收政策真正落到实处，而不是"空中楼阁"。改革现有的土地听证程序，征地行为本身也应囊括在听证范围之内，规定听证笔录的法律效力及对基于听证做出决定的说明理由制度。

2. 事前补偿程序和事后补偿程序同并进行

追根溯源，事前补偿程序隶属主动补偿程序范畴，即国家清楚对征地公众的合法权益有所损害，会按照一定标准提前给予农民补偿，在征用农民土地时一般会采取这种赔偿程序。也就是说，在宪法中明确补偿前置后，才可对土地实行征收或征用。即在没有对农户造成损失前先给予必要的补偿，补偿在先、土地征用在后，值得注意的是，在此期间要和被征地者就补偿形式、金额以及支付期限等方面进行沟通并力争达成一致，在设计补偿机制时可以让农民参与进来。根据农户所给出的建议来设计补偿策略。对于补偿认定程序的推进，要以协商为主，充分保障被征地人的参与权。协商应该弱化补偿谈判机制中的行政强制性，用地单位与被征地人可以先互相沟通，双方可以各抒己见，尤其是被征地人可以把个人想法及要求提出来，用地单位可以根据土地的未来收益及地段等因素衡量是否可以接受被征地人的要求。在协商期间，双方可以让专业的评估机构评估土地价值。如果双方协商多次依然无法统一意见，就要通过行政机关裁决来决定。若双方有一方认为裁决结果不公，可再一次进行行政复议或诉讼。事后补偿有一定限制条件：因国防、军事、公共防疫等特殊情况时方可采用该方式。一般在紧急情况下的土地征用时会采取事后补偿程序。

3. 建立完善土地征收纠纷解决机制

司法救济程序为我国土地征收补偿里保护农村集体经济组织及农民合法权益的最后一道屏障，对于失地农民来说，要借助该程序维权到底。

（1）扩大补偿争议案件受理范围

大量的土地被频繁地征收或征用，由此产生大量的补偿纠纷，导致群众上访率不断提升。而我国并没有建立起完善的征地补偿纠纷解决机制，《土地管理法实施条例》虽涉及相关内容，指出若被征地人认为补偿标准不合理，可以通过县级或上级人民政府来协调；如果协调结果不能让被征地人满意，可以通过人民政府裁决。征地方案的推行不受补偿以及安置上的分歧所影响。基于此可知，行政裁决一般在补偿标准存在分歧时使用，可针对补偿范围、补偿方法、安置形式以及补偿金额等方面却没有提及。

所以，要进一步拓展争议案件的受理范围，除了补偿标准外，像安置、征地流程以及补偿金额等也应该予以受理，当出现这些情况时也可以通过裁决或提起诉讼来解决。以全面地保护当事人的利益，化解因征地补偿而引发的矛盾。

（2）建立行政补偿诉讼机制

《土地管理法实施条例》第25条第3款规定，对补偿标准的争议由政府协调，而协调的结果以及行政相对方如何救济自己的合法权益则没有具体说明。征地补偿出现分歧的情况下可通过政府裁决来解决，这属于行政途径，可以快速解决矛盾冲突，可解决土地冲突并不是只有行政裁决这一种方法，将行政复议作为纠纷的终局裁决并不符合近代以来自然公正原则的一般要求，也不能实现程序的公平和正义。故而应拓宽解决纠纷的途径，建立多元化的纠纷解决机制。在实践中，由于补偿所导致的矛盾分歧可不可以进行诉讼、诉讼类型等现阶段并未明确。没有将补偿争议纳入诉讼范畴内，一方面损害公民的合法权益；另一方面和依法治国的国策相矛盾。

笔者认为，应引入司法审查，允许因征地补偿引起的纠纷向人民法院提起行政诉讼，且应遵循这样的制度设计：将补偿的救济程序分为两个阶段，一是行政阶段，另外就是司法阶段，同时明确规定行政补偿程序的前置原则。对于补偿义务机关所给予的相关补偿，被征用人对此补偿不满并有不同的想法时，被征用人有权利向人民法院提起行政补偿诉讼，同时对行政裁决的时限问题做出明确规定。裁决机关在当事人提出申请之后，如果在相应的时间内没有对相关请求进行解决，那么当事人可以提出行政补偿诉讼。在行政诉讼当中行政赔偿诉讼较为特别，法院在审理此类诉讼时首先可以相应地对其进行调解，如果调解失败，那么将由人民法院对其依法进行裁决。农民与农村集体经济组织关于征地补偿费的纠纷其本质是民事纠纷，可以根据相应的民事纠纷解决机制进行处理。由于不是行政案件，不可以提起行政诉讼，当事人可以以民事案件到法院进行民事诉讼。

# 第十章　农村宅基地流转立法及有偿退出机制研究

## 一、相关概念的法律界定

### （一）宅基地

《农村人民公社工作条例修正草案》是较早涉及宅基地定义的文件，该草案在 20 世纪 60 年代正式通过并推行。严格意义上讲，这份草案中所提出的这个概念并非属于法学概念。学者对于这个概念的理解也存在着不同的观点，不同的专家对于这一概念的理解不甚统一。陈健教授指出："宅基地指农村住宅用地、和住宅用地相关联的附属用地及少许的城市用地的统称。"[①] 对于宅基地，王利明教授认为，具体体现在《物权法草案》里，"宅基地，是指得到政府的许可后农村集体经济组织中的成员用来建设住宅的土地"。[②] 不过，现阶段学术界关于宅基地认可度及使用频次最高的定义是：村集体或个人建设住宅所占用的土地，主要包括已建设完成的住房、已建但居住不了的土地、打算建设住房的土

---

① 陈健：《中国土地使用权制度》，机械工业出版社2003年版，第171页。

② 王利明：《中国民法典学者建议稿及立法理由〈物权稿〉》，法律出版社2005年版，第360—363页。

地<sup>①</sup>。宅基地的村民或个人只享有土地使用权，不具有土地所有权，所有权归农村集体经济组织所有。

## （二）宅基地使用权

在《物权法》没有正式施行前，我国没有任何法律文件中涉及宅基地使用权的相关内容，在《土地管理法》及《民法通则》里根本找不到宅基地使用权这一专有词汇。基于《物权法》，学界观点较为统一，宅基地使用权是村民按照法律规定从集体组织中得到的可以用于建设住宅以及对其有使用及收益的权利。宅基地使用权隶属于用益物权的范畴，表示农村集体经济组织成员可以在村集体的土地范围内进行服务建设及相应的配套设施。宅基地使用权属于我国土地权利体系中必不可少的权利。清楚宅基地使用权的法律属性有助于分析退出机制。宅基地使用权特点鲜明，具体有以下四点：（1）宅基地使用权有身份特征。而身份特征是依靠以下两点反映出来的。一是权利无偿获得。二是永久使用性。（2）宅基地使用权客体上固定，就是归农村集体所有的土地，在法律或学术上均是如此。（3）宅基地使用权受国家法律保护，其流转严格受《土地管理法》第62条与第63条限制。（4）宅基地使用权隶属于用益物权范畴。王泽鉴指出，用益物权指的是"对他人的不动产进行操作的行为"。<sup>②</sup>《物权法》第152条指出，宅基地使用权人可以对土地开发、利用以及通过其获利，与此同时，也可以在该土地兴修土木建筑。基于《物权法》与《土地管理法》，依法申请下来的宅基地，申请人有权对该地进行相应的操作，可以利用该地建造住房及配套产品，能对土地行使开发、建设以及通过土地获利等，这和宅基地使用权用益物权的特征相吻合。

---

① 侯文浩：《政府主导下的农村宅基地流转过程中的农民权益保护研究——以南京市为例》，《安徽农业科学》2013年第22期。
② 王泽鉴：《民法概要》，中国政法大学出版社2003年版，第532页。

### （三）宅基地退出机制

关于宅基地退出机制，包括两种退出方式，强制退出以及自愿退出。其中，宅基地强制退出是指，在法定的情形下，宅基地使用权被强制收回，自愿退出是指宅基地使用权人把属于其个人的使用权归还给村集体组织，或者把使用权依照法律规定将资源让于他人。[①]宅基地退出机制是指与宅基地退出有关联的相关制度的统称。一方面是宅基地本身的内容；另一方面是与其相关的内容。从宅基地有偿退出的构建初衷来看，其本身是一项长效的激励政策，寻找一种合理的方式，引导农户自愿地腾退闲置宅基地。无期限、无偿性的农村宅基地福利政策，不代表政府或集体经济组织能无条件地回收。在此政策之内，关键在于"偿"。根据补偿的内容不同，宅基地的退出分为以下几种方式：第一，货币补偿。已有其他稳定住宅的农户，可以选择一次性的货币补偿。第二，非货币补偿。此种方式下，农户可选择置换新建安置房或城镇小商品房。

## 二、农村宅基地流转立法问题研究

当前，我国经济发展速度不断提速，城市化进程逐步加快，而乡村宅基地制度并未紧跟时代发展步伐，落后于社会经济发展，无法有效保障农民的合法权益，这也进一步凸显了我国乡村宅基地使用过程中的矛盾。其最直接的结果是乡村经济发展受到约束，影响了社会稳定。所以，从社会整体发展进步方面来看，极有必要研究利用立法手段来有效规制农村宅基地使用权流转。

### （一）农村宅基地流转立法概况

关于宅基地类法律，由国家最高权力机关发布的法律比较少。即便在现行的《土地管理法》内也仅有1—2条法律内容涉及这一领域，《物权法》

---

① 李虎平、汤凯宁等：《宅基地退出与城镇住房保障：偶合机制，现实困境与政策措施》，《中国农业信息》2016年第9期。

则更少。管理我国乡村宅基地的通常是从国家层面至各地方层面出台的相关规范性法律文件、各级政府发布的宅基地管理政策，而这类文件、政策的法律效力较低，具有一定的临时性，无法从整体上以可持续性目标来解决乡村宅基地领域存在的相关矛盾。

1. 法律规定

各类土地所有权是《土地管理法》的基本内容，宅基地所有权涵盖其中。《土地管理法》明确规定，除国有部分之外，农村、城郊土地一律为农民集体土地，比如自留地、自留山、宅基地等。农村村民每家每户仅仅可以申请并获得一份宅基地，而且村民如果自己的住房出租、出卖，将失去宅基地申请权。也就是说，此时即便是农村居民，其宅基地申请同样无法获批。该法同时规定，农村居民申请获得的宅基地面积必须符合省级主管部门的规划标准，同时必须和总体规划相符，否则属于违法。从其内容来看，此类规定虽然由法律层面完成了农村宅基地使用权分配（以村民身份为依据）的"一户一宅"原则确定，不过并无农民在住房出租、出卖方面的禁止性规定，而仅仅规定住房一旦出租、出卖，村民会失去宅基地申请权。

宅基地使用权人可以依法占有并使用集体土地，用于住宅及其附属设施建造。在宅基地使用权方面，《物权法》对其用益物权性质做出了明确确定，并原则性规定了宅基地使用权流转，比如：基于《土地管理法》等法律法规及相关政策，可以取得、使用、转让宅基地使用权。但在宅基地使用权买卖方面，《物权法》及其他法规、政策并无规定，也就是说，我国并无明确的宅基地交易法律法规。不过，从立法机构持续调研、论证、修订宅基地使用权，以及用私法取代公法来调整该项权利保护这一基本发展趋势看，这种权利变化的基本趋势正在逐步明朗化，允许自由买卖、交易宅基地使用权。[①]

宅基地使用权不可以用于抵押，这在我国《担保法》中有明确的规定。

---

① 张国华：《论宅基地使用权的可流转性及其实现》，法律出版社2013年版，第16—35页。

基于宅基地而建设的房屋及其附属设施同样与宅基地使用权一样无法用于抵押。基于《担保法》的上述规定，房屋抵押权人的房屋抵押权无法实现。房地产抵押、转让过程中应同时抵押、转让房屋所有权及房屋范围内的土地使用权（《城市房地产管理法》第32条）。国内房地不动产交易领域内的"房地一致""房随地走"或"地随房走"原则就此确立。所以，本集体经济组织内，农民可以流转自己的宅基地使用权，不过这种流转不能打破"地随房走"这一基本原则。也就是说，不可以单独流转宅基地使用权。

村民宅基地使用权不能交易，城镇居民无权将属于集体的土地非法占有，否则，政府将不承认其已建设的房屋（《关于加强土地转让管理严禁炒卖土地的通知》）。

《关于严格执行有关农村集体建设用地法律和政策的通知》（国务院，2008）明确规定，本村村民是分配农村住宅用地的唯一对象，也就是说，农民的宅基地不可以出售给城镇居民。我国负责管理农村宅基地的主管机构为国土资源部，该部门同时指出，农村居民如果向他人赠予、出租或出卖原有房屋，则其宅基地申请不会被批准。

综上所述，在农村宅基地使用权方面，我国政府所采用的实质上是一种有限制流转策略，而且在具体的流转过程中，城乡居民间的农民宅基地流转实质上属于一种非法行为，不受法律承认、保护，这其实否定了城市居民购买农村宅基地行为。2015年，党中央、国务院明确指出，建立健全乡村集体经营性建设用地入市制度，只要不违反规划、用途管制，此类建设用地可以作价入股、租赁、出让，且和国有土地入股、租赁政策统一，即同等入市、同权同价。将更多的财产权赋予农民，这是《中共中央关于全面深化改革若干重大问题的决定》的主导思想，而在农村宅基地方面，该决定要求必须确保农民的宅基地用益物权，对乡村宅基地的现行制度进行改革完善，具体做法是将部分乡村选做试点单位，进行村民住房的财产权转让、担保、抵押进行改革尝试，以此进行乡村居民的财产性收入增加途径探索。进行乡村产权流转交易市场构建，全面促进农村产权流转买卖的规范、公正、公开。基于既有的城市化进程与乡村土地制度改革的农民宅基地改革方向至此基本明朗。

2. 立法困境

（1）既有法规数量少且分散

立法是法治社会的开端，也是社会公序良俗的基础与前提。农村宅基地使用权方面的法律内容原则性过于突出、简单，甚至太过模糊，乡村宅基地使用权没有专一性法律约束，既有的为数不多的法条不但效力层次低，而且比较分散。比如乡村宅基地使用权是《民法典》物权法的一个基本内容，不过只有四个法条与此相关，不但不完善，而且缺少良好的可操作性。

（2）既有法规内容前后矛盾

农村宅基地使用权属于用益物权范畴，农民有权基于宅基地实现收益，这是《物权法》的规定。从房地一体原则来看，宅基地使用权与宅基地上所建立的房屋、相关附属设施具有整体性特征，属于统一体，二者之间存在同向流转运动特征。但是，土地管理法不允许自由流转宅基地使用权，所以也便无法流转农民的乡村房屋及其附属设施。而且现行法律同样明确规定农民尽管可以自由处分属于其自己的房屋及其附属设施，但转让范围不能超出本集体组织。因此存在下列矛盾：一户一宅原则与宅基地村集体内部流转冲突；宅基地村集体内部流转与房屋及其附属设施流转自由之间的冲突。

（二）农村宅基地流转存在的问题

1. 流转约束与空置率较高的冲突

宅基地使用权的获取具有无偿性，宅基地的使用期限并无法律规定，和宅基地申请条件相符的集体组织成员通常不会通过购买途径获得宅基地使用权，而是通过新宅基地申请途径获得。村民建房选址过程中，对便利性更加重视，同时，占据更多的面积是其基本目标，大量占用村道、公路两侧耕地现象导致村、组内部布局散乱、混乱，无法有效控制宅基地规模。[①]

---

① 曹建华、王红英、黄小梅：《农村土地流转的供求意愿及其流转效率评价研究》，《中国土地科学》2007年第5期。

而农民入城、乡村二手房交易及宅基地赠予、继承导致旧房搁置等，不断增大"一户多宅"规模，许多宅基地已无法物尽其用，明显浪费土地资源。而既有的法规则严格约束乡村宅基地使用权从本集体组织流转至其他集体组织使用，而如果在本集体内部转让，价格过低则让本集体组织内转让可能性较小。因此，在宅基地流转的限制性政策中，农民合法利益受损，不利于乡村经济发展及乡村生产力解放。

2. 存在大量隐性流转

农民期待高价转让宅基地，城镇居民下乡购置房产成为一种潮流，由于现行法律的约束，导致打擦边球、绕开法律现象比较多，避开村集体的私下买卖发生比例较高，增加了宅基地监管难度。宅基地使用权隐性流转、体制外流转无从体现土地市场正常信息，市场调控机制因此不再有效。[①]与此同时，隐性流转通常不会形成有效书面合同，有较大的随意性，没有法律保护，在流转市场稳定性受到挑战的同时，很可能损害农民利益。

3. 登记与管理混乱

宅基地使用权必须登记清晰、准确，但相关机构发布的相关法规没有清晰界定这一标准，从而导致房屋产权结构模糊现象突出，同时难以科学合理地监管该项权利分配体制。[②]而由于农民房屋建设、使用时只顾及个人利益，由此引发房屋使用、道路设置杂乱，与社会主义新农村建设标准不相符。

下列因素均对国内农村宅基地管理秩序与使用权登记制度形成制约：仅重视宅基地、集体建设用地；宅基地超占面积、一户多宅等现象突出；农村宅基地地籍调查信息缺失。不动产登记进度因权源资料缺失等因素而明显比预期进度慢。

---

① 蒋晓玲、李慧英、张健：《农村土地使用权流转法律问题研究》，法律出版社2011年第1版，第176页。
② 郭明瑞：《关于宅基地使用权的立法建议》，《法学论坛》2007年第1期。.

### （三）农村宅基地流转的立法对策

1. 立法思想转变

通过转变立法思想，完成法律支撑体系构建，以此建立新的流转制度体系。应以当代物权发展趋势为依据，对相关法律法规进行修订，特别需要修订的是和宅基地使用权有关的法律及其内容条款。（1）持续充实宅基地使用权内容；（2）建立健全分配制度；（3）进一步充实配套办法。基于宅基地流转方式、规模确定的合理性，推动宅基地在既定制度基础上有序流转，而且应遵守"自由流转"原则、"房地一体主义"原则。作为物权，宅基地使用权的保障性应同时从两方面加以体现，其一，初始取得阶段；其二，权利存续阶段。只有如此，农民的权益实现与保护才能真正实现。

2. 宅基地流转主客体界定

首先，进行宅基地使用权主体范围拓展，即把包括法人、自然人及其他组织在内的城镇居民全部列入宅基地使用权交易主体范畴，在严格监管基础上审慎、逐步放开，逐步完成此类交易的法规、审核体系构建与完善，从而实现有效、阳光、合法交易。[①] 其次，对可流转宅基地范围进行全面约束。宜限定可流转宅基地类型为：纳入城市社保体系且城市生活来源稳定农民的宅基地、城镇已购买住宅的农民宅基地、一户两宅或多宅的农民宅基地。

3. 流转程序与方式规范

抵押、出租、继承和转让等是我国现行宅基地流转模式。其中，最基础形式为宅基地转让，比如，买卖、互换等。现行法律明显落后于现实发展需求。宜进行法律修订改变这一现状，即在宅基地转让过程中必须获得本集体经济组织允许，清晰界定宅基地所有权归属，宅基地所有权保留、只允许转让宅基地上建造的房屋及其附属设施，保持宅基地用途不变是最

---

① 刘俊：《中国土地法理论研究》，法律出版社2006年版，第325—331页。

理想的模式。宅基地使用权继承者如果都已迁出本集体组织，则其宅基地上房屋可按市场价出售给集体经济组织。如果采用出租形式流转，则有必要做出前提限定，约束承租人确保宅基地用途稳定，并有效执行集体经济的组织制度。基于宅基地使用权出租、转让，利用担保物权方式（典当、质押、抵押等）将其财产价值体现出来，以此在对权利人的合法利益提供保障基础上，让其与法律规定相吻合。[①]

4.配套措施衔接与完善

（1）法律条款修订

效力层次低、滞后性、分散性、稀缺性等现行农村宅基地使用权立法的现实缺陷，通过对现行的宅基地流转禁止性条款进行修订，可以将禁止发放给城镇居民购买的农村宅基地、住宅土地使用证等政策性规定废止，在房屋产权管理与宅基地管理一体化理念基础上，基于集体建设用地（农村宅基地范围内）和国有土地同地同权同价方针，完成宅基地产权界定，将宅基地的登记发证、收益分配、宅基地流转等确定下来，形成体系化的宅基地使用权获取、应用、转让及法律责任等制度。

（2）农村宅基地使用权的价值与价格评估体系完善

首先，建立健全乡村社保体系与宅基地流转保障办法。可以基于乡村宅基地流转试点地区工作实践，完成乡村宅基地流转试点工作组组建，由工作组完成宅基地流转试点方案的具体制定工作，并为政府主管部门的乡村宅基地流转试点提供全面协助，对试点中有关矛盾进行具体观察、了解，并采用特定的处理策略，对操作规程进行进一步规范，完成试点经验归纳、提炼。其次，逐步分区完成宅基地流转交易机构、场所构建，对宅基地交易进行约束规范，不断创造交易机会，最大化农民宅基地交易收益。

（3）政策性倾斜

通过倾斜性政策可以促进农民参与宅基地流转积极性，比如社会保险、

---

①谢代银、邓燕云：《中国农村土地流转模式研究》，西南师范大学出版社2009年版，第123—129页。

财政补贴、收费减免等，以此打消农民的生存与生活顾虑，确保宅基地使用权流转。

## 三、农村宅基地有偿退出机制

### （一）构建农村宅基地有偿退出机制的必要性

1. 保障农户的土地财产性权益

在我国，农民的生存之道主要是耕种土地。农民一旦失去土地，就意味着失去了经济来源。基于我国现行法律，农民并没有所有权，只有占有和使用的基本权利，这既不利于农村土地可持续性与有效性的发展，也不利于农村土地的合理使用。为了充分实现农村土地的合理开发和利用，使社会经济发展与土地需求两者间相互协调，农民财产利益不受损害等，退出机制的制定是必由之路。对农民来说，建立宅基地有偿退出机制，农户退出的宅基地可以用于换房、换钱等。必将激发农村宅基地内在的财产性功能，通过宅基地的有偿退出，不管是采用何种的补偿方式，都能在一定程度上增加了农民的收入，减少失地后的生活压力。并且对宅基地进行全面整合，城市建设中先选用闲置的土地，这样一来农民的耕种土地可以尽可能被保留下来。基于现行的土地法律文件，土地出租、出卖等做法均不能获得宅基地使用权。所以，宅基地使用权积弊已久。在退出机制推行后，短期内看似农户的权益受损，可对比目前积弊已久的使用权现状，从长期来看农民所得到的收益颇丰。

2. 推动城乡统筹发展

随着社会经济的大发展，人与土地的冲突日益严峻，城市建设用地逐年递减，我国大部分土地容积饱和现象严重，想要使社会经济稳定发展并保持良性向前推进，农村土地成为开发利用的焦点。不过，现阶段我国农村土地没有精细化规划，依然是粗放状态。在城镇化建设逐渐深化后，会出现大量宅基地无人居住、使用率低的情况，宅基地使用率存在一定不足，面积上不符合国家标准等情况。特别在宅基地使用权退出机制尚不健全的情况下，会造成大量土地资源被浪费，使城乡发展战略无法达到预期目标，想要使城乡统筹稳定向前推进，退出机制的健全是当务之急，整个农村的经济与农民的利益息息相关。通过退出机制，鼓励农民依次退出，这样一来农村的土地资源会被系统整合起来，提高农村土地利用率，可以把未被利用或利用不完全的宅基地用作建设农村的相关设施之用，使农村的基础设施得以优化更新，最主要的是这样能使农民的耕地尽量被留存下来，确保不突破我国18亿亩的耕地红线。此外，通过宅基地的退出，实现农村居民的集中居住，从而实现完善农村基础设施建设，改善农户的居住条件，焕发农村新的活力与生机的目标，而宅基地使用权退出机制是当务之急，第一，将土地改革以立法的形式体现出来；第二，以法律为准绳方可使土地制度越来越健全，使社会经济与土地间保持协调发展，才是真正的推进城乡统筹发展之道。

3. 优化土地资源配置

在社会更迭及宅基地繁杂混乱的大环境下，宅基地使用权流转制度受到了质疑，由于宅基地流转操作起来十分复杂且流转对象没有太多选择，农民在整个宅基地使用权流转期间收益寥寥无几，因此该制度并不适用于现今的宅基地流转。目前亟待需要制定出科学、合理的宅基地使用权流转机制，将之前流转制度的弊端剔除，增加农村建设用地的使用率，尽量避免土地资源浪费，使土地资源得到合理化重置。同时，在城市化的进程中，由于土地的供需矛盾，使得目前城市化进程发展缓慢。因此，现阶段，在我国实行越来越严格的土地政策的背景下，只有积极地对农村闲置土地进行统一的整理规划，通过激励政策，合理地引导农户腾退宅基地，可以把部分宅基地用作建筑用地，出让给城市，才能解决城市化发展进程中因用地矛盾所带来的瓶颈问题。因此，优化土地资源配置及健全退出机制是关键因素。

（二）构建农村宅基地有偿退出机制的可行性

1. 法律上的可行性

现阶段，关于我国农村土地的问题，主要是由《土地管理法》以及《物权法》来加以调整。对于宅基地的流转问题，法律上做出了一定的指引，但是就目前情况来说，是远远不够的。在《宪法》中对农村与城郊土地的属性进行了确定，其所有权归集体，也就是说无论是谁想要获得宅基地都要得到集体的首肯。个人、组织等都不能进行土地交易、转让以及占为己有等行为。《土地管理法》里详细阐明了宅基地的划分及获取流程等内容，表示宅基地中耕地占比要尽可能少，尽量不要占用耕地，若出现占用耕地的情况要按照相应的流程去做。同时文件中对宅基地的取得也做出要求，严格秉持一户一宅，如果因某种行为造成宅基地灭失且不在法律保护范围内，不再享受宅基地待遇。其中，对宅基地的面积及登记制度也做了详细要求。《物权法》规定，已经转让或者消灭了的宅基地使用权，理应及时办理相关登记。《物权法》明确将宅基地使用权规定为一种特殊的用益物权，在法律上首次对我国农村宅基地的性质进行了明确的定位定性，而且为以后农村宅基地的合法流转预留了一定的立法空间。目前，关于宅基地的有偿退出，在法律上并未做出明确的规定。但是，依照法理，使用权实际上是在所有权之上所设定的一种权利负担，因此，宅基地使用权也不例外。可通过合同的双方当事人，在合意的基础上，解除宅基地使用权的合同，移除土地所有权之上的权利负担，使得土地所有权恢复原始的状态。同时，宅基地使用权即为权利，权利人理当可以放弃。[①]目前的法律法规并没有禁止退出宅基地使用权。所以，从我国法律法规的走向角度分析，宅基地使用权退出机制的建立健全是未来社会发展的必然，且具有极强的现实价值与意义。

2. 政策上的可行性

土地是农业发展过程中最重要的资源，我国政府不断出台、更新土地政策，这足以彰显我国政府对于解决农村土地问题的决心。2004年，中央政府部门在制定的宅基地管理的意见中强调，各地要因地制宜组织开展对

---

① 高圣平：《宅基地退出与补偿机制》，载《中国不动产法研究》第十二卷，法律出版社2015年版，第21—33页。

农村宅基地的使用状况的调查工作。村集体经济组织在审批农户的用地申请时，必须优先利用集体经济组织内的闲置土地。对于农户闲置的宅基地或者不符合一户一宅政策的，各地要积极制定相关激励政策，调动村民腾退多余宅基地的积极性。村民需要新建住宅的，必须确保按期拆除旧房，集体经济组织按规定回收旧宅基地。2008 年，国务院出台政策：国家重视盘活利用农村集体建设用地，以下两点要引起重视，一是给予农民自主选择权，尊重其意愿；二是使农民的权益不受损害。按规定，从提高农民的生活条件出发，循序渐进地开展关于农村集体建设用地的整理。农民申请宅基地建造住宅的，必须在该行政村、乡镇等的土地规划之下进行，且批准住宅建设用地的，要首先安排利用村庄内的空闲地、闲置宅基地。政府应该对主动腾退宅基地的村民给予适当的奖励，对符合条件购买空闲宅基地的村民，给予适当的补偿。2010 年，在国务院《关于严格规范城乡建设用地增减挂钩试点，切实做好农村土地整治工作的通知》（以下简称《通知》）中规定，必须加快修订有关宅基地的标准，使得宅基地的管理工作以及关于合理确定农村居民点的问题上有法可循。要进一步完善农村宅基地的使用制度，探索科学合理的宅基地有偿退出机制。该《通知》同时指出，要加大力度，盘活农村的建设用地，进一步控制、清理一户多宅的情况，广大农村地区要积极出台激励政策，保证农民退出宅基地的积极性。在 2015 年中央一号文件中，在有关农村改革问题中明确指出，要加强对农村宅基地的管理力度。在坚持自愿原则基础上，切实保护农户的财产权益，在试点地区，循序渐进地开展宅基地的退出工作，实现农民土地财产权的流转。当务之急是为农村宅基地管理中的要点难点找到解决对策，如，完善农民宅基地使用权流转机制，建立农村宅基地退出机制问题等。近几年我国政府在制定农村土地政策之时，反复提及宅基地有偿退出机制，有助于当下宅基地有偿退出机制的健全优化并对全国推进使用具有重大的激励作用。

3. 现实上的可行性

近几年，我国一些地区开始探索对宅基地使用权退出制度的设计，现阶段浙江、河南及重庆等地都以当地的发展实情为着眼点实行土地制度改革，设计出相应的土地退出以及保障制度，现正在实践中。如浙江、天津等地实行了两分两换、宅基地换房以及土地换社保等策略。上述推行土地改革的地区，以天津最有代表性，农民纷纷响应，积极践行不动产承包责任制，保证在农村耕地面积不变的前提下，创建新型区域。农民将个人的宅基地换成了楼房，圆满解决了农民的住房问题，农户之前的宅基地就交由乡镇政府处置，可以用来作为建筑等用途，不至于发生使耕地面积被大量占用的情况。上述试点地区均因地制宜，以各自的发展实情为着眼点，设计出系列与宅基地使用权退出有关的方案，给宅基地使用权退出机制的大面积普及推广提供了保障。现阶段宅基地使用权退出机制逐渐向外辐射，每个试点均要以自身情况为出发点，对退出机制进行相应的改进优化，不可以直接照搬全收其他地区的模式，因每个地区的发展情况及市场有所不同。根据以上内容可知，宅基地使用权退出机制逐渐大面积普及。

## （三）农村宅基地退出的现状分析

### 1.行政推动起决定性作用

我国农村宅基地退出包括产权明确、使用权退出等，是对目前农村宅基地制度的完善，是通过宅基地退出行为，将农村宅基地资产要素的价值实现并凸显财产属性。不过在整个权利流转期间，因利益而产生纠纷的可能性很大，从而使宅基地制度及退出利益达不到预期。[1] 在城镇化建设进一步推进的背景下，地方政府利用行政手段来促进宅基地的退出，使宅基地未能按照法律依次完成退出。[2] 此现象的出现，究其原因是没有从法律层面明确负责宅基地退出的践行者，从而使地方职权使用不当，没有找到其正确的定位。基于以往的农村宅基地退出案例，均把村民视为申请主体，可申请主体仅仅是表象上的，还需进一步探究。部分地区采取的是村民自

---

①关江华、黄朝禧：《农村宅基地流转利益主体博弈研究》，《华中农业大学学报（社会科学版）》2013年第3期。

②彭长生：《农民分化对农村宅基地退出补偿模式选择的影响分析——基于安徽省的农户调查数据》，《经济社会体制比较》2013年第6期。

愿申请及交付宅基地策略，使村民会议或代表会议的价值体现出来，先在集体内部达成建设共识，再将申请提交到上一级别。其中存在的缺陷是：一是申请主体的资格在法律上没有明确界定；二是示范小城镇已经投入建设，而村民才提出申请，村民的主体作用并未发挥出来，更像是表象。所以，有关宅基地退出申请主体方面，对于申请主体及农民主体自愿等方面的内容还有待进一步探讨商榷。

2. 退出范围没有统一的标准

根据目前宅基地退出实践可知，退出范围各不相同。具体有以下几种，一是既要满足土地利用总体规划又能复垦变成农用地的宅基地可退出。[①]二是在满足户籍管理章程的同时，自愿变成城镇居民的宅基地可退出。[②]三是剩余的宅基地，有的地方会引导农民到集中居住点建房，使宅基地空余出来，从而达到退出的目的。[③]综合来看，上述三种退出机制均要满足一定条件方能实行，如果不能满足不可以参与退出。除了上述原因，当地的经济发展、产业用地需求等因素也是制约宅基地有序退出的阻碍。

3. 补偿资金不足

根据目前宅基地退出实践可知，可通过多种渠道来获取资金，具体有政府资金及社会资本。政府资金主要由财政拨款，社会资本主要是由民间资本、银行借贷以及土地转让构成。从目前宅基地退出情况分析，大体上每个区域都是两种资金并存的形式，区别就在于各自占比不同。从表象上

---

① 《宁国市农村宅基地退出办法（试行）》第二条规定："依法使用的农村宅基地，按照土地利用总体规划退出后可以复垦为农用地的，宅基地退出适用本办法。"
② 《重庆市户籍制度改革农村土地退出与利用办法（试行）》第二条规定："本市行政区域内拥有合法农村住房及宅基地、承包地的农村居民，按照户籍管理相关规定自愿退出其农村住房及宅基地、承包地转为城镇居民的，其农村住房及宅基地、宅基地使用权范围内的构（附）着物（以下简称宅基地及建（构）筑物）、承包地的退出与利用，适用本办法。"
③ 江苏省宿迁市出台的《市政府关于促进农民在集中居住点建房和进城（中心镇）购房居住的试行意见》就是采用该种模式。

分析，目前，宅基地退出过程中，相当一部分资金并不能到账用于宅基地的退出，一般多是以政府财政为主。所以补偿资金不到位严重阻碍了宅基地退出的进程，为现阶段亟待解决的重中之重。基于此，带来的问题主要有：（1）盲目拆建与强制上楼，既违背退出土地的农民意愿，又会造成资金与资源浪费。（2）地方政府借助宅基地退出的形式获得大量的建筑用地，可以对其进行招标交易等，得到的收益可能远远超过对农民的补偿金，而农民只得到一小部分补偿。（3）政府在加快资金注入的情况下，可能会出现挤出效应、资金分散与结构失衡等现象。

4. 补偿方式与标准不合理

现阶段，我国尚未从法律层面对宅基地退出进行规范，以至于宅基地退出补偿方式与衡量指标完全处于真空状态。基于以往一些农村宅基地退出实践，可以了解到，可以采取宅基地换小城镇住房、换社保、置换经济补偿与置换房屋等方式，根据各地给出的补偿措施，了解到宅基地退出补偿方式较为固化，并没有多种方式兼容、灵活变通，无法真正给予农民原有的安定与保障，农民依次退出后，却无法获得原有的生活保障，部分农民可能没有了赖以生存的来源。与补偿方式息息相关的是补偿标准。目前，宅基地退出的补偿标准一般以征地补偿标准为基准，且多是一次性补齐，从实践效果来看不容乐观。[1]另外，补偿范围有限，宅基地退出的补偿并未系统化、完善化，整个补偿机制的价值没有充分发挥出来。

5. 退出程序不规范

宅基地退出程序，一方面是宅基地退出申请环节的审查批准程序方面的内容，另一方面是制定宅基地退出方案的相应准备工作。基于以往的农村宅基地退出案例可知，退出程序上还存在一定缺陷，不同区域所推行的宅基地退出程序存在差异，像天津市在宅基地退出机制中包含了土地管理、融资管理、审批程序以及法律责任等内容，安徽宁国市的宅基地退出机制

---

①孔东菊：《户籍改革背景下农村宅基地退出机制研究》，《华南农业大学学报（社会科学版）》2014年第4期。

相对而言没有天津市的详尽，只规范了退出原则、申请程序和补偿办法等，重庆市退出机制重点强调了申请审批程序。宅基地退出属于物权变动行为，权利主体（使用权人、所有权人）在整个过程中都要参与进来，了解退出程序，但具体到申请主体、农民参与等，各地规定的差别也很大，各地的做法多有限制上述权利之嫌。

### （四）农村宅基地退出机制的构建

#### 1. 约束机制

首先，构建农村宅基地有偿使用体系。2017 年中央一号文件《关于深入推进农业供给侧结构性改革加快培育农业农村发展新动能的若干意见》、2018 年中央一号文件《中共中央国务院关于实施乡村振兴战略的意见》都强调，对试点宅基地的成效进行汇总，深入分析并设计更为合理的宅基地的有偿使用及自愿有偿退出机制。农村宅基地有偿使用制度的约束机制作用发挥的关键在于有偿使用费标准的高低如何来进行设定。项目组认为：不同的地段制定不同的赔付方案，如果地段、土壤条件以及收益俱佳的地方可以多支付一定的补偿金。反之效益差的地段，可以少支付一定的补偿金；另外，要根据不同的人制定不同的赔付方案。如违法占地等不但不予以赔偿还要勒令上缴罚款。

其次，建立农村宅基地退出保证金机制。目前有很多农户会保留旧房子，建设新房。等到新房子建设完成后也不会拆除旧房子。基于此，相关管理部门要对其进行管束，让这些用户缴纳部分保证金，以此保证用户能在新房子建设完成后将旧房子拆掉，相应的土地使用权归还村集体所有。若农户遵循合同要求在规定的时间内将旧建筑拆掉并将使用权归还给村集体，可以把保证金再退给农户；若农户没有按照要求完成旧建筑的拆迁工作，宅基地部门有权对之前的旧建筑拆除，拆迁费用由农户的保证金抵扣，若保证金不够的情况下由政府出资。

再次，建立农村宅基地违占惩处机制。按照"一户一宅"的要求，引导农户将违法占用以及多占的宅基地归还给村集体，若属于城市户籍，则无权在农村享有住宅，可以通过法律手段直接收回其房产权，阻止城市人口去农村购置房产之风蔓延；若属于农村人口，也是村集体的农户，可以借助法律勒令其归还非法占用的宅基地，保留房屋的所有权，勒令其在某时间范围内将其拆掉。若农户是一户占有多个宅基地的情况，同时不想归还违法占用的宅基地，可使其上缴多余的宅基地的使用费，使农户自家判断宅基地的成本与收益，经济手段以及法律手段相融合，让村民自愿把余下的宅基地使用权交还给村集体，完成国家"一户一宅""面积法定"的初衷。

2. 激励机制

首先，构建合理的宅基地退出补偿机制。其中最为重要的是明确退出补偿的范围和形式，若农户主动将宅基地交给村集体，第一，要对住宅以及相应的配套设施给予补偿，第二，要对宅基地使用权的让渡给予经济补偿。若是由于公益因素农民要上缴农村宅基地的使用权，可以上述补偿机制为基准。若是宅基地存在违法占用等行为，在查明后若情况属实仅仅对基地上的房屋进行经济补偿，其他配套设施等不予以补偿。对于补偿形式，可让农户自己选择，无论是选择金钱、住房、实物等均予以满足。

其次，建立宅基地定价评估机制。地方政府可聘用国际专业机构来评估相应的宅基地的价值，作为宅基地退出补偿的依据。在精准判断出各宅基地的定价后，可以在一定程度上遏制"寻租"行为，能使农民的土地权益不受侵害，这才是保证农民有序退出的正确方式。

再次，制定农村宅基地退出奖励方案。引导"一户多宅"的农民以及非法建筑的农户自愿归还宅基地的使用权，若农户主动放弃宅基地的使用权可以适当对其进行嘉奖包括金钱、实物以及口头褒扬等；若农户自愿退出宅基地申请资格，要按照农村集体的经济发展及集体综合实力对其进行嘉奖。不过在设计宅基地退出奖励标准时要将所有影响因素都考虑在内。

3. 保障机制

首先，建立健全农村社会保障和福利保障机制。因为农户的宅基地使用权可以一直为其所用，故有福利保障之用，事关农村社会的长治久安。

所以，构建完善化、系统化的农村社会保障与福利机制，主要有以下几方面，一是加大对农村社会保障的建设步伐，建立长效农村低保机制；二是新型农村合作医疗保障进一步加强；三是推进农民养老保险等，真正让农民不再为养老、生病以及住所所担忧，不会因经济条件匮乏而导致有病不敢就医，年老体迈仍要参与劳作，甚至没有住房遮风避雨，真正解决上述问题才是从源头上让农户放下焦虑与担忧。

其次，建立宅基地退出农户的就业支持机制。一方面，给退出的农户提供相应的就业机会，让劳动就业部门对这些农户进行集体培训，让每个人都能学有所长、掌握一技之长，使农户可以在社会中找到适合自己的工作，可以源源不断地增加收入，而不是仅仅依靠国家一次性给付的补偿金，没有生存技能终有一日会坐吃山空，这不是国家希望看到的局面，因此要帮助退出的农户尽快找到工作，融入社会大家庭，这才是长远之道；另一方面，税务局、财政部以及就业局等要设计系列方案帮助农户尽早融入社会，如利用给予录用农户的企业可以减免部分税收等政策来引导各企业录用这些农户，且和农户订立合同，免除农户的后顾之忧；另外，若宅基地退出的农户进行创业，相关部门要给予相应的帮扶，如无息贷款、融资担保等，让有梦想、有思想的农户可以带头创业，通过创业促进农户的就业。基于就业支持机制，帮助这些农户可以尽早找到合适的工作，真正让农户有生存之道。

4. 配套机制

首先，建立产权交易市场。宅基地产权交易市场的建立有助于宅基地退出机制的实行，能在一定程度上缩短城乡间的经济鸿沟，有利于加快城乡统筹建设的发展。基于"还权于民、还利于民"的思想，宅基地产权交易可以先明确产权交易主体，再设置产权交易平台、确定交易价格/价值，然后建立科学的产权价格评估制度等。

其次，健全农村宅基地用地规划制度。参照英国的乡村规划，乡村环境的保护与治理是关键。一是要注重发挥乡村特色，建设魅力乡村。二是要对农村宅基地退出机制加大推广，让更多农户了解到国家的政策，使政策信息趋于公开透明。在设计规划时要立足长远，文件条款要言简意赅、落实工作要循序渐进，不可操之过急。唯有如此，农民才能真正理解并支持国家的政策决定，主动进行宅基地退出。

再次，对我国户籍制度进一步健全。宅基地退出政策的实行需要户籍制度来配合，进一步加快城乡一体化发展进程。可以让农户自愿选择留存承包地，此时农户虽然没有了宅基地使用权，但是仍然可以进行相应的耕种劳作得到收益。与此同时，户籍制度改革和社会保障体系改革要实现无缝对接，户籍改革与自然资源保护结合起来。随着户籍、社保等制度的健全，城乡间的差距逐渐缩小，农户可以尽快转换角色、向城镇居民过渡，使城乡统筹得以良性稳定推进下去。

# 第十一章 农村小产权房流转的法律规制研究

小产权房在我国多个地区属于普遍存在的现象，在新型城镇化进程不断推进的过程中，小产权房与其实际发展需求不适应，不利于新型城镇化目标的全面实现。因此，对小产权房法律问题展开研究，探索有效解决其问题的策略，是当前新型城镇化建设的实际需求，是解决"三农"问题的当务之急。

## 一、小产权房存在的原因分析

### （一）法律空白

作为我国住宅的一个特殊形式，小产权房是社会发展和体制改革的一种特殊产物。在城镇化快速发展的推动下，我国住房制度改革快速推进，商品房成为居民最主要的居住形式。但是由于住房保障制度不够健全以及集体土地管理制度缺乏完善，使得小产权房逐渐成为我国一种重要的住房形式并得到了快速发展。目前，我国尚未就小产权房问题制定健全完善的法律规制，在小产权房管理方面缺乏完善有效的法律依据。虽然现行的《土地管理法》对集体土地的流转问题进行了一定程度的约束和限制，但是并未明确建于集体土地上的住宅的归属问题和法律属性。这就导致我国小产权房的管理缺乏完善明确的法律规制，使得小产权房的管理缺乏依据。虽然政府已经充分认识到了小产权房监督管理的重要性，也制定出台了一系列规章制度进行约束，但是现有规章制度过于笼统，仅仅属于原则性的规定，缺乏详细、完善、具体的执行规章和依据，难以为相关工作提供充分保障。[①] 规章制度的法律效力要低于法律，同时也缺乏必要的整体性与稳定性，无法保证各项制度的执行效果。上述问题的存在也使得我国出现了屡禁不止的小产权房违规开发建设问题，对我国房地产市场的正常发展造成了日益严重的影响。

### （二）土地体制根源

农村土地依法由农民集体共同拥有。但是农民个体仅仅拥有土地的使用权，其所有权仍由国家掌控。在房地产开发过程中，开发商必须取得开发资质才能在集体土地上建设房地产项目，也就是说，开发商必须按照有关规定严格办理土地征收手续才能将集体土地的性质转变为国有，方可进行房地产开发和销售。但是在我国二元结构的体制下，土地性质也呈现出二元特征，土地开发也因二元结构被人为割裂为两个不同的体系，实行不同的开发机制。集体土地无法流转、交易、开发与抵押的特性使得小产权房在市场流通方面存在一系列问题，从而导致了日益严重的产权问题。

### （三）高额利益驱使

由于土地资源属于有限资源，政府无法将其大规模地长期出让。在政府行政权力的影响下，低价征收与高价出让成为不少城市土地开发的形式，导致农民利益受损，政府享受了土地出让的巨大利益。利益分配不公的问题成为我国城镇化建设过程中面临一个比较严重的问题。

在巨大利益的引诱下，个别农村集体违规改变土地用途，通过出售兑现的形式作为小产权房的建设基础。在小产权房开发和销售的过程中，虽然村集体所获得的利益远远低于开发商，但是与之前的土地收益相比已经超出数倍甚至数十倍，这就具备了非常充分的小产权房发展空间。土地的违规开发成为我国农村的一个普遍现象。特别是在巨大利益的驱使下，村

---

① 赵汀：《论小产权房的法律规制》，中国人民大学出版社2011年版，第13页。

集体也倾向于自行开发土地，从中获得远高于政府征收的收益，这就导致小产权房不断出现。

### （四）政府监管缺失

20世纪90年代开始，我国相继出现了各种小产权房。在缺乏有效监管的环境下，违规开发、违法用地的问题比较突出。早期的小产权房规模下、分布分散，并未得到监管部门的充分重视，违规开发小产权房的问题未得到及时纠正。这就导致了小产权房的问题日益严重，逐渐成为影响我国住房制度改革与房地产市场发展的严重问题。[①]在巨大利益的驱使下，越来越多的开发商投入到小产权房开发建设领域，建成了越来越多的小产权房甚至成为一种社会现象，此时小产权房问题才得到了监管部门的重视但为时已晚，小产权房已经发展成为短期内无法有效解决的问题。

### （五）社会保障缺位

对于农村和农民而言，土地是最基本的资源，是农村发展与农民生活的根本所在。在不健全的社会保障体系的影响下，土地只有进入市场流通，才能为村集体和农民带来最大的经济利益，以此满足农民生活所需。特别是在政府土地征收补偿价格相对较低的影响下，违规建设小产权房成为村集体和农民更好的选择。此外，在商品房价格不断攀升和经济适用房、限价房、廉租房等保障性住房严重供不应求的共同影响下，相对低价的小产权房成为城市中低收入者的更好的选择甚至是唯一选择，这也为小产权房的存在创造了条件。

---

① 王云利：《浅析小产权房法律问题》，《法制与社会》，2009年第1期。

## 二、小产权房合法流转的法律障碍分析

### （一）立法障碍

就目前的法律体系来看，针对"小产权房"这一特殊问题，我国尚未制定健全完善的法律制度，难以为小产权房的发展和监管提供充分的法律依据。现行的法律法规也无法积极有效地解决"小产权房"流转问题。[①]以《民法典》等为代表的法律法规中对于小产权房的内容也存在内容模糊、不够明确具体等问题。

此外，我国法律制度建设速度与社会经济发展速度之间存在显著差距。具体到小产权房监督管理环境，现行法律法规仍然停留着集体土地监管环节，通过限制土地流转的方式控制小产权房的发展。虽然上述方法在早期发挥了积极有效的作用，但是也会导致我国农村土地、住宅闲置的问题，不仅严重浪费了农村土地资源，而且无法满足农村的利益需求。而现行的监管制度并未从根本上杜绝小产权房开发、流转的问题，小产权房在我国房地产市场中仍然占有一席之地。立法滞后的问题成为小产权房屡禁不止的根源之一，严重影响了我国房地产市场与农村的科学和稳定发展，也使得小产权房成为困扰我国城镇化建设与农村发展的主要问题。

再者，法律制度之间也存在着一定的冲突问题。对目前现行的法条内容进行分析之后不难发现，《宪法》中针对公民私人财产持有明确的保护态度，同时，土地的合法合规流转也是被法律允许的。《民法典》针对房屋权利有相应的规定，指出房屋是公民的合法财产，公民可以依法处置。由此我们可知，依据我国法律的相关规定来看，"小产权房"属于农民的合法财产，农民可以对其拥有处置权，因此，自由交易是被允许的。但是从我国《土地管理法》的相关规定来看，对于将集体所有土地用于非农业建设等行为是不被允许的。换言之，"小产权房"是不得被交易的。从《宪法》

① 符启林：《房地产法》，法律出版社2009年版，第46—47页。

与《民法典》等相关法律的实际内容来看，农民有权自由地流转其"小产权房"；但是，《土地管理法》明令禁止"小产权房"的流转。另外，法律内部的相关规定也有冲突问题，比如《土地管理法》第62条指出，集体建设用地可以依法转让其使用权，但是在第63条中却否定其转让可行性。

从立法层面来分析可知，在新型城镇化不断推进的过程中，农村集体土地使用权流转的禁止规定已经导致了小产权房问题的解决面临着更多的阻碍。小产权房问题不仅是"房"的问题，同时还是"地"的问题，并且，"地"的问题更甚。长期以来，农村集体土地用途都被各类规定进行严格管制，基于长远发展来看，这种制度不利于我国新型城镇化的发展。

（二）司法障碍

首先，小产权房交易合同是否具有法律效力问题。从流转手段来看，小产权房主要是买卖流转，双方所签订的合同具有何种效力，是司法审判的核心问题。就小产权房买卖合同纠纷案的实践来看，最高人民法院针对于此类案件发布过复函，对其买卖协议法律效力持否定态度。因此，小产权房交易合同在司法层面视为无效。从外在来看，对于小产权房的交易，司法机关持否定态度，并且予以惩罚，但是这种处理方式却导致小产权房的问题不能得到良好的解决。法院之所以判其合同无效，主要依据是法律明确规定了城镇居民无权购买农村宅基地，而小产权房正是在农村集体所有的土地上建设的。因此，买卖合同中的标的是否含有其土地使用权便直接对其合同的实际效力有着重要的影响。依据法律法规的相关规定来看，农民的土地使用权是不被允许流转的，但是法律法规并未禁止建设在其上的房屋的流转。从所有权归属来看，房屋为村民所有，宅基地却是归集体所有，房屋与土地两者相结合的情形下，在进行处理的过程中或房随地走，或地随房走。实际上，司法机关并没有充分足够的理由否定小产权的买卖合同。我国的《物权法》并未针对集体土地的流转明确限制或者禁止，依据我国《土地利用规划》以及《城市建设规划》来看，小产权房与其相关规定是相符的。但是，从《土地管理法》的实际规定来看，禁止小产权房存在着"违宪"的嫌疑，在全面推进新型城镇化的过程中，假如只是以司法否定的模式来解决小产权房中存在的法律问题，会对整个经济社会的全面发展、人们生活水平的提升产生不利影响，这是不符合司法"自然法"宗旨的，司法的公平与正义性也无从体现。

其次，对小产权房流转限制过程中存在的其他突破问题。小产权房的流转有多种形式，买卖只是其中之一，继承、赠予以及财产分割等都是其常用的流转模式。在司法实践里，法院在进行案件审理的过程中，裁判文书往往会突破其限制的禁区。举例而言，某农村住宅为某对夫妻共同拥有，但是，夫妻之一为该村成员，另一人归城镇居民之列，一旦双方办理离婚后，房屋的分割便会面临着困境。基于夫妻共有财产的角度来看，该财产应当被分割，但是，基于其房屋是在农村宅基地上建设，依据相关法律的规定，城镇居民不能分割，导致宅基地流转限制被突破，但是，如果不对其进行分割，那么，又与公平原则不相符。同理，在继承、拍卖等相关诉讼案件中，这种问题也存在。

# 三、集体建设用地流转与商品住宅开发的政策进退

## （一）问题的提出

在现行法律框架内，除个别情况外，农村集体建设用地流转仍是禁区，而集体建设用地流转用于商品房开发是"禁区中的禁区"。《国土资源部农民集体所有建设用地使用权流转芜湖试点总结研讨会纪要》（国土资厅发〔2003〕48号）明确，严禁使用农民集体所有建设用地用于商品住宅开发。用于商品住宅开发的，应当征为国有，纳入国有土地市场统一管理。

## （二）制度设计上不可回避

国务院《关于深化改革严格土地管理的决定》指出："在符合规划的前提下，村庄、集镇、建制镇中的农民集体所有建设用地使用权可以依法流转。"这表明，在扎实的试点实践基础上，集体建设用地可以依法流转

的大方向已经明确，法律限制的去除和具体制度的设计，留待修改土地管理法和制定集体建设用地流转的行政法规加以解决。由此判断，这个"禁区"有望于近期突破。而在具体的制度设计中，如何看待流转的建设用地用于商品住宅开发的问题，就成了摆在我们面前的重要问题。

### （三）实践发展陷入矛盾

随着流转试点的进一步深化，有的同志提出，流转的集体建设用地用于房地产开发的问题亟待解决。理由是，流转土地使用权的目的之一是促进小城镇的发展，提升农民的生活质量，小城镇的发展需集聚外来人口，如何留住这些人，逐步地实现城镇化进程，如何解决这些人的住房需要就成了困扰集体建设用地流转试点的关键性问题。这几年笔者到芜湖市鸠江区大桥镇去过多次，几乎每次镇领导都要提出这个问题。

### （四）问题的利弊分析

1.放开流转用地用于房地产开发的连锁反应可能导致不可控

集体建设用地流转不得用于房地产开发，是从控制建设用地总量，规范培育房地产市场，严把土地闸门角度出发考虑的。如果开了口子，可能造成的危害有以下几点：

一是形成城乡房价明显落差，驱使大量城市居民到农村或者小城镇买房，势必形成与28号文件中"禁止城镇居民在农村购置宅基地"的规定相抵触的局面；

二是在房地产开发过热的背景下，一些农村集体或村民会产生强大的卖地冲动，形成大量的房地产开发向农村、小城镇蔓延，有可能造成建设用地总量失控；

三是由于房地产开发带来的短期高额利润是一次性的，容易刺激土地产权人的短期行为，诱使行政力量插手利益分配，形成对房地产项目的强烈偏好，有可能造成土地供应结构性失衡。

2.继续禁止下去可能造成对农民利益更多的侵犯，不利于和谐社会建设。

一是不符合宪法和法律。我国宪法和法律都明确征收或者征用的目的仅限于公共利益的需要。全国人大十届二次会议通过的宪法修正案明确："国家为了公共利益的需要，可以依法对土地实行征收或者征用并给予补偿"。全国人大常委会做出了关于修改土地管理法的决定，相应地修改了《土地管理法》第二条第四款。从法理上说，商品住宅开发早已跨出了"公共利益"的范围，是最为典型的非公共利益征地。集体建设用地流转一旦用于房地产就须征收，没有法律依据。

二是客观上造成了对农民土地权益的侵犯，引发更多社会矛盾。一些农村拆迁纠纷可以很好地解释这一点。农民感到心理上难以接受的是，政府一手从农民手中低价征收，一手高价出让给房地产商建高档房产、别墅。江苏省无锡市新区墙门村被一高档房产开发项目"吉祥国际花园"占用，农民的二至三层的砖房被强制拆迁，每平方米的所谓"评估价"只有315元，几步之遥正在火爆销售的单体别墅的价格是6600元，平均每栋占地均1亩。农民反映，他们祖祖辈辈耕种的土地被无偿拿走，只给了800块钱青苗费，年老农民每月229元的生活费。而开发商的拿地成本是80多万元，这中间丰厚的利益都被政府和村、组获得。至于农民，只好被强行赶走了。

三是这种限制对房地产过度开发也不能构成实质性障碍，导致房价脱离供求关系虚拟化。如前所述，相对于流转而言，征地显然对政府和村级组织更有利，房地产开发的冲动与这股利益驱动力不谋而合，形成了全国房地产整体过热的局面。更值得注意的，由于征地带来的高昂的拿地成本（不仅包括土地本身的价格，还包括搭车收取的许多税费）在获取交易安全的同时抬高了交易费用，间接增加了买房者的负担，多支出的费用的流向不外乎两个，一个成了"租"，流入少数的腰包，一个成为纯粹的资源损耗被白白浪费掉了。

（五）突破与规范的几点思考

对于这个政策界限，芜湖试点是严格把控的，试点之初就三令五申，每年的考核也在严格地对照检查，一旦发现，立即严肃纠正。这次到芜湖调研，当地同志再次提出了这个问题，感到矛盾重重。

事实上，在实际操作中，当地在具体政策界限的把握上是有所松动的。芜湖市 2003 年下发的《关于进一步深化农民集体所有建设用地使用权流转试点的若干意见》中强调，各试点镇要严格控制以流转取得土地使用权的方式进行房地产开发，确需以流转方式提供土地使用权的，集体建设用地使用权的提供者应采取拍卖、招标的方式提供土地。今年 2 月试点领导小组下发的《关于进一步规范和深化农民集体所有建设用地使用权流转试点工作的通知》中提出的"十二点意见"中重申"严禁擅自利用流转用地进行经营性房地产开发"。这说明，实践中他们努力把基本的住房需求与"经营性"房地产开发区分开来，强调管理的重要性，并竭力寻求规范的管理手段。看来，突破的力量已是箭在弦上，蓄势待发，不能不正视了。

遵循着集体建设用地流转"在依法转用的前提下，以流转代替征用，还农民以处置土地财产的权利"的思路，以下尝试突破这一政策限制，提出若干规范的办法，作投石问路、抛砖引玉之用，供进一步研究：

1.从解决农村人口向小城镇集聚、劳动力流动的需要，可以尝试建立"第三市场"，即住宅小区的土地、房屋仍属农民集体所有，仅向集体以外的人员出售 20 年或 30 年居住权。这样，既可解决外来人员安居问题，又回避了房产（连同土地）转让的难题，丰富了房地产价格体系，不会对房地产市场造成冲击。

2.从建立城乡统一的房地产市场角度，可以考虑将目前政府收取的地价款中的土地开发成本分离出来，设定统一的税收。这样，农民集体和农民在以土地所有权参与城市化收益分配，政府以提供公共产品作为回报，通过税收参与分配，开发商以正常利润参与分配。政府税收设计的目的就在于使农民集体建设用地流转方式开发的商品房价格，在剔除区位因素后，与国有土地上的商品房价格大体一致，逐步实现与市场并轨。

3.严格规划手段，管住土地用途。强化土地利用总体规划、城市规划和村镇规划的实施手段，进行商品住宅建设的，必须符合规划，并经县级以上人民政府批准，纳入城镇供地计划统筹考虑。要严格设定容积率、开发规模等条件，向社会公开招标房地产开发主体，由农民集体参与决策的全过程。

## 四、规制小产权房合法流转的思路

### （一）确立科学合理的规制原则

小产权房问题的存在是由多个不同的因素所导致，在对其进行规制的过程中要从国内实际现状出发，结合以下几方面的原则：（1）平等原则。法律的一个核心价值便是平等，在对小产权房进行流转规制的过程中，必须将国家、集体、个人的财产都放在公平被保护的层面。（2）社会稳定原则。如果将所有的小产权房都直接定性为违法建筑，同时还强行要求其拆除，会导致一些贫困人群居无定所，严重的会导致社会和谐与稳定受到不利影响。因此，必须坚持社会稳定原则。（3）循序渐进、具体问题具体分析的原则。从国内的实际现状来看，目前小产权房保留基数大，覆盖广、涉及人口多，而不同的小产权房的规模、利益主体等都存在着一定的差别。因此，要考虑到不同区域的实际情况，坚持循序渐进、具体问题具体分析的原则。（4）可持续发展原则。可持续发展是我们社会发展的核心，因此，小产权房问题的解决，一方面要满足当代人的实际利益需求，另一方面还要考虑到后人的利益不被侵害，无论法律的判定如何，开发商与村集体都要秉承此原则来解决问题。（5）公平效率原则。从当前小产权房市场发展现状来看，如果要稳定其发展局面，对其进行合理的规制，要从群众利益层面出发，从而确保公平性、效率性。

### （二）建构与经济发展相适应的流转制度

从立法层面来看，当前国内"小产权房"流转立法要充分结合市场规律与农村发展现状，对法律规范、制度进行合理的修改，从而形成科学、有效的流转法律制度。要实现这一目标需要做到以下几点：首先，明确其流转标的物的具体范围，确定农民进城闲置的房屋、自住之外的多余房屋不应归于其列。其次，集体土地在进行流转的过程中应以有偿的形式，受让者需要支付相应的出让金。[①]再者，做好登记工作，确保"小产权房"的流转都可以充分登记在册，明确其产权归属问题。最后，不仅要从法律层面允许其流转，同时还要保护物权，针对主体、性质存在差异的土地，要给予其平等的保护，确保全面落实"平等保护物权"的法治精神。

### （三）完善集体建设用地流转的配套制度

尝试构建一个有序的城乡统一建设用地市场，在相关规划与制度的管制之下，农村集体经营性建设用地的流转应被允许，并在市场中有序进行。同时，构建一套国家、集体、个人多方利益主体土地增值收益分配方案。需要从以下几点完善其配套制度：（1）健全土地征收制度，对其征收的范围要进行缩小，对征地的程序要进一步规范，改变政府的市场垄断局面。（2）构建一套完善的农村集体经营性建设用地产权制度，形成一套资产评估与产权登记制度，从而确保农村集体经营性建设用地的流转能够依制进行。（3）对于土地的入市范围、入市途径等进行明确的规定，构建一套完善、合理、统一的城乡土地规划机制。（4）在合理范围内提升农民的土地收益，统筹安排国家、集体、个人多方利益主体在土地增值收益方面的比例，以制度的形式引导利益分配。

---

①马俊驹、王彦：《解决小产权房问题的理论突破和法律路径——结合集体经营性建设用地平等入市进行研究》，《法学评论》2014年第2期。

# 第十二章　比较研究：黑龙江垦区土地适度规模经营及流转制度

## 一、黑龙江垦区在城乡一体化中的作用

### （一）以垦区的农业现代化带动全省城乡一体化

城乡一体化，"必须借助于农业的高度发展，提高农业的劳动生产率以及农业在商品经济中的贡献率，质言之，必须使农业的现代化程度（机器的应用、化肥的使用、农业科技含量的提高）及发展速度逐渐与工业趋同"。目前，全省农村的农业现代化程度与垦区仍有较大差距。如垦区基本实现了以机械化、规模化为特征的现代化农业，而地方还停留在以分散经营为特征的传统农业阶段。垦区农业机械化率95%，地方农村只有80%左右（而且质量低下）；垦区劳均生产粮食35.4吨，而地方农村劳均生产粮食仅4.5吨；垦区农场职工人均纯收入9525元，地方农村人均纯收入4132元。垦区的土地产出率也大大高于农村，四大作物水稻、玉米、小麦和大豆的平均亩产比地方农村分别高出200斤左右。因此，必须发挥垦区的现代农业优势，带动全省城乡一体化进程。首先，垦区要自壮筋骨，建好现代农业示范区。按照现代农业产业体系健全、土地经营规模化、劳动过程机械化、农业技术集成化、生产经营信息化、全程管理标准化、产品质量安全化、土地高产出、劳动高效率、职工高收入，能够为保障国家粮

食安全、引领中国特色农业现代化建设的要求，着力建设现代农业示范区。其次，加强场县合作共建，发挥垦区的示范带动与辐射作用，努力提高全省农村现代化农业水平。场县合作共建的重头戏，就是发挥垦区农机装备优势，为周边农村提供跨区代耕、代种、代收服务。通过以上几个方面的直接服务与示范带动作用，使地方农村的农业机械化率、劳动生产率、土地产出率和人均收入等各项指标，逐步达到或接近垦区水平，通过垦区和"影子垦区"的示范带动作用，使全省其他农村地区成为"泛影子垦区"，农业现代化程度逐步接近垦区水平。

## （二）以农垦工业化带动全省城乡一体化

实现城乡一体化必须借助于工业对农业的引领、促进和支持，把工业领域的先进技术、经营理念和管理方式尽快应用于农业和农区工业的发展。垦区经过60余年的开发建设，农垦工业已初具规模。特别是进入新世纪后，新建了一批在全国具有领军地位的农畜产品加工企业，如九三油脂、北大荒米业、北大荒薯业、北大荒麦芽、完达山乳业和北大荒肉业等龙头企业。垦区的农业产业化国家重点龙头企业已增至7家，还有8家省级重点龙头企业和25家垦区级重点龙头企业，精心构筑了农产品加工业、食品制造业和医药制造业等支柱产业。以农垦工业化带动城乡一体化，必须依靠垦区龙头企业对基地的拉动作用，在带动垦区基地的同时，也带动周边农村的基地，使农民生产的农畜产品能顺利地与大市场对接，达到增产增收的目的。为此，也要做好两件事：一是把农垦工业企业做强做大，增强其对基地的辐射带动能力；二是把基地，包括农村的基地建设好，搞好利益连接关系，形成利益共同体。要按照产业布局合理、企业集群发展，加工能力强、经营效益好、辐射带动范围广、产品质量安全、能够担当保障安全食品有效供给、牵动农户增收的要求，着力打造垦区食品工业骨干区。围绕"十大"主导产业，做强做大"十四"家重点龙头企业，推动农产品加工产业升级。通过农垦工业化，带动垦区和地方农村经济发展，传播工业文明，促进农工与农民就地转移就业，增加农民收入和市场供应，从而带动城乡经济社会一体化进程。

### （三）以农场城镇化带动全省城乡一体化

城镇化是城乡一体化的载体与平台。垦区有 113 个农牧场、100 多个现代化小城镇，星罗棋布地分布在黑龙江省 74 个县（市、区）中，与地方的县乡村形成了"你中有我、我中有你"的格局。这是黑龙江省的一大特点，也是黑龙江省的一大优势。2008 年 8 月 27 日时任全国政协主席贾庆林在黑龙江垦区考察调研时指出："我看垦区有那么多小城镇分布在全省各地，省委省政府要研究好如何以农垦城镇带动周边农村发展的问题。"[①]因此，要以农场城镇化来带动全省农村城镇化，以农场城镇化的成果来吸引、凝聚周边农民进入城镇，共享农场城镇的城市文明。垦区要按照规划布局合理、城镇规模适度、载体功能完善、生态环境优良、具有北方园林特色、能够集聚产业要素、辐射带动农村发展的要求，集中打造 5 个十万人口以上农垦中心城市，50 个万人以上的重点城镇，50 个五千人以上一般镇，500 个千人以上的管理区，增强农垦城镇集聚产业和吸纳人口功能，加快构建城乡一体化先行区。坚持区域经济社会发展一体化原则，通过深入开展局市、场县合作共建，创新合作机制，拓展共建领域，实现社会公共资源共享，形成农垦带动地方、地方支持农垦、垦地一体化发展新格局。

### （四）以垦区新农村建设带动全省城乡一体化

党的十七届三中全会把建设社会主义新农村作为新形势下推进农村改革发展的战略任务。陈锡文在谈到城镇化与"三农"问题时指出："我们还不能说'三农'问题就只能靠城镇化和工业化来解决。城镇化、工业化，一定会缓解'三农'问题。但为什么要提新农村建设？是因为几亿人在那儿生活、生产。所以，中国还是要两条腿走路，一边推进城镇化、工业化，

---

① 马玉忠、崔晓林：《"北大仓"如何实现城市化——访黑龙江农垦总局党委书记、局长隋凤富》，《中国经济周刊》2009 年第 21 期。

而且要给农民创造更好的进城条件。还要加强新农村建设，发展新农业。"[①]
事实的确如此，中国有7亿多农民在农村生活，即便实现了城市化或城镇化，
也不可能让全国农民都住进城镇。即使是发达国家，一般城市化率也不过
80%左右。垦区即便实现城镇化，也还有50多万职工群众生活在500个
管理区，每个管理区约1000人，是个大居民点或中心村。对这些居民点
或中心村，就应该按社会主义新农村来建设。实现城乡一体化就一定要从
多个渠道和路径进入，运用多个杠杆综合调节，把实现城乡一体化作为一
个系统工程。为此，总局持之以恒地抓好以"住、路、水、能、树、教、卫、文、
保、富"十项内容为重点的民生工程，让全体北大荒人共享改革发展成果，
最终带动全省城乡一体化。

## 二、农场土地与农村土地的区别

### （一）性质不同

农村的耕地属于集体所有，属于生活田、口粮田。而农场的耕地是国
家赋予经营管理权，其使用权已经商品化。

### （二）耕地的承包形式不同

农村的耕地系村民委员会管理，承包到户、到人，只要具有农村户口
的，人人有份，面积均等。农场的耕地除留有一小部分生活田、口粮田外，
绝大部分为商品化的耕地，由农场向农民发包，面积不固定，双方可以协
商确定承包面积。

### （三）承包期限不同

农村的耕地，只要农民还活着，耕地就不能被剥夺。而农场的耕地，
均有期限规定，有法定的和合同约定的解除条件，达到解除条件时，或可

---

① 《"三农"问题破解之道：城镇化与新农村建设并行》，由时任第一财政日报编委
杨燕青电视对话陈锡文录音整理而成。

以单方解除合同，或按双方约定解除合同。

## （四）收费标准不同

农村的耕地不收费。而农场的耕地是商品，农场可以随行就市，确定其承包费价格。

## （五）管理形式不同

农村的耕地，承包者在管理上各自为政，农民愿意怎么种就怎么种，愿意种什么就种什么，没有科学性，产量较低。而农场则相反，可以说农场是全国现代化农业的先锋，农场为了长期、稳定的增产，实行科学的耕作，进行统一、有效的管理，为此制定统一的种植规划和出台相应的政策。

## （六）管理费用不同

农村土地是粗放式的，不需要管理，基本没有管理费用。而农场土地面积大，适宜大规模机械化作业，这些作业须统一管理，这些管理行为，均须一定的管理阶层和相对的管理人员，随之就要发生相应的费用，这些费用，国家不给解决，只能从土地上解决，所以费用相对农村较高。随着社会经济的发展和物价水平的不断提高，农业生产的各项管理费用不断加大，各农场根据自己的实际情况制定相应的各项收费政策（其中包含土地租赁费用），此费用均呈上升趋势，这是符合价值规律的。

## （七）经营耕地的人素质不同

即农场的农工与农村的农民的觉悟有着重大区别。农工觉悟高，素质强，只要农场制定的政策一经公布，农场职工绝大多数均遵照执行，少数有意见的，也不因此影响农业生产。而农民则不然，他们是从外地农村来的，一心想着少交费，多占企业的便宜，稍有不满，便上访告状，只认准"自己的理"，不让"公理"。

## 三、黑龙江垦区土地适度规模经营的必要性

### （一）土地适度规模经营产生的背景

土地的改革和变迁，与农业的增长有十分密切的关系。新中国成立以来，我国推行的土地制度有三次大的变迁：第一次是新中国成立初期，将土地由地主所有变为农民所有，实现了土地私有私营；第二次是20世纪50年代后期，将土地由农民所有变为集体所有，实现了土地公有公营；第三次是从1978年开始，将土地由公有公营变为集体所有、家庭经营，即公有私营。这三次土地制度变迁，都不同程度地促进了农业的较大发展，尤其以第三次变迁对农业的促进作用最大。但是，随着时间的推移，第三次变迁的体制缺陷逐步显露出来，因而农业的继续发展，迫切要求土地经营制度的创新。从目前的生产力水平和社会结构出发，土地制度的创新基本取向应是由"均田制"向"适度规模经营"转变。实践证明，围绕农业专业化、市场化、现代化大目标，以家庭农场为主要形式，组织土地适度规模经营，实行专业化生产，社会化服务和机械化配套，从而大大提高农业劳动生产率和农产品商品率，促进垦区经济大发展可谓是势在必行。

### （二）垦区实行家庭农场规模经营的意义

在对传统的农业经营体制的扬弃与创新过程中，黑龙江垦区创建了为实践所证明行之有效的"四到户、两自理"的科学模式，建立了以家庭农场为基础，"大农场套小农场""统分结合"的双层经营体制这一符合垦区农业生产力水平、深得广大职工拥护的基本经营制度，这是垦区多年改革的重大成果。在现阶段实行家庭农场规模经营的重要性主要表现为：

1.实行家庭农场规模经营，是中国农业参与国际竞争的需要。随着生产社会化乃至全球化，我国这种个体的、分散的农业经营方式因缺少合作，专业化水平不高，难以与国外的农业资本家抗衡。随着生产力的发展，社会分工日益深化和细化，个体的、分散的农业经营方式因为从播种、管理

到收获等各个环节均需要一定数量的劳动力,不符合这种生产力发展的要求,在这种经营方式下,农业生产不可能达到专业生产的水平。而规模经营,实行的是专业化生产,各个生产环节都可以安排有优势的人来做,整体经济效益必定要好得多。

2. 实行家庭农场规模经营,是实现农业产业化的需要。实现农业产业化,就是要实行农、工、贸一体化,产、加、销一条龙,提高农业生产的综合效益。农产品的生产是实现农业产业化的基础,没有现代化农业规模经营,农业产业化就失去了坚实雄厚的基础,也不可能达到理想的整体效益。

3. 实行家庭农场规模经营,是实现农业现代化的需要。我国农户经营的土地零散,条块分割,不利于大型农业机械使用,不利于现代农业科技推广应用,不利于集约经营,严重限制了劳动生产率的提高。农业现代化是不可能在农户小生产基础上实现的,要实现农业现代化,必须改革这种农户小生产模式。

# 四、黑龙江垦区土地规模经营的实证分析

## (一)齐齐哈尔种畜场

### 1. 农场资源概况

齐齐哈尔种畜场位于齐齐哈尔市铁锋区,北邻富裕县,东接林甸县,南连扎龙自然保护区,西靠中心城区。辖区总面积31.6万亩,辖区居住人口11000人,在册职工2130人。全场下设3个管理区,12个作业区,有13个居民自然屯。场区内农牧工商服综合经营,场营经济以农业为主、工业为辅。

### 2. 农场土地资源情况

齐齐哈尔种畜场地处东经124° 4′ 27″,北纬47° 18′ 25″,海拔高146米—149米,属于温带大陆性气候,为黑龙江省第一积温带下限,平均降雨量560毫米,无霜期130天左右,有效积温2500℃—2700℃。现有耕地7.5万亩,林地2.5万亩,草原沼泽地9.8万亩,苇塘水面6万亩。

场区地势平坦，是典型的平原地貌。以高效作物和经济作物种植为主，形成了场东部第二、第三管理区以水稻、玉米为主，场西部以第一管理区水果、蔬菜为主的特色化生产格局。

土地利用结构简单，包括农业用地、林地、建筑用地、沼泽草原。耕地旱田、水田都分等级，土壤类型以盐碱、黑土为主，其他还有草甸土、白浆土等。但在土地利用中存在着索取多、投入少的现象，土地质量逐年下降。对于耕地的承包经营，农场下辖三个管理区，严格按照承包政策、监督检查、实施发包、签订合同、落实耕地、备案检查的流程进行。

3. 两田一地经营方式

按照黑龙江省农垦总局《关于完善国有农场土地承包经营制度稳定土地承包关系的指导意见》等相关文件精神，结合农场实际，土地经营状况如下：

（1）指导思想

以科学发展观为统领，以全面促进和统筹协调农场经济社会发展为目标，完善农场土地承包经营制度，强化土地承包合同管理，正确处理农场利益和农工利益的关系，建立促进农工增收、农场增效的长效机制，推动农场经济社会可持续发展。

（2）基本原则

坚持以人为本原则，充分考虑农工承受能力，确保国家惠农政策落实到位。

坚持职工增收与企业增效相统一原则。正确处理土地收益分配关系，建立利益共享，风险共担的分配机制，实现农工与企业双盈。

坚持完善制度与保持稳定相统一原则。正确处理改革、发展、稳定的关系，妥善处理土地承包中的各种矛盾，确保经济发展和社会稳定。

（3）承租办法

农场继续完善"两田一地"土地承包制度，落实基本田待遇，规模田控制收费，超规模面积面向市场竞价承包。其中，基本田分配方式按照上一年农场政策执行，"规模田"承包顺序：先对内、后对外；先场内、后场外。即作业区、管理区、场直、场外。坚持大稳定小调整的原则，同等价格优先原承包户。"规模田"承包价格：根据农业部、国务院农村综合改革工作小组《关于加强农垦国有农场农业职工负担管理的意见》（农垦发[2008]003号）精神，考虑物价上涨、职工社会保险费、农业保险费缴费额度增长等因素，为了保证农场各项社会事业正常发展，在确保落实国家税费改革政策的前提下，农场合理确定耕地承包收费标准。由于我们农场的各个管理区的种植形式及土地等级不同，承包费的等级也有不同，即：第一管理区：一等地241元/亩、庄园还有296元/亩。第二管理区：一等地251元/亩、二等地241元/亩、三等地231元/亩。旱改水170元/亩，水田：熟地316元/亩。第三管理区庄园255元/亩，一等地255元/亩、二等地235元/亩，三等地215元/亩，水田：熟地316元/亩，旱改水255元/亩。

（4）土地承包费的收缴形式及完成时间

实行货币的收费方式。旱田全部上打货币租金。水田租金实行货币的收费方式，货币地租收取共分两个阶段：第一阶段：1月1日—2月1日，收取总额的50%；第二阶段：2月26日—4月30日，收取总额的100%。

（5）承包年限

正常承包的耕地承包年限为一年。

4. 土地资源利用潜力的建议

对农田和其他零散土地采取综合治理和调整措施，以增加耕地及其他农业用地有效利用面积，提高土地利用率，改善生态环境的活动。由于后备土地资源开发利用难度越来越大，今后通过土地整理，挖掘土地利用潜力，是增加有效耕地面积，提高土地利用率的有效途径。耕地中低产田比重较大，具有很大增产潜力。只需努力改善农业生产基本条件，搞好农田基本建设，培肥地力，耕地生产力能够得到大幅度提高。因此，搞好中低产田改造，发展农业集约生产，是提高现有耕地生产力水平的一条主要途径。

### （二）八五八农场

#### 1. 农场基本情况

八五八农场地处乌苏里江畔，与俄罗斯列索扎沃茨克市隔江相望，国家一类陆路口岸——虎林口岸坐落在农场境内。辖区总面积742.8平方公里，拥有耕地4万公顷，总人口1.65万人，年产值8.9亿元，是黑龙江垦区集农、工、商、贸于一体的专业化绿色水稻农场。

农场拥有独特的地缘生态优势丰富的绿色自然资源。辖区百里大地，天蓝、水清、林丰，富饶、神奇、美丽，像一颗绚丽的明珠，被"三河一江"（大、小穆棱河、松阿察河、乌苏里江）所环抱，犹如一幅秀美的画卷，展现在北国边陲大地上。农场境内沼泽湿地、自然水面、天然植被和散生林木相依而存，风光优美，气候宜人，自然资源十分丰富。农场现有林地1.13万公顷，自然水面1万公顷，牧地草原6000公顷。2011年，农场播种面积60.4万亩，其中水稻53万亩，粮食总产达到35万吨；实现生产总值10.4亿元，人均收入17274元，利润总额3440万元。

#### 2. 土地承包政策简介

##### （1）计划管理

农场对管理区下达年度承包面积、承包费计划，对承包面积、承包费实行总量控制，管理区可对不同耕地确定不同的承包费标准，管理区不得通过缩减承包面积的方式实施减免政策。不得将实际为水田的耕地签订为旱田合同，不得将提水灌区耕地签订为井灌区耕地。需要调整年度承包面积、承包费计划的，由管理区向农场提出调整请示，经政研室会同相关部门联合审核确认，场领导批示后报政研室办理调整手续。

关于工程占地，在未施工前向政研室书面报告，主要内容是工程占地的分类、工程管理部门、占用水田还是旱田、占用地块的版图编号、计划占用面积等，政研室接报告后会同相关部门到现场测量。施工过程中改变施工计划的，由相关部门出具书面说明。工程占地包括农业设施建设工程（主要是标准化育秧基地）、水利工程（主要是土地整理工程）、农业基建工程（主要是晒场、农具场等）。在签订合同时计划占用或正在工程施工中的，先按未占用前的面积及承包费标准上报合同，待实际占用面积确定后，再履行请示、联合审核、审批、调整手续。

关于水改旱、旱改水、股份制奶牛场饲料地的调整及其他变更管理区计划的情形同样要履行请示、联合审核、审批、调整手续。

（2）实名制政策

以家庭为单位，每户承包面积原则上控制在旱田100亩、水田300亩以内。家庭成员中所有符合年龄条件、实际从事农业生产的人员都要在土地承包合同上签字，以户主为乙方代表人。原则上未单独开立户口的成年子女不得签订土地承包合同；在合同的实际履行过程中，政研室、计划财务部、粮食科三个科室的合同编号、承包人、承包面积、承包费标准严格保持一致，以便全过程监控合同的履行；管理区在履行合同过程中应严格针对在合同上签字的承包人主张权利，履行义务，特别是在财务处理上。严格财务核算上的签字手续。在管理区领取物资或货币的签字必须是合同承包人本人或其配偶亲笔签字，不得代签；耕地严禁私自转包、分包。私自转包、分包，原承包人属严重违约，转包、分包行为无效，农场不予退还其所交合同保证金，并收回耕地承包权，另行发包，农场不承担由此给第三人造成的损失。管理区管理人员不得参与承包人与第三人的转包、分包，如种地物资、设备的转让、提供担保等。

（3）"身份田"政策

各单位应严格"身份田"政策，对人员是否直接从事种植业生产活动、是否享受补贴政策负责最终的解释。农场政研室进行综合审核，审核的事项有：农场户籍；劳动年龄；在农场、驻场单位、私营企业单位有劳动合同关系的人员；个体工商户；重复签订合同人员；家庭林场、家庭牧场、家庭渔场从业人员；人均承租面积水田不足8亩、旱田不足15亩的。经综合审核的审核表及调整说明打印一份，盖政研室章后交付管理区在各居民组公示一周。公示后，再行调整无异议，在审批粮食报表时核减相应承包费用。此后本年度不做调整。在年终粮食报表中每亩水田核减45公斤水稻，每亩旱田核减 60 元。面积不足的，按合同面积比例折算。

（4）基础承包费政策

有农场户籍并参加社会养老保险的承包户，以家庭为单位，所承包面积旱田 50 亩（夫妻各 25 亩并含身份田）、水田 100 亩（夫妻各 50 亩并含身份田）以内的承包费标准执行基础承包费价格。面积不足的，按合同面积比例折算。在年终粮食报表中每亩水田核减 13 公斤水稻，每亩旱田核减 10 元。水田和旱田兼种的只能享受一种作物的基础承包费价格。未结清往年欠缴的社会保险费的不享受基础承包费政策。凡职工的由清欠办审核确认，非职工由社保分局审核确认。

（5）计划外农业用水

各管理区应严格监控计划外农业用水情况，及时与当事人签订用水协议，避免年底出现不必要的纠纷。用水协议一式三份，管理区、政研室、用水方各一份。

（6）饲料地补贴

对不实行舍饲的养牛户，取消奶牛饲料地补贴政策。饲料地补贴和基本田补贴只能享受一项，放弃享受饲料地补贴的由其本人在基础信息表上做出书面声明。

（7）渔业、草原等资源管理

渔业、草原等资源的管理参照土地承包管理办法执行。

3. 存在问题及建议

（1）实名制监督力度不足，挂名现象严重，合同人与实际种植户不符或一名种植户种植多名合同人的土地，或多名种植户种植一名合同人土地，造成基层管理难度大，农场和管理区应当加大该项工作的监督力度并出台相应的处罚措施。

（2）种植户私自流转土地现象严重。不少种植户私自将自己名下的土地转包或转卖他人，如此一来，容易造成部分种植户种植过多土地，基层管理难度加大，同时种植户由于劳力不足，生产管理工作跟不上，农艺措施和科学种田不到位，降低了农户收益和农场效益，农场和基层管理区应当出台相应处罚措施和成立相关监督机构，杜绝此类现象的发生。

### （三）二九〇农场

1.农场自然情况

二九〇农场位于中国东北边陲，坐落在美丽的黑龙江畔，南临松花江，与同江一江之隔，北临黑龙江，与俄罗斯隔江相望。二九〇农场创建于1955年，前身是中国人民解放军济南军区农建二师二九〇团。这里自然景色优美，资源丰富，地势平坦，土质肥沃，拥有耕地 4.1 万公顷，林地 1.02 万公顷，草原 4300 公顷，水面 1.25 万公顷，土地总面积达 8.01 万公顷。农场下辖 13 个管理区，总人口 2.7 万余人。

2.土地经营总体情况

完善和实行"两田一地"政策，将耕地按其功能设置"基本田""规模田"和"机动地"。按不同方式发包，实行不同的承包价格。

（1）基本田

"基本田"为基本生活和社会保障田。基本田按每人旱田 15 亩，水田每人 8 亩分配。

享受基本田或基本田货币分配人员的条件：分配对象为具有农场户籍、在劳动年龄范围内（男年满 18 周岁至 60 周岁，女年满 18 周岁至 50 周岁）、职工的劳动关系或落户农民的户籍在管理区从事种植业生产活动的农业从业人员和具有劳动能力的残疾人。对于一个人同时在两个以上单位承包土地的，符合分配基本田条件的，只能在一个单位享受基本田或基本田货币分配，由劳动关系、户口所在单位开具未在本单位享受基本田、规模田的证明，可在种地单位享受基本田，不得重复。否则一经查实，追究有关责任人的责任。

下列人员不分配基本田或参加基本田货币分配：退休及内退人员；在工商部门办理了营业执照的业主；在校就读的学生和现役义务兵；有年薪或工资性收入的各级领导干部、机关工作人员、企事业单位职工、非农产业从业人员；承包养殖水面在 6 公顷以上、林地在 10 公顷以上、草原 10

公顷以上的家庭牧场、家庭渔场、家庭林场，已经占有使用了一定的农地资源，不参加基本田和货币分配；享受饲料地优惠政策的家庭牧场，不再分配基本田，但对享受饲料地优惠政策，未达到应分配的基本田价格优惠时，可按应分配的基本田执行；户籍不在农场的种植户和其他人员；不在劳动年龄范围内的人员；新落户人员不享受基本田和基本田货币分配，三年后无违法违纪行为且符合规定条件的，管理区可考虑将其纳入基本田或基本田货币分配对象（农场子女回迁户口或婚调的除外）；非常住人口。

（2）规模田

"规模田"为规模化、市场化经营田。承包户按规定享受基本田后超过部分为规模田。规模田以管理区为单位，依照市场形成价格机制，竞价或议价发包。

承包的方法：由管理区按照"先职工，后劳力，先站内，后站外"的方式发包。规模田的规模：旱田适度"规模田"面积控制在 200 亩至 400 亩之间。水田"规模田"面积控制在户均 150 亩至 300 亩之间。机动地原则上不得超过本场耕地面积的 20%。为保证科学轮作制度和农艺措施、农机配套的实施，按照分公司下达的生产计划，旱田由各管理区土地发包前统一地号设计，先定种植作物，后发包。管理区要鼓励和引导承包户种植高效、特色经济作物，以较少的资源获得较高的收益。土地承包合同期为一年，承包费实行一年一定。

基本田实行低收费。根据目前的社会五项保险和风险收费实际情况收取承包费，规模田承包费底价收取标准。规模田收费实行级差承包费，具体标准按分公司生产财务计划执行。管理区在确保完成财务计划的前提下，必须根据土质条件、上交承包费总额等因素，确定本单位的实际收取标准。机动地按照市场竞价定价，原则上不高于规模田收费标准的 25%。管理区土地承包应上交的价款全部纳入账内管理。缴纳方式采取承包方用卡在银行直接交费。

职工民主大会是职工实行民主管理、民主监督的基本形式，是职工行使民主管理权力的机构。在调整土地承包关系中，涉及土地承包方式、承包主体、土地价格与实现形式、承包经营权固定与流转等重大问题，管理区应统一执行分公司农业生产承包方案，必须拟定科学规范的农业生产承包实施方案，经职工民主大会审议通过。管理区要将农业生产承包实施方案、分配基本田及货币分配人数、地号设计、土地等级、在产品价格、应上交价款标准等情况进行公示，公示的内容由管理区民主管理委员会成员签字存档。土地发包前公示及报名登记时间不少于 7 天。土地发包后公示不少于一个生长周期。农业生产承包实施方案及公示内容（签字）必须报经有关部门审批后实施。土地承包结束后，公示材料要在管理区保留存档。

3. 土地规模存在的问题

（1）土地面积分配不均

农场面临的最大问题就是土地占有量不均，有的职工私下流转土地，将自己手中的土地转卖给大户，造成种植大户手中的土地过多。

（2）个别种植大户的土地产出效益不高

从经营面积和效益上看，500 亩以下的家庭农场经营主体，能够保证生产作业的农时及作业标准，亩产效益要高于 500 亩以上大面积种植的承包业主。500 亩以上的种粮大户由于承包土地多，管理上不到位，形成粗放管理，导致农时标准、作业标准、灌溉水运输排灌、生产资料运输跟不上，及机械力量和务工劳力的缺乏，这些外部因素，制约了种粮大户的经营发展，土地利用率不高，土地产出率低，影响了土地规模经营发展。

4. 发展对策

（1）探索适于本农场发展的，有利于规模经营的土地承租方式，改善农场土地规模经营环境。

（2）加强农业基础设施建设。特别是在规划设计、水系道路等公益性农业基础设施建设上，为经营户提供必要的服务和条件。同时加大培训力度。培养懂技术、会管理的现代化农业经营者，改善种植大户结构，提高发展土地经营规模的能力。

### （四）二九一农场

#### 1. 二九一农场总体情况

二九一农场以农建二师六团（原中国人民解放军步兵第九十七师第二百九十一团）部队代号命名。归属黑龙江农垦总局红兴隆管理局。位于双鸭山市东北部，松花江下游南岸的集贤县、富锦市、桦川县二县一市交界处。东依别拉音山山麓，与富锦市的锦山乡、西安乡为邻；西与集贤县的腰屯乡、永安乡以及桦川县的东河乡为界；南起二道河，与友谊农场相望；北临松花江，与普阳农场隔江相望。地理坐标为北纬46°50′—47°15′，东经131°20′—131°43′。总面积597平方公里。

二九一农场自1998年开始按照总局统一部署，在上级的直接领导下，于2002年7月25日与二九一存续农场实行"五分开"，成立二九一分公司，是一个以农业为主，实行三级管理的现代化农业大型企业，隶属黑龙江北大荒农业股份有限公司。分公司耕地面积56.8万亩，区域人口1.9万余人。下设四个管理区、38个作业站，6个直属公司。

二九一农场属寒温带大陆性季风气候。春雨少，多风旱；夏高温，多降雨；秋早霜、温差大；冬长寒，多积雪。平均日照2535.8小时左右；平均气温3.7℃左右；积温3029.7℃—3145.8℃；平均地温4.88℃，最高地温在60.3℃—65.6℃之间，最低地温在-33.3℃—-43.4℃之间；无霜期在116—149天。初霜多在9月中下旬，终霜都在5月下旬。年平均降水317.3—733.4毫米之间，年平均蒸发量1114.8毫米。年平均风速3.2米/秒，风向多以偏西为主，仅每年的7月份以偏东为主。

#### 2. 土地经营总体情况

二九一农场耕地面积56.8万亩，2013年计划种植面积56.8万亩，完成计划面积100%，其中：水稻种植面积30.2万亩，玉米种植面积22万亩，甜菜种植面积4万亩，其他经济作物0.6万亩。预计粮食总产可达32万余吨，粮菜总产42万余吨。

有机农产品和绿色食品认证无公害食品56.8万亩，包括水稻、玉米、甜菜、西瓜。绿色食品认证 2 个作物共计 32 万亩，2.55 万吨；有机食品认证 3 个作物 3.6 万亩。

土地经营按"两田一地"的基本原则进行发包，其中基本田占总耕地面积的 20% 左右，规模田占 60% 左右，机动地占 20% 左右。

3. 土地经营中存在的问题

（1）土地经营除地块搭配外，土地的经营者一年一定。这与全国农村土地经营固定化截然不同，这种土地经营方式必然造成承包者的短期行为，从而对土地几乎没有任何长期投入。

（2）家庭承包户上缴费用随行就市，一年一定。农场每年都要相应确定承包土地的单价，根据意愿承包经营土地的家庭数量确定具体的上缴数额，且不同的农场又各不相同。这与国家针对农业要"减轻负担""稳定负担"的方针相违背，其结果是造成农民普遍缺乏积累。因此，现有土地经营制度安排无法保证家庭农场向较大规模发展。

出现上述情况与黑龙江垦区的职能变化具有紧密联系。家庭承包经营前以及承包经营后的一段时间内，黑龙江垦区具有政府和企业双重职能。但目前其政府的职能方面正在弱化，而企业的职能方面正在加强，正是这样一个发展过程，导致人们短期行为的产生，先是导致农场行为的短期化，农场行为的短期化又导致农民行为的短期化。

（3）黑龙江垦区土地归国家所有，与农村集体土地所有制不同。现在国家所设计的土地经营制度都是针对集体土地所有制的。众所周知，这种土地经营制度经过了一个由下至上的发展过程，因而比较符合农民的意愿。但是即便如此这种针对集体所有制的土地经营制度仍处在不断的探索之中。而黑龙江垦区的土地经营制度是采取由上至下由国家供给的方式，并不是经过垦区农民自发形成的，因而其适用性和针对性对于垦区来说都不是很强。

4. 解决方法

（1）充分利用经营制度所具有的灵活性，在产权制度不变的条件下，寻找出各地适合自己发展的土地经营方式。

（2）采取有效措施，稳定农民的土地经营，尽量消除农民在土地经营过程中的短期行为。在此基础上，争取农民逐步增加对土地的长期投入。

（3）提高对农业、农村和农民发展重要性的认识，科学核定农民的上缴数额，切实减轻和稳定农民的负担。使从农业丰收中取得的收入能真正成为农民的积累，进而转化为农民扩大再生产所需的资金支持。

（4）为外来农业承包大户创造有利条件，使游资变成农业的长期投资，促进垦区家庭农场的发展。在采取以上措施的同时，我们还必须清楚地认识到，经营制度的灵活性并不能解决所有问题，甚至不能完全解决土地经营制度内部的所有问题，它必须与其他制度相配合才能达到预期的效果。

## （五）红星农场

### 1. 农场的基本情况

红星农场位于小兴安岭南麓，轱辘滚河畔，是一个环境优美、风景秀丽、资源丰富、人杰地灵的现代化国有农场。它位于黑龙江省北安市境内，隶属黑龙江农垦总局北安分局。北纬 48° 02′—48° 17′，东经 126° 47′—127° 15′，属寒温带大陆性季风气候，四季分明，全年平均降水量 555.3 毫米，年 ≥ 10℃，活动积温是 2250.1℃；土地面积 58.8 万亩，耕地 41 万亩，草原面积 7.6 万亩。耕地多为丘陵漫岗，土质肥沃，宜于耕作，并极有利于农作物生长；周边的三个国有林场、两个地方林场和本地自有林地把农场装扮得郁郁葱葱、绿波荡漾；柳毛河、鸡爪河，自东向西，穿流而过。这里黑土流金、山林环抱，牛羊肥壮，五谷飘香，好一派北国风光。场部距滨北线赵光车站 24 公里，距北安市 55 公里，交通便利，道路畅通。

### 2. 农场土地经营的基本情况

主要依据总局每年的土地承包政策，农场实行"两田一地""两田制"土地承包制度。2013 年，农场执行"两田制"，身份田、经营田。

"身份田"实行货币补贴政策，享受身份田标准为：有本农场户籍的农业职工和有本农场户籍的农业职工的配偶及子女，有本农场户籍、但不具备职工身份的实际从事农业生产活动的人员及子女；2012 年 12 月 31 日年满 18—49 周岁的女性、年满 18—59 周岁的男性，并连续三年以上在农场种过地的农业从业人员。不享受身份田标准为：有年薪或工资性收入的各级领导干部，在职管理区管理人员，机关工作人员，场直企事业单位和住场办工作人员（含工作期超过一年的环卫工人、养护工人、消防工人）；户籍关系在农场并就业从事非农业产业的（以工商营业执照、运营证为准）；已离、退休人员（含内退和病退人员）；现役军人、在校就读的学生、现服刑人员；有固定生活费的残疾、病保、低保、公伤、遗属等丧失劳动能力人员。按照全场总面积的 20% 和农业从业人员数量计算，符合条件的人员每人 8 亩。身份田只收取五项社会保险费和阳光农业相互保险费等自身受益农场统筹部分。由于身份田每人 8 亩，为了杜绝花花田，实现统一管理，农场采取以货币形式反补给符合条件的人员。将"身份田"统一由农场管理。

"经营田"采取市场竞价承包办法。一是采取市场竞价的办法确定承包费标准。二是为了保证职工有地种，确保干部不与民争地现象发生，严禁在职干部和科技人员参与承包，严禁经营田流转，一经发现取消其承包资格，终止承包合同；严禁场外人员参与承包，严禁职工承包后二次转包给外来人员。三是根据种植作物、科技示范带、前茬和土地条件等因素设置级差地租，对承包费进行适当调整。特别对新扩大的承包耕地要加大级差地租调整力度。

坚持短期耕地承租政策。从 2013 年起，农场坚决杜绝耕地长期承包，耕地承包期限均为一年。承包费在农场规定的时间内，全部交齐，否则视为放弃承包经营权，农场另行发包。

3. 农场土地经营出现的问题

农场在土地经营中存在诸多问题，主要问题集中在如下一些方面：

（1）随着近几年粮食大丰收和粮价的提高，尤其玉米的丰收，造成土地资源极其短缺，也势必造成土地价格的虚高，致使农场职工群众基本上只种自己的基本田，规模田和机动地难以种得起，规模田和机动地都由外地人承包，职工群众难以致富，贫富差距进一步扩大。

（2）随着农场人口的逐年增加，2001 年农场拥有人口 7500 余人，近几年已经增加到 12 000 余人，致使农场基本田面积逐年增加；而随着农场有机产业的发展，有机地的面积也在增大；小城镇建设的发展，给职工群众的拆迁地也很多，造成农场必须支出的土地占农场所有土地的 40% 以上，农场规模经营面临着土地短缺的桎梏。

（3）现在农场的土地承包政策是一年一承包，每个职工不知道自己明年承包的地在哪里，造成职工对土地的不重视和粗放管理，例如在整地措施、农药化肥的投放上，造成土地的板结、药害等。同时土地的一年一租，还使土地没有抵押、担保等职能。

（4）职工之间土地流转不够规范，易出现矛盾。土地流转存在无序性和无偿性，操作程序不规范、流转中介不健全、流转中农场定位不当等问题较为突出，没有有效地建立起适应市场发展要求的流转机制。这些年，农场职工之间土地流转比较多，经常出现矛盾，一出现矛盾就找农场解决，造成农场工作出现被动，农场在土地流转中没有起到根本性作用。

4.解决问题的建议

（1）农场土地是一种资源，但不是农场发展的唯一资源，农场各项事业的发展，不能以牺牲土地为代价，而是要珍惜土地，制定各项土地保护政策，适合农场土地经营管理的各项政策，确保土地的合理经营管理。

（2）坚决杜绝土地长期一次性发包，实行一年一签订。

（3）切实加强农场土地承包经营监督管理。进一步强化农场土地承包合同的基础性管理，做好土地承包合同的签订、鉴证及监督等工作，依法维护承包合同的严肃性。充分发挥农场部门对土地承包合同的纠纷调解仲裁职能，确保农场土地承包政策的贯彻落实。

（4）以推动土地规模经营为重点，创新土地经营流转机制。

# 五、黑龙江垦区土地适度规模经营法律制度比较研究

## （一）国外土地适度规模经营法律制度及经验

### 1. 美国

美国农业是典型的现代化农业，从 20 世纪初开始推进土地规模经营，并且实现了机械化代替人力和畜力的农业生产。到 20 世纪 70 年代，美国已经全面实现了机械化耕种。进入 90 年代以后，随着全球卫星定位系统（Global Positioning System，简称 GPS）的广泛使用，美国农业正在向"精准农业"发展。一些大型农场的播种机、施肥机为了避免重复播种和施肥，均安装了 GPS 系统；农户可以根据定位系统测出关于土壤的技术数据，有针对性地浇水、施肥，提高了土地生产率。

美国主要以家庭农场为主，同时实行兼业经营。畜禽饲养规模是：家庭农场平均每户的耕地面积在 200 公顷左右，养殖户一般养奶牛在 100 头以上，养羊不低于 300 只，生猪年出栏率 2000 头以上，养鸡在 25 万只以上。美国在畜牧业养殖中走集约化和可持续发展的道路。可见，美国的农场主在经营畜牧业时，使资源得到充分利用，减少了浪费，保护了环境，增加了收入。

在美国，为了提高大宗农产品的市场竞争力，农业补贴的 90% 以上集中在大约 5 种农作物上，它们主要是：小麦、大豆、玉米、大麦、棉花。这样在地多人少的美国家庭农场中，农业经营规模越大，得到的国家补贴越多，越能获得规模效益，而那些中小农场所得非常有限。

作为世界上最具代表性的现代化农业国家，美国农业发展上的成功是与其土地制度分不开。对美国农地制度的研究，将对黑龙江垦区土地流转和规模经营有很大的借鉴意义。首先，从土地所有权制度来看，美国是典型的土地私有制国家，大部分土地为私人企业和个人所占有，联邦和州政府只占有少数的土地。私有土地一般由土地所有者自有自营，国有土地则实施了土地所有权和使用权的分离，一般由国家掌握土地的所有权，农场

主掌握大部分土地的经营权、使用权、处置权等权利。其次，从土地经营制度来看，美国的土地经营制度经历了一个由分散的粗放型家庭小规模经营，到家庭适度规模经营，再到现代化、专业化和综合性的家庭大规模经营阶段。在农村土地经营制度的确立与运行过程中，美国政府往往通过土地产权制度的有效变革来推动农村生产要素的合理组合与优化配置。再次，从土地制度的外部环境看，美国政府采取了一系列及时有效的措施来保证土地经营制度的有效运行。这些措施包括建立和完善政策保障机制、服务协调机制、法律规范与约束机制和宏观调控管理机制等。这些措施的实施，为其土地制度的运行提供了良好的外部环境，使得以家庭农场经营制的制度效应得到有效释放。

2. 日本

日本农业生产的特点是人多地少，主要以水稻生产为主，根据丘陵起伏，河谷交错，水利资源丰富和土质贫瘠的自然资源条件，日本实现农业现代化的技术路线主要是：战后先通过制定《农业基本法》，确立了农业产权，然后为了使农田流动，于1962年修改了《农地法》。发展中的具体措施是先抓兴修水利，改良土壤，增施化肥，改良品种，后抓机械化。此外，日本农业是伴随着企业形态和事业多元化而步入现代化轨道的，这种现代化事业突出表现在经营方式现代化上，它是从把农业作为谋生手段转向以追求利润为目标的企业经营。其发展与工业反哺农业、科学健全的农产品流通体制以及具有日本特色农协组织的作用密不可分的。日本的农协是农业专业化分工基础上的中介经济组织，是以金融事业为核心的信用组织，是以相互扶持为宗旨的保护经济组织，也是以等价交换为原则的契约经济组织。

战后的实践证明，日本农协作为农民的合作组织，在组织农民从事农产品生产、加工、销售，向农民提供生产资料购买、金融、共济、技术经营指导等产前、产中、产后服务，促进农村城市化过程中发挥了积极作用。日本的农协组织是由农会和产业合作社发展而来，大致每个市镇村都设有农协，然后以此为基础每个都道府县都组成联合会，再由都道府县联合会组成全国联合会。在事业方面，日本的农协具有经营所有的农作物，从事所有事业的综合性。主要包括指导事业、购销事业、信用事业，其他事业包括保险、保健、利用、公共设施等。可见，在日本的农业现代化进程中，农协组织发挥着举足轻重的作用。可以说，正是因为有了农协组织的活跃，才有了日本的农业现代化。

3. 澳大利亚

澳大利亚幅员辽阔，资源丰富，农牧业生产较为发达。由于人少地多，在澳大利亚发展农业不是靠增加人力的投入，而是靠增加土地的投入和现代技术的应用及科学管理，发展土地密集型和技术密集型的现代化农业。2006 年澳大利亚国土面积 769 万平方公里，总人口达到 2100 万，农业人口 31 万，占总人口约 1.5%；家庭式农场 13 万家，经营着占国土面积 60% 的土地。澳大利亚的牧场平均规模大约 3 万公顷，90% 左右是粗放的天然牧场经营，单位面积载畜量低于世界平均水平；每个农业劳动力负担的土地面积大约在 1200 公顷，80% 的农场利用卫星导航系统指挥农业机械耕作，农业机械大部分由电脑控制，不需要人工驾驶。由此可见，澳大利亚农业已经发展到了高度的现代化水平。

澳大利亚农场的规模经营模式分为两类：一类是以农场主及其家庭成员为主从事生产的农场，称为"家庭农场"，家庭农场一般拥有现代化的生产手段，运用先进的管理方法，能得到社会服务体系的支持，经营比较灵活。另一类是由农场主雇工从事生产的农场，大多数农场仍然是家庭农场。按照土地面积和生产规模把农场分为三种类型：（1）小型农场，经营土地较少，一般为 150—200 公顷。（2）中型农场，经营土地一般在 300—800 公顷。（3）大型农场，经营土地规模在 1000 公顷或数千公顷，甚至数万公顷。虽然大型农场的数量很少，只占农场数的 3%，但占农业用地面积的 3/4。小型农场与大、中型农场相比，缺点是相对耗费大、生产成本高、承受风险和应对风险的能力低。

4. 法国

法国由传统农业转变为现代农业的时期是从二战以后到 20 世纪 80 年

代，在这个阶段，法国面临的突出矛盾和中国一样，人多地少，土地分散和农场经营规模小。为了解决这个矛盾，法国政府出台了一系列政策推动土地集中，促进规模经营，为农业机械化的实施创造了条件。

法国主要有三种土地经营方式：租赁经营、土地所有者直接经营、分成制经营，其中土地租赁经营方式占主要地位。直到 1987 年，法国租赁经营的农田面积所占比重比 1970 年上升了 7 个百分点，土地所有者直接经营的农田面积所占比重下降了 5 个百分点，分成制经营的农田面积所占比重也由 1970 年的 2% 下降为 1987 年的 1%。

尽管法国政府采取了一系列措施扩大土地经营规模，但是法国的中小农场仍然占很大的比重。据有关资料统计，法国现有农场 101.7 万个，其中土地面积在 50 公顷以上的农场数量约为 17.2 万个，占农场总量的 17%；土地面积在 50 公顷以下的中小型农场有 84.5 万个，占农场总量的 83%，其中，土地面积在 20—50 公顷的农场有 28.8 万个、在 5—20 公顷的农场有 27.9 万个、在 5 公顷以下的农场有 27.8 万个。国家主要支持中等规模农场的发展，随着土地经营规模的逐步扩大，法国农场的数量随着农业机械化水平的提高而逐年减少。法国农场主要是家庭农场，农场主及其家庭人口从事农业劳动，占农业劳动力总数的 92% 左右。

法国作为发展现代农业的典型国家，其土地流转的成功经验主要来自一系列有力的政策措施。如从 20 世纪 50 年代开始，政府加大了对小农土地的收购，从 60 年代开始，政府停止了对无活力农户的贷款，并从 70 年代起，对有活力农户扩大经验规模所需的全部资金实行低息贷款，对不同农场实行按经营情况而定的差别税率等。同时法国的《合作法》《商业法》和《市场法》规定，只向联合起来的农户提供与生产相关的多种服务和农产品价格补贴等优惠，以此鼓励农户间的协作与联合经营。此外，法国还设有专项资金来调整农业结构和支持农地规模经营。为了鼓励农业劳动力脱离农业，法国设立了专门的"退休补助金"，并从 90 年代初开始，对在退休年龄前脱离农业的男性经营者实行"非退休补足金"计划；为了鼓励土地长期稳定的流转，政府对土地出租 18 年以上者给予奖励；为了鼓励企业向农村迁移以带动农业劳动力的转移，政府设立了"地区发展奖"等专项奖。正是在这一系列有力措施的作用下，法国的农地规模经营取得了巨大的成功。

5. 荷兰

荷兰面积约为 4 万平方公里，人口 1600 万，其中农业从业人数约 25 万人，占全国人口的 1.5%。荷兰的农业用地约 200 公顷，占全国土地面积的 57%，农业经营模式主要以家庭为生产单位。

荷兰农业的发展特点是根据本国各个地区的比较优势进行农业的资源配置和结构组合。从 20 世纪 50 年代，荷兰开始削减缺乏优势的土地密集型农业，即谷物类的大田作物，发展畜牧业和园艺产业。农业企业采用规模化、专业化的生产方式，各种牲畜、畜禽等都有不同的饲养规模。

随着荷兰农业信息化、机械化、集约化程度的不断提高，土地经营规模不断扩大，生产资料也逐步向大农户集中。农户用地的平均规模从 1990 年的 16 公顷扩大到了 2003 年的 22.5 公顷。2003 年共有农户 86 000 户，其中有 1500 户用地面积在 100 公顷以上。养牛专业户的养殖规模从 1984 年的户均 69 头发展到了 2004 年的户均 100 头，但养牛户的家庭数目减少了 2.4 万家。养猪业也存在类似的情况：1995 年，荷兰有 19 627 家养猪专业户，户均养猪 363 头。截止到 2003 年，养猪专业户养殖规模增加到 561 头，养猪户的家庭数目却减少到了 9 560 家，目前，荷兰 1/4 的大农户生产了 2/3 的农产品。

从 2007 年的农场结构调查情况看，荷兰仍然是小规模农场占据很大比例。荷兰农场共有 76 700 户，农场规模在 20 公顷以内的农场数量有 44 600 户，占农场总户数的 58%，在 20—50 公顷的占 27%，在 50—100 公顷的占 12%，在 100 公顷以上的占 3%。家庭农场在 20 公顷以下的农场总数中所占比例为 91.8%，在 20—50 公顷的所占比例为 95.7%，在 50—100 公顷的占 94.7%，在 100 公顷以上的占 85.9%；其余的公司或合作社农场只占很少的一部分。由此可见，荷兰农业仍然以家庭农场经营模式为主。

## 六、国内土地适度规模经营模式的探索和评价

### （一）土地承包权固化模式

土地承包权固化模式主要目的是解决因土地频繁调整所造成的土地细碎化和地权不稳定性问题。这种制度目前已在贵州省推广，并以地方法规的形式确定耕地承包期五十年不变，非耕地承包期六十年不变。如此之长的承包期，使当前的土地制度已经接近为永佃制，是集体所有制下最具个人化特征的农地制度。这种制度创新对于稳定农民对土地的预期、促使农民增加对土地的投入方面取得了明显的制度绩效。据调查，1989—1992年，每亩土地有机肥的施用量从913公斤增加到1 423公斤，增长55%；无机肥的施用量从45公斤增加到76公斤，增长88%。

土地承包权固化模式，对于稳定农村土地承包关系、克服农村土地使用权的不稳定性起到了积极的作用。这一模式使农民能够形成长期预期，增强了农户对土地进行持续投资的信心，做到土地的用养结合，有利于提高土地的产出率。同时，承包经营权固化的制度安排，对于限制农村人口的生育，促进农村人口向非农产业的转移起到了积极作用。但是，土地承包权固化模式，无疑会使当前农地小规模分散经营的模式固定化，从长期来看，会阻碍农村劳动力的非农转移，难以形成土地的集中和经营规模的扩大。因而，从长期来看，这种制度安排并不符合未来农业发展的趋势。

### （二）"两田制"模式

这种模式以山东省平度市为代表。其特点是以乡村集体经济组织的调节为主，同时利用竞争机制，解决按人均分土地所产生的一系列问题。"两田制"的基本做法是：把耕地分为两大类：一类为口粮自给田，俗称口粮田；一类为商品生产田，俗称承包田。口粮田作为生活保障用地，用以满足农民的基本生活需要，按人均分，每人划分口粮田0.5亩（实际操作中，耕地资源多的也可以多划），只负担农业税；承包田不但要负担农业税，

还要完成国家定购任务和上缴集体承包费，每亩承包费约占亩均纯收入的
30%—40%，承包田根据效率原则，在分配上引入竞争机制，由农民根据
自己的能力投标承包。"两田"确定以后，承包期一般 5 年不变。其间人
口的变动，在农户内部相应变动"两田"的比例，采取"动账不动地，两
田互补"的办法解决。即人口增加则减少责任田数量转为口粮田，而人口
减少则减少口粮田数量转为责任田，同时相对应地调整承包费和定购任务。

"两田制"这种新的制度安排，在坚持家庭承包这一基本制度的前提
下，打破了按人均分地的格局，既体现了公平原则，又体现了效率原则，
将土地的社会保障功能和经济发展功能进行了分离，使生产要素得以优化
组合。这种制度安排，既为种田能手扩大经营规模创造了条件，又为劳动
力的非农转移提供了转出承包土地的机会。但是，"两田制"的实施需要
一定保障条件：一是人少地多，能够在保证农民基本生活需要的同时，拿
出一些土地来集中连片招标承包；二是社会化服务体系和耕、种、收机械
化有一定基础，农民有一定的知识、技术和经营经验的积累，规模经营有
利可图。因此，"两田制"只适合于人少地多或经济比较发达的平原地区。
对于那些土地本来就稀少的地区，实施"两田制"反而会造成土地的进一
步细分。

（三）竞价承包模式

这种模式最早出现在北京市顺义县（今顺义区）。竞价承包的
具体做法是：（1）以村为单位，全村良田划分成块，根据地块质量定出
基价，并于投标日前公布。（2）想承包土地的村民必须先交一定数额的
押金以取得竞价投标权。（3）公开竞标日，取得投标权的村民在地块最
低价基础上竞价，土地包给出价最高的村民。实践证明，竞价承包的做法
是成功的，既稳定了农业生产，增加了粮食供给，又提高了农民的务农收益。
竞价承包后，集体统一经营的职能并未改变，能够及时周到地为农民提供
各项服务，比如统一耕种、统一灌溉、统一机收等。

竞价承包模式最能反映土地规模化经营的方向。它以家庭经营为基础，

致力于家庭经营规模的扩大。同时，通过竞价承包实现土地的集中经营，既稳定了农业生产，增加了粮食供给，又提高了农民的务农收益。竞价承包后，集体统一经营的职能并未改变，能够及时周到地为农民提供各项服务，比如统一耕种、统一灌溉、统一机收等。这种模式，既继承了原有土地制度的长处，又克服了土地均分所造成的小规模经营的弊端，具有较强的适应性，可以在今后垦区加以推广。

### （四）村办（集体）农场模式

这种模式以江苏省无锡县（今无锡市）为代表，其特点是，通过社区组织的统一调整，建立各种类型的村办（集体）农场，实现土地的集中和规模化经营。其村办农场的主要形式有：一是由村农业综合服务站承包经营。这种形式一般出现在责任田面积较少的村，综合服务站既直接经营全村的责任田，又能为全村有口粮田的农户提供专业服务。二是专业队型，由务农劳动力组成的专业队统一经营，农场单独建账，独立核算。三是企业兼营型，土地由村办企业经营。此模式实现土地的规模化经营是成功的，但必须注意这种模式应用的外部条件。首先，要有农业劳动力向非农产业的大量稳定转移，农民收入已不是主要来自农业，这样农民才会放弃土地承包。其次，集体经济必须具有较强的实力，以维持对村办农场的各种补贴。

### （五）土地股份合作制模式

这种模式最早出现在广东省南海市（今佛山市南海区）。具体做法是在明确土地所有权是集体的、承包经营权是农民的前提下，把土地经营权量化为股份，通过入股的形式，把农民的土地集中起来，由集体组建的农业发展股份有限公司统一经营，农民为公司的股东，收益按股分红，实现了土地所有权、承包权、使用权的"三权分离"，集体拥有所有权，将承包权平均分配给农户，农民以土地承包权折价入股，实行按股分红，集体将入股土地的使用权再实行投标承包。但南海市成功实行土地股份合作制有两个前提条件：第一，当地的二、三产业非常发达（主要是乡镇企业），为农业劳动力提供了大量稳定的非农就业机会，使土地集中和规模化经营成为可能。第二，集体经济组织的实力较强，能够为农业发展股份公司提供大量的补贴。

村办（集体）农场模式和广东省南海市的土地股份合作制模式共同特点是，集体经济组织的实力比较强，能够为农地的规模化经营提供各种补贴，而这并不是一般地区所能具备的。同时，由于这两种模式都采取集体经营的方式，这就存在一个弊端，即实行集体经营的农场内部，依然存在监督费用过高和分配不公的问题，这使得规模经营的制度成本过高。因而，这两种模式也不具有普遍实施的可行性。

（六）启示和借鉴

1. 要确立科学有效的规模经营模式

从经济发达国家发展农业现代化的技术路线和两种发展模式看，无论采取哪一种技术路线和模式，最终都实现了国际上公认的农业现代化标准，即机械化、化学化、水利化、良种化和管理科学化，其中，农业生产全过程的机械化无疑是最根本、最重要的现代化标志。随着社会的发展和科学技术的进步，以及新的科学技术在农业领域中的广泛应用，经济发达国家在进一步发展农业现代化的道路上，无一例外地都把眼光瞄准了科学技术，即借助现代科学技术进步，特别是高新科学技术所提供的技术成果和新材料全面武装农业，在解决过去发展农业现代化过程中忽视资源和环境问题的基础上，紧密结合全球性农业可持续发展战略的潮流，配合自身的特色，使农业现代化建设向更新、更高层次发展，并赋予农业现代化发展和建设以新的内涵和特征。结合黑龙江垦区的实际情况，创办规模大户受耕地承包形式和资金的制约，发展难度较大。创办股份制家庭农场有些条件还不成熟。显而易见，借鉴北美和欧洲的经营模式，创办家庭农场联合体应为首选。家庭农场联合体靠大户引领并以大户为中心，将分散的小型独户家庭农场组织起来，对下搞好专业化、社会化服务，对上行使原居民组织职能。根据场型在10万亩耕地的农场创办10—20个规模家庭农场联合体，在10

万亩耕地以上农场以管理区为单位构建家庭农场联合体，进一步明确家庭农场的经济主导地位，真正建立起完全意义的"大农场套小农场"的双层经营体制。在家庭农场联合体内组织门类齐全的专业协会，条件成熟后，逐步向规模大户和股份制家庭农场过渡，依据法律规定设立并进行企业登记，建立现代企业制度，通过多种形式的规模家庭农场取代现代农场作业区（分场、生产队）几十年一贯制的管理层次，从而构建起符合市场经济规律，全新的农场内部管理体制和农业产业化模式。

2. 要制定配套的政策措施

土地流转和农地规模经营的展开，仅靠市场的作用是很难达到预期效果，需要政府制定相应的政策措施来规范和促进。综观发达国家和地区的实践经验，为了加快农村土地流转、促进农地规模经营和推动农村经济的发展，各国政府在经济发展不同阶段制定了不同的政策措施，并出台了相应的法律法规。为了促进黑龙江垦区土地流转和实现农地规模经营，政府应根据具体情况，制定相应的政策措施，引导农业劳动力向非农产业转移，促使小规模经营农户退出农业经营，鼓励有条件的农户展开大规模经营。同时为了克服政策政出多门、缺乏系统性和可操作性差的缺点，应把各项农业政策、行政措施和国家立法结合起来，用法律来保障各项农业政策措施的有效实施。

3. 要有完善的市场体系

农地作为多种农产品的生产场所，其规模经营必然伴随着农业的分工和专业化发展。同时农业的分工和专业化发展，带来了农业的技术进步和专业化人力资本的形成，反过来也会促进农业规模经营的发展。但是农业的分工和专业化发展必须以土地和商品的流通为前提，依赖于完善的市场体系。结合我国的实际情况，一方面，应加强对土地市场的管理，明确土地各项产权，完善土地交易市场；另一方面，应鼓励工农联合，采用兼并、联营、连锁、合作等形式发展一批大中型产销一体化农业企业，建立有利于农业规模化经营顺利展开的农工贸一体化的农村市场体系。

### 4.要发展农业专业合作组织

农业专业合作组织是农业规模化经营的重要力量，通过发展各种形式农业专业合作组织，提高农业生产的组织化程度，发挥联合和协作的规模效益，是实现农业规模经济的一条重要途径。发达国家的经验表明，农业专业合作组织在引导农地流转的方向和发展农地经营规模中发挥着重要作用。为了加快垦区土地流转和实现农地规模经营，应大力发展农业专业合作组织。一方面，要积极营造有利于农业专业合作组织发展的环境，鼓励农户在各个领域的合作，建立各种形式的社会型服务组织；另一方面，要加强农业专业合作组织内部管理人员的培训，促进农业专业合作组织内部管理的法制化和规范化。

### 5.要培育农业规模经营体

综观上述发达国家的实践过程，各国政府都注重农业规模经营体的培育并为其提供了必要的生存和发展空间。黑龙江垦区应借鉴发达国家和地区的成功经验，加大对农业规模经营体的培育。首先，通过税费减免、低息贷款等优惠政策为农业规模经营体的培育创造条件；其次，加强与农业规模经营相关的生产、销售和技术创新等方面的服务体系的建立；再次，为了防止农业资源的浪费，也要加强对农业规模经营体经营活动的规范。

## 七、黑龙江垦区土地适度规模经营的法律保障机制

### （一）垦区现行法律制度的特点

#### 1.欠缺专门性的法律规范

黑龙江垦区国有农场的土地既不同于农村土地（农村土地归集体所有，垦区土地归国家所有），也不同于城市土地（城市土地主要是非农用地，垦区土地主要是农业用地），目前对其进行有效规范的法律制度要么从土地资源利用和管理的一般原理出发规制（如《土地管理法》和《物权法》），要么主要针对农村土地（如《农村土地承包经营法》），要么主要针对城市土地（如《城市房地产管理法》《城镇国有土地使用权出让和转让暂行

条例》），显然现行制度不能完全对垦区土地的利用、管理和开发发挥应有的作用。尽管 2010 年 10 月地方性法规《黑龙江省垦区条例》已颁布实施，但此条例属于行政法性质，不能对平等主体间的权利义务有效调整，而且对垦区土地只是总体规定。可见，针对国有农场土地经营方面的法律规范太少，必然导致土地管理、保护和利用出现障碍。

2. 层级较低

除全国性的土地法律、法规外，调整黑龙江垦区国有农场土地关系的规范主要有：《黑龙江省国有农场土地承包管理办法（试行）》（2007 年 2 月 7 日由黑龙江省农业委员会制定）、《国务院办公厅关于深化国有农场税费改革的意见》（国办发〔2006〕25 号）、《黑龙江省人民政府关于印发全省深化国有农场税费改革工作实施方案的通知》（黑政发〔2006〕90 号）以及黑龙江农垦总局出台的若干规范性文件和相关政策，国务院各部委制定的涉及土地方面的规章尽管很多，但大多不适用于垦区的土地。总的来看，规范层次太低，既不利于维护垦区国有农场职工的权益，又和农场承担国家粮食安全的使命不符。

3. 数量较少

我国法律、法规、规章尽管有垦区国有农场的相关规定，但占绝对多数的条款要么对所有的土地通用，要么是针对农村土地或者城市土地的规定，无论是行政法律制度还是民事法律制度的立法中都很少有垦区国有农场的条款，连层次较低的地方性法规和规章都很少，其他垦区（如新疆建设兵团、海南农垦等）也是如此，政策成了执法中发挥实际效果的最重要组成部分，这和依法治国的方略明显不相符。

（二）现行法律制度存在的问题

1. 立法理念滞后

立法不能脱离现实情况，法律必须调整和解决现实问题。从现有法律法规来看，黑龙江垦区国有农场土地法律制度始终把维护国家对土地的管理以及尽力实现经济方面的高速发展作为立法的价值取向。由于现有法律制度中有针对性的规范较少，各级政府特别是黑龙江农垦总局制定的政策实际发挥统领的作用，导致现有制度计划经济的色彩非常浓，比如：垦区在发展中特别强调GDP的数字概念（黑龙江垦区GDP连续八年两位数增长），而GDP不能说明任何问题，因为GDP不等于财富，只能说明经济在增长，是否保障和改善了老百姓生活不一定。因此，现实中出现国家权力对私权利的限制甚至剥夺，即使在平等主体间涉及的利益分配也出现不公。党的十七届五中全会提出了"努力实现居民收入增长和经济发展同步、劳动报酬增长和劳动生产率提高同步"。"两个同步"的重要提法意味着在建设富强国家的同时，也着力使百姓拥有更多财富，分享发展成果。黑龙江垦区国有农场土地制度创新应与时俱进，转变立法理念，让法律制度真正发挥调整社会关系的作用。

2. 土地产权不明晰

黑龙江垦区国有农场的土地权利制度是在特定条件下形成的，《黑龙江垦区条例》第十六条规定，国有农场是以国有土地为基本生产资料，以农产品生产、加工、销售为主营业务，具有区域性、社会性特征的农业经济组织，是自主经营、自负盈亏、自我约束、自我发展，依法独立承担民事责任的国有农业企业。国有农场的土地是国有资产的重要组成部分，所有权属国家，具有全民性，而根据《民法通则》第八十条、第八十一条和《黑龙江垦区条例》第十八条第一款的规定，国有农场根据法律法规授权依法对权属内的国有土地等资产享有使用权、经营权、收益权，是实际的所有权人，同时国有农场还承担大量的社会管理的职能，实行政企合一的管理体制，尽管垦区在农场内部实施政企分开改革，推进撤队建区，但改革还没有推进到位。另外，由于国有农场土地的所有权和使用权没有实质上的分离，导致现阶段国有农场土地产权中职工的利益不能得到有效保障，最终出现在交纳的土地承包费中就包含了承担着社会管理、社会服务、社会发展的费用。加上农场职工的所有权得不到体现，农场的土地产权并未体现国家、农场和职工三者的利益。因此，土地在生产经营过程中除受限于农村土地管理相关制度外，还受制于自身特有的制度。土地产权不明晰，出现龙头企业与基地农户的利益连接问题受阻，也难以真正实现农户与市场的有效对接。

3. 法律体系不完整

尽管黑龙江垦区国有农场土地制度已经形成从国家立法到地方、从法律到政策的全方位规定，但总体零散、不系统、没有针对性。首先，没有明确法律规定并指示农场土地的特殊性，导致在现实中立法不足、政策易变，出现对法律和政策的理解不统一。尽管国有农场所有土地经营者与农村农民一样享受着国家惠农政策，但国有农场与农村的土地来源和形成背景根本不同。农村的土地是土地改革时通过政权交接形成的，农场的土地是几代北大荒人投入大量的成本，自主投资开发形成的。同时在土地开发土地整理使用过程中背负了较重的负担。另外，农村的土地是集体所有，农场的土地归全民所有。其次，存在大量法律空白，急需法律制度规范。如黑龙江垦区"被城镇化"下的土地问题、垦区土地规模经营中的问题、场县共建中的土地问题以及国有农场非职工土地被征收的赔偿问题等。再次，制定适合黑龙江垦区垦情的地方性法规、规章以及政策文件，能保证解决问题的稳定性、一致性和针对性，也有利于在城乡一体化背景下将现代化大农业建设推向新的发展阶段。

4. 土地流转市场不健全

建立和健全黑龙江垦区土地使用权流转市场是市场经济发展的必然要求，对于保障农场职工的合法权益、提高产业化水平以及加强土地适度规模经营具有重要的意义。2005 年 10 月，在充分调查研究的基础上，黑龙江省农垦总局出台了《关于完善国有农场土地承包经营制度稳定土地承包关系的指导意见》和《关于完善国有农场土地承包经营制度稳定土地承包关系的实施方案》，这两个文件对国有农场土地承包方式、土地使用权配置、土地承包期限和土地承包收费等做出了制度安排，确立了"两田制"作为国有农场土地承包的基本制度。但根据制度安排，垦区国有农场只限于基本田承包经营权可以流转，对于其他的土地承包经营权则受很大的限制，加上法律规范对于土地流转主体、流转条件、流转范围、流转收益、流转程序、流转方式等没有详细规定，导致流转效果不理想、流转市场混乱，严重影响垦区经营体制改革的深入和规模效益。

5. 职工家庭承包经营权的法律地位不明确

随着黑龙江垦区国有农场市场化改革的逐步深入，在完善国有农场基本经营制度的基础上，准确把握"职工家庭承包经营"的法律定位，对处理好国有农场与承包职工家庭两个经营主体之间的关系，推进垦区农业经营体制机制改革，发挥垦区在现代农业建设中的示范和辐射带动作用具有积极的意义，但在我国目前的法律框架下，职工家庭承包经营权是何种性质的权利以及包括哪些主要的具体权利依然没有规定。结合现行法律制度，对比分析农场职工家庭承包经营权和农村土地承包经营权、职工家庭承包和农场承包经营的关系对于促进垦区新农村建设，实现垦区经济社会更好更快地发展具有基础性作用。

## （三）构建垦区相关法律制度涉及的核心问题

1. 土地市场

由于受垦区特殊体制的局限，土地使用权流转绝大多数局限在农场内部进行，使交易的范围较窄，同时又缺乏中介服务组织，致使信息沟通不流畅。有一部分职工不愿包地，想转让承包权，有一部分有经营能力的农户想规模经营，但找不到土地，往往形成"有市无场"的局面。

2. 土地流转程序

为了响应国家的政策，垦区在不断落实土地长期固定政策的基础上，扩大农场职工的自主经营权，积极探索发展农场的规模经营，也做出相关规定，但对职工私下流转行为又不予正式管理。也正是由于这种使用流转权不明晰，导致倘若职工流转土地，职工将因缺乏正式规章制度的保障而无法回收其土地，无疑增加了土地流转的风险。土地管理制度不规范、不统一，缺乏章法，缺少制约，基层干部说了算，人为因素较多，职工权益时常受到侵害。

3. 土地流转中介服务性机构

土地流转没有形成完善的市场体系，缺乏一个由上到下网络状的中介服务机构，致使土地供求双方沟通的信息受阻，信息辐射面狭小，土地流动渠道不畅，范围窄。

4. 第二产业对劳动力的吸纳能力

目前，吸纳垦区就业的主要产业依然以农业为主。由于扣除农业劳动力在流动过程中的迁移成本（包括旅途费用、搜寻工作成本、培训费用等）后，其转移劳动力的超出农场承包土地的收益被各种转移成本所抵消，这种情况直接导致了垦区农业劳动力往往选择短期的、兼业性转移，长期的、彻底摆脱农业成为第二三产业职工的专业性转移在垦区出现比例小，第二三产业对农业劳动力的吸引力明显不足。

5. 土地使用期限

垦区农业在双层经营体制中，实行双层合约制，即土地使用合约与生产经营合约。根据黑龙江省农垦总局出台的《关于完善国有农场土地承包经营制度稳定土地承包关系的指导意见》，基本田承包期一般在9—12年，规模田承包期一般在9—12年，机动地承包期为1年。生产经营合约规定了农场与职工利益分配关系，一般一年签订一次，土地使用权的期限过短以及不稳定，阻碍了垦区土地的流转。

6. 土地承包经营的双重功能

职工对土地的使用权与其职工身份紧密相连，不仅只有垦区职工才能够拥有"身份地"，而且职工的"身份地"还与其养老保险，各种农场福利紧密挂钩。这种情况下，垦区的土地承包权流转便不仅是市场性的行为，还包含了农场各种隐性福利与职工的各种隐性责任。目前农场土地承包经营具有双重功能——生产功能和社会保障功能，让垦区农业劳动力偏向于稳定的农场，对脱离土地、脱离国有单位转向市场顾虑重重，对农业劳动力的顺利转移造成阻碍。

7. 市场化运作机制

垦区部分农场"农资集中采供"本意是发挥垦区规模化经营的优势，却成为部分管理局及农场"垄断"农资经营权的"尚方宝剑"，职工自主选择生产资料的权利被剥夺，职工自主控制成本难以实现。农资价格不透明，缺乏竞争机制，供应价格高于市场价，缺乏有效的监督，有的甚至还出现种子质量问题，严重损害了职工利益，削弱了职工种地的积极性。

### 8.劳动力素质

没有一定的技能，劳动力无论在农业内部还是向城镇转移都将面临很大的困难。尽管垦区教育与对职工的培训水平在全省来说都处于较高的位置，但也仅限于农业方面，而第二三产业方面的知识与劳动技能就更加匮乏，所以，与城镇人员相比，素质相对较低的农场劳动力在城市里的就业竞争中处于明显的劣势。这些因素也成为制约垦区农业劳动力流动的重要因素。另外，垦区科技文化素质、生产技能较低，小农意识浓厚，加之农场农业科技人才流失比较严重，难以适应垦区适度规模经营对农业技术、经营、管理的要求。

### （四）建立和健全垦区土地适度规模经营法律制度的思路

#### 1.树立"以人为本"和"保护耕地"兼顾的立法理念

有"北大仓"之称的黑龙江垦区农地资源富集、生产粮食的能力较强，作为重要的粮食战略后备基地以及商品粮基地，累计为国家生产粮食、上交商品粮分别为4868亿斤、3334亿斤，是国家进行宏观调控、保障粮食安全和稳定市场的重要力量。土地是垦区国有农场乃至国家最重要的生产资料，要求我们在制定法律、政策对土地调整和管理时既要实现经济增长的目标又要解决如何保障、改善民生问题，要加强对承包者合法权益的保护。现行法律和政策中对国家利益考虑的较多，而轻视了垦区土地经营中的经济利益。一方面和我国重视整体利益、无私奉献的传统有关，另一方面也和垦区承担粮食安全的任务有关。黑龙江省委党校经济学教研部主任张聚昌通过调查分析认为：粮食每增加100亿斤，农民收入人均增一分钱，而粮食每斤增加一分钱，农民收入人均增加10元钱。但黑龙江垦区过于强调为国家生产粮食，并把粮食产量作为最重要的考核指标有待商榷。我们说保障国家粮食安全没有问题，但不能以牺牲私权利作为代价，有违土地立法时尽力实现经济利益和国家利益共赢的初衷。

2. 深化国有农场内部政企分开改革

为了明晰黑龙江垦区农场土地产权关系，一方面，要继续推进国有农场体制改革，逐步在垦区农场内部分离办社会的职能，设立了农场社区管委会，承接农场分离出来的原来办社会的职能，按照政企职能分开、企业经营机构与行政管理机构分开、企业经营性资产与公益性事业资产分开、公益事业与企业分开、企业经营性收支与社会性收支分账核算的原则，通过组建北大荒农垦集团，建立起真正意义上的现代农业经济组织。同时，要加快推进撤队建区的改革步伐，实现降低管理成本和减少管理层级双丰收，最终加速城乡一体化的步伐。另一方面，考虑到黑龙江垦区的区域性、社会性、综合性特征，在《黑龙江垦区条例》的授权范围内，坚持政府依法派出、农垦区域管理、内部政企分开的原则，农垦总局、分局和农场分别比照市、县和乡级政府行使行政执法权，用法律制度明确垦区的管理体制，加快垦区又好又快发展。

3. 构建完整的法律体系

为了有效地保护、利用垦区土地，实现经济利益、社会利益和国家利益的统一，需要建立和健全相应的法律制度，具体来讲有四点：（1）在国家法律、法规和规章中除对所有土地一般性的规定外，对黑龙江垦区土地做出专门的规定，通过专门法律规范调整垦区特殊的土地，以实现其本来的功能和价值。（2）国家在制定更高阶位法律不成熟的情况下，国务院应考虑制定全国垦区国有农场土地流转管理的行政法规，国土资源部等职能部门对国有农场土地的相关问题应做出全方位的规定，以保证对垦区土地的开发、保护和利用。（3）黑龙江垦区可以通过地方性法规、规章或者政策对国有农场土地管理搞试点，等条件成熟后可为国家制定更高阶位法律制度提供参考，其经营制度创新的重点必须把激励机制和监督机制统一起来，真正实现国有农场企业化的现代化经营管理机制，有利于实现土地资源的最佳配置，也有利于提高农业的比较效益。（4）要制定和黑龙江垦区国有土地制度相配套的其他法律制度，保证发挥土地的预期效果。

### 4. 建立和健全土地流转市场

2010年10月，垦区被农业部命名为国家级现代化大农业建设示范区，黑龙江省委省政府也强调"垦区要领跑现代化大农业建设，要领跑城乡一体化发展"。为了实现"十二五"时期垦区经济发展中 "两次倍增" 的目标和保障国家粮食安全的重任，必须建立和健全统一、有序的土地市场体系，通过土地流转，让国有土地增效、农场职工受益以及农场增收。通过调整产业结构、促进劳动力转移等手段，正确处理好适度经营和规模经营的关系，实现产业化、规模化和集约化的现代化大农业。为了防止土地在流转中的黑幕交易，要完善土地流转各环节的制度建设，特别是把土地增值收益归还给农场和农场职工，通过加强土地确权登记工作和流转监督机制，实现将有限的土地资源，有序可控地向高效益种田能手集中。

### 5. 明确赋予职工家庭承包经营权债权性质

尽管国有农场职工以及外来务工人员与农民一样通过对土地生产和经营获取收入，但不能认为国有农场职工与农民没有什么区别。根据《农业法》《农村土地承包法》《物权法》等法律的规定，农民的土地经营收入归生产者个人所有，农民家庭承包经营权，其性质属于物权，属于物权中的他物权，属于他物权中的用益物权，且是一种新型用益物权。国有农场职工承包耕地包含了以下三种含义：一是土地视为农场职工从事农业生产和经营职工的工作岗位，是职工工作和就业的一个就业渠道。二是农场职工能通过对土地的经营获取收入。三是在上缴给农场的承包费中，既包括个人部分的养老保险、医疗保险、失业保险、子女教育经费等，也包括社会发展部分的产业升级等各项费用，还包括社会管理与服务方面的（如路、桥、函、水利工程、田间工程、社会安全、司法保障服务）费用等。职工家庭承包经营只能理解为一种农业经营方式而不是一种权利的取得方式，职工家庭和国有农场之间是一种合同关系，职工家庭所享有的权利和承担的义务是基于其与农场的合同约定。因此，职工家庭承包经营权在法律性质上，体现的是一种债的关系而不是物的关系，应通过修改相关法律加以界定。

### （五）黑龙江垦区土地规模经营相关制度和问题研究

1. 农地适度规模经营的"度"

农地规模存在一个适度的问题，并非规模越大就越好。在选择农地适度规模时，需要进行投入与产出的比较分析。规模越大，意味着投入越大，高投入伴随着高风险，而且农业生产本身具有一定的周期性，国际国内农产品市场的价格走势往往存在相当的不确定因素，病虫害等也较容易在同种农作物间大面积传播，农业生产决策和农业生产技术常常面临一定的风险。因此，必须为农地规模经营确立一个适度的指导性标准。黑龙江垦区地域广阔，情况各异，何种程度的规模才为适度，难有普适性的量化标准，发展适度规模经营不能一刀切。各农场在制定具体政策制度时，应根据各自的资源禀赋、农业经营环境、生产力水平等生产要素，结合农地单位面积的成本投入和产出状况，合理确定符合本地区农业发展的适度规模指导性标准。农地适度规模化经营，应在职工家庭自愿的基础上以市场为主导，随着经济发展和城镇化进程的加快，稳步推进，不能违反经济规律的激进冒行。否则，只能带来不必要的经济损失和社会动荡。

2. 保障措施的有效衔接

首先，在政策保障上，应健全与执行齐下。推进土地流转、发展适度规模经营还在探索阶段，缺乏规范性的政策保障。要发挥政策保障的基础性作用，就要做到"健全利益驱动机制"与"贯彻执行国家政策"双管齐下：一是健全土地规模经营的利益驱动机制。二是要较好地贯彻和执行国家政策，这是政策保障的目的和归宿。

其次，在法律保障上，应立法与执法并举。土地规模化经营中政府行为的保障与发展功能的发挥，法律保障不可或缺。做到这一点，要求在现有法律、法规、规章的基础上，进一步出台专门的规范性文件，在限定规模化经营过程中的各个环节的作为与不作为的同时，还要对政府行为给予合理的限制，对规模经营中的土地流转、经营模式、经营收益等各环节中的一系列问题给予规范，创造一个良好的政策和法律环境，并坚持立法与执法并举，利用法律保证所有规模经营活动均建立在公开、公平的竞争机制上，让土地规模经营的成果以法律的形式保存和固定下来的同时，不断促进其持续、健康、稳定发展。

再次，在制度保障上，尽可能弱化土地稳定功能。需要将土地适度规模经营的模式、实践经验、相关服务等以制度的形式固定下来的很多，比如基本的土地承包经营方式与方法、土地承包合同、失去土地农民的生活保障等。但这中间，应着力解决失地职工的生活保障问题。以政府为主导，依照"因地制宜，量力而行，形式多样，职工自愿"的原则，多渠道、多层次、多方式地兴办养老、医疗、生育、伤残等保险并建立个人账户，通过多重社会保障制度，积累社会保障基金，弱化土地的社会政治稳定和基本生活保障功能，还其正常的生产要素性质，并尽可能地发挥它的经济功能。

3.总局（管理局）的角色定位

《黑龙江垦区条例》明确规定："省农垦总局是省人民政府对垦区实施行政管理的主管部门，行使市级人民政府的行政执法权，并组织实施本条例。""省农垦总局所属管理局行使县级人民政府行政执法权，负责本管区的行政管理工作"。因此，黑龙江省农垦总局在农地规模化经营中承担政府的职责。在土地流转和规模经营中，既要克服强制农民进行土地流转的"越位"行为，又要克服对土地违规流转放任自流，疏于规范服务的"缺位"行为。要坚持多引导、多服务，抓好土地流转的宏观调控、监督监测和引导中介服务，其主要职责有：（1）制定土地利用总体规划，控制好土地流转总量、结构和动态平衡。（2）强化耕地保护，依法查处巧立名目改变土地用途或违背农民意愿强制流转的坑农行为，加强基本农田建设，确保耕地占补平衡。（3）建立流转服务机构，为土地流转提供信息、中介服务。（4）制定优惠政策，积极扶持吸引农业产业化龙头企业和种养大户对流转土地进行农业产业规模化经营开发。（5）积极引导小城镇建设，促进城镇化，增加农民的非农收入，促进农业剩余劳动力的转移。（6）坚持保护和扶持农业，继续加强农业补贴政策，建设农业基础设施，为农地适度规模经营创造良好的农业基础设施。

4.农地流转中介服务组织的培育

土地流转中，中介服务组织在农地的供给主体和需求主体之间起到媒介和桥梁作用。中介组织的存在，既可以促进农地流转市场信息的有效流动，又可以更好地规范农地流转程序、指导办理农地流转手续。培育和发展各种类型的为土地适度规模经营提供服务的中介组织，一要不断完善相关规章制度，保障中介组织参与土地适度规模经营的合法地位和权利；二要正确定位和合理确定服务内容，中介组织应定位为一个独立的经济主体，其行为受制于国家法律、法规和相关政策；其服务的内容可以是提供土地适度规模经营信息传导与预测、咨询、谈判等；三要处理好中介组织与总局（管理局）的关系，总局（管理局）要对建立土地适度规模经营中介组织进行积极引导，但不能成为中介组织的替代者，对于民间的中介组织要从政策、法律和资本等角度大力扶持其发展壮大；四要加强对中介机构的监督和管理。通过中介组织设立审批制度、中介机构资质年审制度等对其监督考核。

5.农业专业合作社的作用

农业专业合作社在土地规模经营过程中发挥了积极的作用，促进了规模经营工作的开展，家庭农场对这种方式也乐于接受，绝大多数合作社社员认为合作社给他们带来了好处。垦区系统管理的组织体系、大机械作业的生产方式，使垦区职工群众有更强烈的组织愿望、组织观念、组织依赖，发展农业专业合作社有企业文化基础，垦区生产规模大、生产力水平高，有优越的资源条件、经济条件、人才条件，发展农业专业合作社有雄厚物质基础，同时，垦区发展现代农业，推进农业标准化、信息化、优质化、产业化、现代化，迫切需要将家庭农场以新机制组织起来，发展农业专业合作社有现实需要。

虽然垦区农业专业合作社建设已经取得了一定成绩，但与推进规模经营、发展现代农业的要求相对照还有不小的差距。群众对合作社的认识不够、缺乏专业人才、缺乏资金、运行不够规范等。因此，要进一步宣传合作社的好处，通过典型示范的形式推广成功经验和做法，促进整个合作社总量的扩大，另外，要进一步拓宽服务领域，增强合作社的带动作用，在相关领域与相关产品进行有效联合，寻找更多可以合作的企业伙伴，建成更为完整的产业链和更为广泛的服务区，把产前、产中、产后各个环节有效、紧密地联系在一起，使产销相互促进，共同发展进步，同时，要建立规范的管理体制、有效的运行机制以及严格的财务制度等，本着公开、公平、公正的原则，打造一支善经营、会管理、懂技术的人才队伍，促进合作社的规范化发展。

6. 规模化和产业化的结合

产业化是实现农业现代化的必由之路，规模化是农业产业化的内在要求。垦区要打破区域界限、突出规模优势，走农业区域化布局、一体化经营、合作化生产的路子。必须走规模化和产业化结合共同发展的道路。（1）积极培育种养大户、发展壮大龙头企业。要坚持"扶优、扶强、扶大"和"联名企、联名牌、联名品"的原则，以优越的环境、优惠的政策、优质的服务，扶持一批当地的种养大户加快发展，同时引进和建设一批集群化龙头农畜产品加工企业，带动农业产业化和土地规模化快速推进。（2）以土地适度规模经营为契机，对全垦区的产业布局进行调整和优化，努力培育一批农畜产品集中生产区和特色产业带，充分发挥农牧业的规模生产效应，再依托农业龙头企业进行规模化包装、加工经营，逐渐形成农业生产区域化，种植规模化，经营产业化。（3）实施品牌战略，发展特色、绿色、生态农牧业，提高全垦区农畜产品的竞争力、影响力和市场占有率。（4）要延伸产业链条，由生产原始、初级产品向生产精深加工产品转变；由生产原料和中间产品向生产终端产品转变；由生产普通大路产品向生产新型高端产品转变。要努力围绕一种资源形成一个或多个产业链。

# 主要参考文献

[1] 张传新,李世平.关于农村集体建设用地流转的思考[J].商业时代,2009（3）:48-49.

[2] 王晓霞,蒋一军.中国农村集体建设用地使用权流转政策的梳理与展望[J].中国土地科学,2009（4）:38-42.

[3] 程世勇,李伟群.农村建设用地流转和土地产权制度变迁[J].经济体制改革,2009（1）:71-75.

[4] 金丽馥,陆蓉.新农村建设中农村集体建设用地合理流转的新思考[J].江海学刊,2009（2）:88-91.

[5] 陈利根,钱智敏,吴伟坤,等.制度优则流转畅——无锡、常州集体建设用地流转的比较及启示[J].中国土地,2009（5）:51-53.

[6] 孙博,温静芳.关于完善集体建设用地流转市场配置的法律思考[J].商业时代,2009（18）:65-66.

[7] 王文,洪亚敏,彭文英.集体建设用地使用权流转收益形成及其分配研究[J].中国土地科学,2009,23（7）:20-23+65.

[8] 陈霄,鲍家伟.关于城乡建设用地指标抵押流转之构想[J].兰州学刊,2009,（7）:78-81.

[9] 朱启臻,王念.自己的利益要靠自己维护——论集体建设用地流转中农民利益的实现[J].中国土地,2009,（8）:22-24.

[10] 刘双良,孙钰,马安胜.论农村集体建设用地流转与农民权益保护[J].甘肃社会科学,2009,（4）:69-72.

[11] 朱列玉. 农村集体所有建设用地流转法律问题 [J]. 法学,2009（8）:96–105.

[12] 蔡继明. 农村建设用地流转模式的比较与选择 [J]. 经济学动态,2009（9）:64–67.

[13] 许恒周,郭玉燕,宁蕊蕊. 关于农村集体建设用地直接入市流转的探讨 [J]. 北京理工大学学报 (社会科学版),2010,12（1）:33–37.

[14] 李政,冯宇. 农村集体建设用地使用权流转的调研与思考 [J]. 生产力研究,2010（2）:53–55.

[15] 程世勇. 北京地区集体建设用地流转模式分析 [J]. 北京社会科学,2010（2）:71–75.

[16] 卓玲. 农村集体建设用地使用权流转存在的问题及政策取向 [J]. 调研世界,2010（2）:13–15.

[17] 吴丹妮. 中国农村集体建设用地流转研究 [J]. 重庆大学学报 (社会科学版),2010,16（1）:100–104.

[18] 张俊平,胡月明,章汉武. 珠三角地区农村集体建设用地流转问题探讨——以中山市为例 [J]. 经济地理,2010,30（4）:640–646.

[19] 任平,周介铭. 农村集体建设用地流转中迫切需要解决的几个问题 [J]. 农村经济,2010（4）:20–22.

[20] 程世勇. 城乡建设用地流转:体制内与体制外模式比较 [J]. 社会科学,2010（6）:45–52+188.

[21] 左小兵,冯长春. 集体建设用地流转中的农民权益保障 [J]. 中国土地,2010（5）:41–43.

[22] 郭洁. 集体建设用地使用权流转规划实施的经济法调控 [J]. 法学,2010（8）:76–88.

[23] 张洪松. 两种集体建设用地使用权流转模式的比较分析——基于成都实验的考察 [J]. 理论与改革,2010（5）:141–144.

[24] 杨少垒. 农村集体建设用地自发流转的经济学解释——基于内生交易费用的理论视角 [J]. 农村经济,2010（10）:91–93.

[25] 王琳. 集体建设用地流转"入股"形式研究综述 [J]. 安徽农业科学,2010,38（33）:19139–19141+19145.

[26] 吴义茂. 建设用地挂钩指标交易的困境与规划建设用地流转——以重庆"地票"交易为例 [J]. 中国土地科学,2010,24（9）:24–28.

[27] 杨远光. 我国农村集体建设用地流转行为研究概述 [J]. 广东农业科学,2010,37（12）:216–220.

[28] 戴伟娟. 农村建设用地流转:城乡统一市场并非全部 [J]. 上海经济研究,2011（3）:56–64+11.

[29] 王小莹. 农村集体建设用地流转法律制度亟待完善 [J]. 农村经济,2011（1）:21–24.

[30] 刘润秋,高松. 农村集体建设用地流转地权的激励模式 [J]. 财经科学,2011（2）:116–124.

[31] 段力,傅鸿源. 地票模式与农村集体建设用地流转制度的案例研究 [J]. 公共管理学报,2011,8（2）:86–92+127.

[32] 张梦琳. 农村集体建设用地流转对资源配置的影响评析 [J]. 中国人口·资源与环境,2011,21（6）:44–48.

[33] 严志强,彭定新. 广西北部湾经济区集体建设用地流转模式研究 [J]. 特区经济,2011（8）:182–185.

[34] 何秋洁. 城乡统筹建设用地增减挂钩模式探析——兼论灾后重建中的农地流转 [J]. 农村经济,2011（9）:36–40.

[35] 赵金龙,胡建,许月明. 集体建设用地流转政策分析 [J]. 经济体制改革,2011（5）:79–82.

[36] 柯峰,李媛. 农村建设用地流转现状分析 [J]. 安徽农业科学,2011,39（28）:17468–17470+17519.

[37] 徐志明. 农村集体建设用地流转中的市场与政府——苏州市宅基地换房模式分析 [J]. 学海,2011（6）:53–56.

[38] 王文. 集体建设用地流转收益分配政策研究 [J]. 中国土地,2011（12）:41–42.

[39] 刘双良 . 集体建设用地流转中的产权体系重构与政策设计 [J]. 中州学刊 ,2011（6）:72-76.

[40] 刘军 . 农村集体建设用地流转法律制度探析 [J]. 农业考古 ,2011（6）:53-55.

[41] 张梦琳 . 集体建设用地流转与资源配置关系的系统分析 [J]. 国土资源科技管理 ,2012,29（1）:8-12.

[42] 刘元胜 . 农村集体建设用地产权流转价格形成机理 [J]. 农村经济 ,2012（3）:77-79.

[43] 倪永杰 . 集体建设用地直接入市流转相关利益者博弈分析 [J]. 经济与管理 ,2012,26（5）:29-33.

[44] 关淑芳 . 试论我国农村集体建设用地使用权的流转 [J]. 法学杂志 ,2012,33（5）:56-60.

[45] 李海玉 . 关于农村集体建设用地流转的历史考察及若干思考 [J]. 农业考古 ,2012（3）:133-136.

[46] 郭洁 , 郑萍 . 辽宁省集体建设用地使用权流转法律问题的调研报告 [J]. 农业经济 ,2012（7）:80-83.

[47] 陆勇峰 . 集体建设用地流转试点背景下的村庄规划实践——以浦东新区合庆镇春雷村规划为例 [J]. 城市发展研究 ,2012,19（9）:125-128.

[48] 杨慧娟 . 集体建设用地怎样规范流转 [J]. 中国土地 ,2012( 12 ):45-47.

[49] 李尚蒲 , 钟文晶 , 何应龙 . 政治资源、行为能力与农户的缔约选择——农村建设用地流转的农户问卷 [J]. 广东社会科学 ,2013（1）:53-61.

[50] 魏耀东 . 集体建设用地使用权流转的问题与建议 [J]. 中国土地 ,2013（2）:32-33.

[51] 张梦琳 . 农村集体建设用地流转的模式绩效与路径选择 [J]. 农村经济 ,2013（1）:39-41.

[52] 王贝 , 童伟杰 , 王攀 , 等 . 农村集体建设用地流转中的地方政府行为研究 [J]. 农业经济 ,2013（3）:16-18.

[53] 李艺铭 . 集体建设用地流转与自主型城市化 [J]. 河北经贸大学学

报 ,2013,34（3）:23-28.

[54] 吴秋菊 . 论集体建设用地流转解禁之谬误 [J]. 南京师大学报（社会科学版 ),2013（4）:16-24.

[55] 孙晶艳 . 完善集体建设用地流转的政策建议 [J]. 中国土地 ,2013（10）:18-19.

[56] 刘巧芹 , 阮松涛 , 尚国 , 等 . 我国集体建设用地使用权流转收益分配问题及其管理创新思考 [J]. 农村经济 ,2013（12）:20-24.

[57] 王贝 , 严雪文 , 王攀 . 我国农村集体建设用地流转需求的经济学分析 [J]. 农村经济 ,2013（12）:25-28.

[58] 常敏 . 农村集体建设用地隐性流转的现状和归因分析 [J]. 中国农村经济 ,2013（11）:34-45.

[59] 冯长春 , 刘明 , 沈昊婧 , 等 . 土地发展权视角下农村集体建设用地流转问题研究——以河南省新乡市为例 [J]. 城市发展研究 ,2014,21（3）:19-22.

[60] 张惠强 . 合法转让权的发育路径——成都集体建设用地自主流转案例分析 [J]. 公共行政评论 ,2014,7（2）:119-140+173-174.

[61] 夏方舟 , 严金明 . 农村集体建设用地直接入市流转 : 作用、风险与建议 [J]. 经济体制改革 ,2014（3）:70-74.

[62] 刘小波 , 彭春艳 , 魏丽 , 等 . 重庆市荣昌县集体建设用地流转驱动力分析 [J]. 水土保持研究 ,2014,21（3）:182-185+191.

[63] 赵保海 . 我国发达地区集体建设用地流转的实践及其借鉴 [J]. 农业经济 ,2014（9）:79-81.

[64] 王小映 . 论农村集体经营性建设用地入市流转收益的分配 [J]. 农村经济 ,2014（10）:3-7.

[65] 杨熠 . 浅谈集体建设用地流转制度建设——基于生态因素下的探讨 [J]. 中国土地 ,2014（6）:29-30.

[66] 黄忠 . 城镇规划区内集体建设用地可否流转 [J]. 中国土地 ,2014（7）:33-34.

[67] 龙凤, 赵伟, 张智红, 等. 农村集体建设用地流转驱动力的博弈分析 [J]. 西南大学学报 ( 自然科学版 ),2015,37（3）:151-157.

[68] 马艳平. 农村集体建设用地流转的理论、实践和制度完善 [J]. 经济问题 ,2015（4）:105-109.

[69] 郑义, 马凯. 培育市场主体 : 集体建设用地流转的关键——来自四川省成都市锦江模式的启示 [J]. 中国土地 ,2015（4）:30-32.

[70] 施建刚, 徐奇升. 集体建设用地流转中的地方政府行为分析——兼论对集体经营性建设用地流转的启示 [J]. 现代经济探讨 ,2015（7）:88-92.

[71] 叶子荣, 刘晓茜. 集体建设用地流转、权力配置与扩权强县 [J]. 农村经济 ,2015（7）:25-29.

[72] 杨红. 浅谈农村集体建设用地流转市场体系的建立 [J]. 中国土地 ,2015（10）:28-29.

[73] 李泠烨. 集体建设用地指标流转的机制改革研究 [J]. 浙江学刊 ,2015（5）:142-148.

[74] 杨遂全, 孙阿凡. 农村集体经营性建设用地流转范围探讨 [J]. 西北农林科技大学学报 ( 社会科学版 ),2015,15（6）:1-6.

[75] 郭炜, 高杰. 集体建设用地使用权流转研究——以四川省为例 [J]. 农村经济 ,2015（12）:41-45.

[76] 孙秋鹏. 农村建设用地征收中的收益分配与效率损失研究——兼评反对自由流转观点 [J]. 北京社会科学 ,2016（5）:4-11.

[77] 杨果, 陈乙萍. 农村集体建设用地流转价格影响因素的实证研究 [J]. 农村经济 ,2016（6）:34-37.

[78] 杨红. 农村集体建设用地流转收益分配探析 [J]. 中国土地 ,2016（9）:30-31.

[79] 樊帆. 集体经营性建设用地流转收益分配研究——基于政府规制失灵的视角 [J]. 湖北社会科学 ,2016（11）:80-85.

[80] 王欢. 我国农村集体建设用地流转学术期刊论文的内容分析 [J]. 中国农业资源与区划 ,2017,38（2）:49-55.

[81] 刘慧芳, 毕如田. 集体经营性建设用地流转的外部性与社会效益研究——基于山西省泽州县的实证分析 [J]. 软科学,2017,31（4）:90–94+99.

[82] 马三喜, 陈彦彦. 黑龙江垦区国有农场土地制度的现状、问题和法律对策 [J]. 兰州学刊,2012（7）:204–206.

[83] 胡国利, 马三喜. 1949 年以来中国农村土地制度变迁的几种推力 [J]. 开发研究,2012（1）:82–85.

[84] 李静, 廖晓明. 农村集体建设用地流转的动力机制——基于利益相关者角度分析 [J]. 中国农业资源与区划,2017,38（3）:65–72.

[85] 郑威, 陆远权, 李晓龙. 农村集体经营性建设用地入市流转的法经济学分析 [J]. 经济问题探索,2017（7）:175–180.

[86] 韩业斌. 农村集体建设用地流转的地方法治探索与制度前景 [J]. 兰州学刊,2017（5）:144–155.

[87] 马三喜. 创新农村集体非农建设用地流转模式 [J]. 合作经济与科技,2007（1）:56–57

[88] 牛影影, 赵凯, 孙晶晶. 农村集体建设用地流转模式的比较和优化——基于产权激励视角 [J]. 经济体制改革,2017（6）:85–90.

[89] 邓梅娥, 张安录, 陈红兵. 集体经营性建设用地使用权流转规则下供需双方交易成本分析 [J]. 河南农业大学学报,2018,52（2）:294–299.

[90] 彭小霞. 基于农用地生态安全的农村集体经营性建设用地市场化流转的法律制度之构建 [J]. 当代经济管理,2021,43（6）:64–72.

[91] 富新梅. 农村集体建设用地流转收益分配问题分析 [J]. 农业经济,2020（6）:95–97.

[92] 刘佳琳. 农村集体建设用地使用权流转制度的创新 [J]. 农业经济,2019（10）:101–102.

# ▌后 记

　　本人主持的教育部人文社科项目"新城镇化背景下农村集体建设用地流转法律问题研究"结题并在此基础上修改、补充后出版，真是一大幸事。所工作的单位既不是985，也不是211，甚至连黑龙江省重点建设高校都不是，既没有学科和专业，也没有团队，但我们从没有放弃自己的学术理想和对农村法治建设的思考，项目成功立项本身已经完成了所在学院教育部项目零的突破和层次的飞跃，而在项目实施和结题的过程中，无论实地调研、材料收集、研究分析还是求教四方，都是师长的恩惠、亲人的至爱、领导的关照、朋友的帮扶，还有那永无涯际的学海的浸润和滋养。

　　给予我们心灵养料的，首先是恩师付丽洁教授、于华江教授和任大鹏教授，深厚的学术理论、宽阔的思维视野、严谨的治学态度，启发了我们对法律的眼界，也让我们感受到了法学的无尽魅力，课堂之外言传身教，毕业之后无私支持，受益良多，终生难忘，这份恩情，唯有化作不息的动力，践行法学精神与使命，努力工作，向上向善！尤其是付老师在我们研究生入学不久（2003年）就引领我们确立了"农村非农建设用地流转制度"的研究方向，超前指引和照亮了我们近二十年的学术之路，人生何其幸也！

　　其次，要感谢在材料收集和项目实施过程中，自然资源部自然资源利用司莫晓辉副司长、国家卫生健康委员会药物政策与基本药物制度司张锋副司长、司法部立法四局闫东星处长提供的最新最全的数据支持、政策引导、观点碰撞，这些对于后期的论文撰写、项目的申报起到了举足轻重的作用。

　　再次，要感谢朋友董长菊和原甘肃省工商行政管理局张初林处长，他们在早期论文成文及发表过程中提供了源源不断的动力和无私的全方位帮助，也为今后从事学术研究增强了无数信心，既收获了知识，也收获了友谊，终将成为人生中极其重要的财富。

　　还要感谢单位的领导和同事们，本研究得到了他们的大力支持和鼎力帮助，为顺利完成本书的撰写工作提供了很多便利条件，增强了我们进行本项目研究的动力和信心，在此向他们表示衷心的感谢。在本书的撰写过程中，我们参阅了一些专家学者的研究成果，这对丰富我们的研究内容起到了很大的帮助，在此一并表示感谢。

　　我们还要感谢长春出版社张中良老师，在书稿撰写、修改过程中，我们的突发状况和困难不断，感谢他一而再、再而三的理解和鼓励；另外，无论耐心细致的阅校还是对书中疏漏的改进，没有他的辛勤付出，也不可能有本书的顺利出版。

　　本书也是黑龙江八一农垦大学三横三纵支持计划项目"乡村振兴战略背景下黑龙江农村法律文化建设研究"（项目编号：RRCPY201914）和黑龙江省农垦总局科技计划项目"城乡一体化进程中的黑龙江垦区农业经营管理体制改革问题研究"（项目编号:HNK10A—13—09）的研究成果，在这些项目实施过程中，课题组所有成员克服了各种各样的困难，付出了无数的辛苦和汗水，在此也表示深深的谢意。

　　最后，还要特别感谢我的家人们，他们不但分担了许多生活的重担，还给我们的生活带来了无数的欢乐，让我们在最忙碌和紧张的日子里也不曾感到孤单。

马三喜